国别制度匹配
对企业跨境并购的影响研究

胡亚飞 著

Exploring the Influence of Institutional Congruence
on Corporate Cross-Border Mergers and Acquisitions

WUHAN UNIVERSITY PRESS
武汉大学出版社

图书在版编目(CIP)数据

国别制度匹配对企业跨境并购的影响研究 / 胡亚飞著 . -- 武汉:武汉
大学出版社,2024.10. -- ISBN 978-7-307-24442-9

Ⅰ. F279.247

中国国家版本馆 CIP 数据核字第 2024H0R829 号

责任编辑:黄　殊　　　责任校对:杨　欢　　　版式设计:韩闻锦

出版发行:**武汉大学出版社**　　(430072　武昌　珞珈山)

(电子邮箱:cbs22@ whu.edu.cn 网址:www.wdp.com.cn)

印刷:武汉邮科印务有限公司

开本:787×1092　1/16　　印张:13.5　　字数:285 千字　　插页:1

版次:2024 年 10 月第 1 版　　2024 年 10 月第 1 次印刷

ISBN 978-7-307-24442-9　　　定价:69. 00 元

序

国别制度距离影响企业跨境并购，是并购领域的经典理论命题。组织学习理论认为，国别制度距离有可能提供学习的机会和资源，从而促进企业跨境并购，但这一观点一直未被并购主流研究接受。当前区域合作组织崛起，全球治理结构衰落，竞合趋势并行不悖，企业跨境并购何去何从？国别制度距离相关研究面临管理理论与管理实践的双重挑战。国别制度距离相关研究的核心前提是一元论，即制度因素的国别差异性。本书将该前提修正为双元论，即制度因素的国别相似性与国别差异性。基于上述双元论前提，本书首次提出国别制度匹配新构念，阐明国别制度匹配对企业跨境并购的影响机理和作用机制。本书不仅扩展了并购领域的经典理论，而且提供了"一带一路"倡议沿线新兴市场企业跨境并购的新方案。

本书以 2008—2020 年的"一带一路"倡议沿线国家的企业跨境并购为样本，整合了汤森路透证券数据企业并购数据库和世界银行企业调查数据库的相关信息，采用文献综述、比较研究和回归分析研究方法，探讨了国别制度匹配对企业跨境并购的影响。首先，本书通过文献综述研究方法，从制度基础观视角述评国别制度距离与企业跨境并购的关系。其次，本书通过比较研究方法，梳理国别制度匹配的比较属性，论证了国别制度匹配的独特性与必要性。再次，本书通过回归分析研究方法，检验了国别制度匹配对企业跨境并购的促进作用，探究了母国劳动管理水平、行业刺激政策和上市收购企业的调节作用。最后，本书进一步讨论了国别制度匹配的未来研究方向。

本书的研究结论如下：国别制度匹配包括国别正式制度匹配与国别非正式制度匹配两个维度。首先，母国与东道国的正式制度得分越一致，即国别正式制度匹配度越高，企业跨境并购效率与企业跨境并购股权越高；与母国和东道国正式制度得分较高的情况相比，母国与东道国正式制度得分越低，企业跨境并购效率与企业跨境并购股权越高；与母国正式制度得分高于东道国正式制度得分的情况相比，母国正式制度得分低于东道国正式制度得分时，企业跨境并购效率与企业跨境并购股权越高。

母国与东道国的非正式制度得分越一致，即国别非正式制度匹配度越高，企业跨境并购效率与企业跨境并购股权越低；与母国和东道国非正式制度得分较高的情况相比，母国与东道国非正式制度得分越低，企业跨境并购效率与企业跨境并购股权越低；与母国非正式制度得分高于东道国非正式制度得分的情况相比，母国非正式制度得分低于东道国非正式制度得分时，企业跨境并购效率与企业跨境并购股权越高。

1

其次，母国劳动管理水平削弱了国别正式制度匹配与企业跨境并购效率、企业跨境并购股权的关系，增强了国别非正式制度匹配与企业跨境并购效率、企业跨境并购股权的关系。

再次，行业刺激政策增强了国别正式制度匹配与企业跨境并购效率、企业跨境并购股权的关系，部分削弱了国别非正式制度匹配与企业跨境并购效率的关系，但不影响国别非正式制度匹配与企业跨境并购股权的关系。

最后，上市收购企业增强了国别正式制度匹配与企业跨境并购效率的关系，削弱了国别正式制度匹配与企业跨境并购股权的关系，但不影响国别非正式制度匹配与企业跨境并购效率、企业跨境并购股权的关系。

本书的理论创新如下：首先，本书建立了国别制度匹配新构念。(1) 国别制度匹配具有对偶性和双元性，包括正式制度与非正式制度、匹配与不匹配双重内核。(2) 国别制度匹配具有主体性，应在尊重每个国家独特的制度特征的基础上，科学地进行跨国比较研究。(3) 国别制度匹配具有融合性，不仅体现了国际商务领域、组织行为与人力资源管理领域的交叉融合，而且体现了东西方管理思想的交流融合。(4) 国别制度匹配不仅体现了普遍联系的特征，而且体现了永恒发展的特征。(5) 国别制度匹配的本质是国别制度相似性与差异性的对立统一关系，矛盾是国别制度匹配不断发展的内在动力。

其次，本书扩展了"合"理论。一方面，国别制度距离顺应了"分"的趋势，展现了国别制度因素的差异性，解释了与国际商务相关的种种问题，非常契合新兴市场企业的实践经验；另一方面，国别制度匹配顺应了"合"的趋势，展现了国别制度因素的双元性，解释了国际商务的本源，揭示了新兴市场企业在管理实践方面的深层次智慧。本书通过对国别制度匹配的研究，将"合"理论引入国际商务领域，推动并购研究的范式共演。国别制度匹配与国别制度距离并不是"二选一"的替代关系，国别制度匹配也不是替代国别制度距离的新范式。唯有国别制度匹配与国别制度距离形成互补关系，才能更好地解释国际商务领域的大趋势与小波浪，完善企业跨境并购相关研究。

再次，本书延伸了最优区分理论。最优区分理论将相似性和差异性作为两个独立的维度，强调适度差异化对企业获取竞争优势的核心作用。国别制度距离仅具有差异性这一单个维度，目前可以体现差异性大、差异性适度、差异性小等情境。其中，差异性小的国别制度距离并不代表相似性大，因此，国别制度距离无法捕捉相似性维度的相关信息。国别制度匹配拥有相似性与差异性两个独立维度，通过相似性维度与差异性维度的不同组合，有利于实现"一带一路"倡议沿线新兴市场企业的复合竞争优势。国别制度匹配将最优区分理论引入国际商务领域，不仅拓宽了企业跨境并购相关研究的视野，而且加速了双元战略相关研究的应用，最终加深了对新兴市场企业相关研究的思想深度。

最后，本书构建了国别制度匹配与企业跨境并购的逻辑关系。国别正式制度匹配、国别正式制度不匹配、国别非正式制度匹配、国别非正式制度不匹配立足双元前提，扩展了制度经济视角。国别制度匹配与企业跨境并购之间存在动态的长期互补关系，并不是简单的短期替代关系，二者均可成为新兴市场企业的复合竞争优势的重要来源。本书通过引进上述重要前因变量，拓展了企业跨境并购相关研究，加强了制度理论与战略理论的深度交流，深化了制度基础观在"一带一路"倡议新情境中的应用，为后续研究奠定了坚实的基础。

目　　录

1 导　　论

本章包括选题背景、基本概念、研究问题与研究方法、研究思路与技术路线、研究内容、主要创新点、本章小结七大板块，主要讨论了国别制度匹配影响企业跨境并购研究的重要性和必要性。

1.1　选题背景

选题背景包括实践背景与理论背景：实践背景包括微观案例与宏观统计两个部分，其中，微观案例讨论了中国威高集团与新加坡柏盛国际的跨境并购，宏观统计汇报了"一带一路"倡议沿线国家的企业跨境并购总量与金额。

1.1.1　实践背景

数字化与全球化的双重趋势不断交织，越来越多的"一带一路"倡议沿线国家的企业主动发起并成功完成跨境并购。在微观层面，企业跨境并购具有双向和动态的新特征；在宏观层面，企业跨境并购具有波动和增长的双重特征。结合微观与宏观层面来分析，"一带一路"倡议沿线国家的企业应尽快实现跨境并购的升级迭代。

企业跨境并购的本质是处理求同与存异的矛盾关系（贾镜渝和孟妍，2022；Lu 等，2022；陈小梅等，2021）。企业跨境并购的核心是整合与独立的战略战术权衡。保持新企业的动态平衡与稳步增长，融合各方竞争优势，是收购企业与被收购企业共同努力的目标。企业跨境并购具有双向性。收购企业尊重被收购企业是重要前提。以中国企业为代表的新兴市场企业颇具潜力，获得了国内外买家的认可。中国企业即使作为跨境并购的被收购方，选择加入国外企业的战略板图，同样也会获得技术资源、提升管理能力（李健等，2022；蒋冠宏，2021；程聪，2020）。企业跨境并购具有动态性。企业跨境并购存在"收购方"与"被收购方"两个角色。在相对长期的时间维度上，绝大部分企业不会一直扮演同一角色，而是反复扮演不同的角色。

以"一带一路"倡议背景下的医疗行业跨国合作为例，中国威高集团与新加坡柏盛国际集团展现了双向与动态的双重特征。2008 年，新加坡的柏盛国际（Biosensors）斥资7.06 亿港元，收购中国山东威高集团的子企业吉威医疗 30%的股权。柏盛国际累计拥有吉威医疗 80% 的股权，确保了双方在技术和销售渠道方面的合作。中国山东威高集团经过两次反向收购交易，成为柏盛国际的第二大股东。2013 年，中国山东威高集团将柏盛国际出售给中信集团，赚取了 10 亿人民币的利润。中国山东威高集团从被收购方转换为收购方，柏盛国际从收购方转换为被收购方。由此可见，企业跨境并购是由一系列的连续事件组成的，进一步体现了双向性和动态性。仅仅研究企业跨境并购中的收购方或被收购方的样本是存在偏差的。管理实践体现了企业跨境并购的双向性和动态性，管理研究反而不够重视上述特征，如现有研究多用中国企业作为收购方的部分样本来测算"一带一路"倡议沿线国家的企业跨境并购；现有研究过度关注并购完成与并购时间，没有考虑到并购效率层面与股权比例实质特征。综上所述，本书聚焦企业跨境并购效率与股权比例两个核心问题，从相对长期的制度视角探求"一带一路"倡议下企业跨境并购的新态势（丁元竹等，2021；Li 等，2021）。效率是企业跨境并购的痛点，股权比例是企业跨境并购的核心，即企业的执行速度和利益分配是并购成功与否的关键（Liu 和 Wang，2022；Luise 等，2021）。深入讨论影响企业跨境并购效率与股权的前置制度因素才能释疑（Li 等，2022；Müllner 和 Dorobantu，2022；王灵桂和杨美姣，2022；陈衍泰等，2021）。

　　"一带一路"倡议沿线国家的企业国际化是国际商务研究的重要主题。从"金砖五国"到"一带一路"倡议，新兴市场企业的范围显著扩大，出现上行并购的现象，企业的国际化趋向显著提升，企业跨境并购的总量具有波动上升特征，如图 1-1 所示。

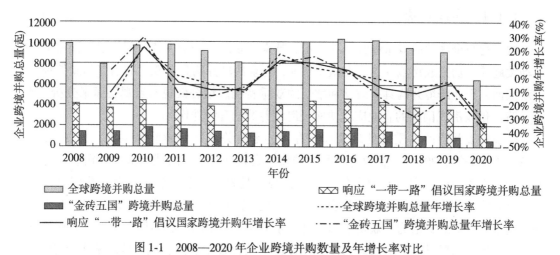

图 1-1　2008—2020 年企业跨境并购数量及年增长率对比

（注：图 1-1 由作者整理绘制，原始数据来自汤森路透证券数据企业并购数据库。）

　　在企业跨境并购总量方面，全球处于波动上升状态，平均每年发起 9216 次跨境并购；年增长率却并不稳定，一直围绕零上下波动。在相对宏观的尺度上，波动看似偶然，却具有某种必然的规律。企业跨境并购的全球总量在 1 万起到 1.2 万起，"一带一路"倡议沿线国家的总量在 3 千起到 5 千起，以"金砖五国"为代表的新兴经济体的总量在 2 千起左右。这组宏观的统计数字表明，"一带一路"倡议沿线国家包含了近一半的全球企业跨境并购数量。将"金砖五国"新兴经济体作为参照系，"一带一路"倡议显著扩大了中国企业走出去的国家范围，在战略空间发展和全球风险分散方面具有明显优势。在企业跨境并购总量的年增长率方面，全球、"一带一路"倡议沿线国家、"金砖五国"新兴经济体保持高度一致的增长趋势。其中，2010 年的全球增长率接近 20%，体现出北京夏季奥运会的滞后影响，"金砖五国"新兴经济体的年增长率波动最大。2013 年中国正式提出"一带一路"倡议，2014 年企业跨境并购的年增长率接近 10%。年增长率在 2014—2016 年保持高速稳定，2017—2018 年保持中速稳定，2019—2020 年受到新冠疫情的影响，开始出现下跌。

在企业跨境并购金额方面，全球交易规模波动提升，年均跨境并购金额约为 0.87 万亿美元，年平均增长率逐年从正增长转为负增长。企业跨境并购的全球金额在 0.6 万亿~1.4 万亿美元，"一带一路"倡议沿线国家在 0.4 万亿美元，"金砖五国"新兴经济体在 0.1 万亿美元。"一带一路"倡议扩大了"金砖五国"新兴经济体的国家范围，但这两者的跨境并购依然属于数量导向型企业跨境并购，还有转向价值导向型企业跨境并购的空间。企业跨境并购的金额具有波动上升特征，如图 1-2 所示。

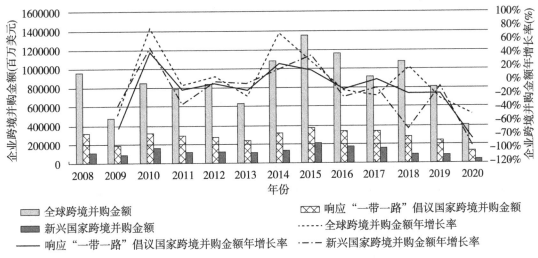

图 1-2　2008—2020 年企业跨境并购金额及年增长率对比

（注：图 1-2 由作者整理绘制，原始数据来自 Thomson SDC Database。本图统计了公开并购金额的企业跨境并购数据。）

在企业跨境并购金额的年增长率方面，"一带一路"倡议沿线国家在 2014—2015 年保持正增长，短期内提升了企业跨境并购金额。"一带一路"倡议沿线国家的企业跨境并购金额年增长率较为稳定，并未受 2018 年"金砖五国"新兴经济体的年增长率暴跌的影响，稳定了投资者的预期。结合总量和金额两个维度来看，企业跨境并购的发展趋势与国别经济发展的趋势并不一致。因此，影响企业跨境并购发展的主要因素更有可能是制度因素，即非市场、非经济因素（Greve 和 Zhang，2017；Yang 等，2011）。制度因素具备国别特征，东道国和母国制度因素的匹配与否显著影响了企业跨境并购战略（Chakrabarti 和 Mitchell，2016；Ilya 等，2015）。现有研究单一地强调国别制度因素的不匹配程度，普遍采取方差、多指标按比例复合计算、协方差纠正、马氏距离的计算方式，其测量的效度和理论的建构受到极大挑战（Kostova 等，2020）。综上所述，制度距离研究不能解释企业跨境并购的趋势问题，相关的管理实践需要新制度视角的指导。

1.1.2 理论背景

国别制度因素显著影响企业跨境并购（姚颐等，2021；杜健等，2020；魏江等，2020）。其一，国别制度因素影响企业跨境并购的门槛高低，影响企业跨境并购推进的效率，影响企业跨境并购中关于股权比例、报价的谈判。国别制度因素的突然变动极有可能迫使企业暂停、中止，甚至永久放弃跨境并购。其二，国别制度因素具有稳定性，企业很难以一己之力改变或重塑国别制度因素。其三，对于国别制度因素，常用比较研究视角，即以东道国与母国的视角探究其对企业跨境并购的影响。

国别制度距离则往往成为企业跨境并购失败的托词（黄远浙等，2021；马述忠和房超，2021；李广众等，2020）。国别制度距离属于显性因素，一直存在于企业跨境并购与整合的全过程（乔璐等，2020；方慧和赵甜，2017）。企业缺乏对国别制度本身的战略预判和整合能力才是跨境并购失败的决定性因素（杨娜等，2020；吴先明和张雨，2019）。国别制度距离位于冰山表层，极易观察（邬爱其等，2021；邓新明和郭雅楠，2020）；国别制度匹配位于冰山之下，不易观察。国别制度匹配作为底层逻辑，形成了"一带一路"倡议等区域型合作模式，是全球企业跨境并购的重要组成部分。国别制度匹配真正决定了企业跨境并购发展的长期趋势（陆亚东和孙金云，2014）。国别制度匹配帮助企业区分长期大势与短期冲击，有利于企业做出恰当的战略部署。从中国情境出发，国别制度匹配初期形成了以"金砖五国"为代表的新兴经济体，后期升级为以"一带一路"倡议为代表的朋友圈，大幅缩短了首次跨国经营的盈利周期（Chan 等，2008），改变了全球企业跨境并购的时间与空间格局（赵书博，2021；周学仁和张越，2021），有利于企业克服局外人劣势与外来者劣势并进行并购后整合（沈红波等，2019；綦好东等，2017）。

1.2 基 本 概 念

清晰简洁的构念（Construct）是理论构建的基石。本书界定了构建主效应的两个核心概念：国别制度匹配与企业跨境并购，并界定了构建调节效应的三个基本概念：母国劳动管理水平、行业刺激政策和上市收购企业。

1.2.1 解释变量：国别制度匹配

国别制度匹配包括国别正式制度匹配与国别非正式制度匹配两个维度：

国别正式制度匹配是指东道国正式制度与母国正式制度的相似性（Kostova 等，2020）。国别正式制度不匹配是指东道国正式制度与母国正式制度的差异性（Kostova 等，2020）。

国别非正式制度匹配是指东道国非正式制度与母国非正式制度的相似性（Kostova 等，2020）。国别非正式制度不匹配是指东道国非正式制度和母国非正式制度的差异性（Kostova 等，2020）。

1.2.2 被解释变量：企业跨境并购

本书主要讨论企业跨境并购的两个核心问题：一是企业跨境并购效率，即从企业宣布跨境并购的日期到跨境并购正式生效的日期之间的天数（持续时间）；企业跨境并购的持续天数越短，表明企业跨境并购的效率越高（逯东，2019；余东华，2012）；二是企业跨境并购交易股权，即收购企业向被收购企业提出的、经过谈判后确认的交易股权比例，分布在 0% 到 100%（Gamache 等，2019；Li 等，2017）。

企业跨境并购属于成熟的研究领域。此领域有很多关键问题、经典问题和新近出现的热点问题。本书选择企业跨境并购效率（持续时间）与股权比例为探究对象，考量标准是关键路径原则——前者为时间方面的关键路径，后者为经济方面的关键路径。解决关键路径上的关键问题，可以有效地推进企业跨境并购的落实。

1.2.3 调节变量一：母国劳动管理水平

母国劳动管理水平是指收购企业来源国执行的有关劳动和雇佣的相关规则（Amin，2010；Almeida 和 Carneiro，2009）。母国劳动管理水平是国别市场监管的核心组成部分，也是新兴经济体迅速变化的国别情境。依据联合国发布的跨国公司十大原则，企业不得在东道国推行低于母国标准的劳动管理水平。因此，母国劳动管理水平不仅影响母国企业，而且影响东道国的被收购企业。

1.2.4 调节变量二：行业刺激政策

行业刺激政策是指收购企业所在行业对全球危机做出的积极响应。虽然行业刺激政策是短期救急的计划，但对于政策执行结果，需要若干年的时间沉淀才能进行客观评价。考虑到中国作为"一带一路"倡议的发起国，依据前人研究，本书将 2008 年金融危机后，"四万亿"计划所影响的相关行业作为代理变量（Zhou 和 Park，2020）。

1.2.5 调节变量三：上市收购企业

上市收购企业是指主动发起收购的企业属于上市状态。收购企业是跨境并购的主要发起方及推进方。收购企业的上市特征不仅影响国别制度匹配的优势发挥，而且会影响企业跨境并购的执行流程。因此，收购企业的上市特征对企业跨境并购的影响必须纳入相关模型来考虑。收购企业特征的约束作用已经在文化距离研究中得到验证，文化距离研究是国别制度距离研究的重要组成部分（Li 等，2020）。

1.3　研究问题与研究方法

厘清国别制度匹配、企业跨境并购、母国劳动管理水平、行业刺激政策、上市收购企业等基本概念之后，本书提出了两个研究问题，梳理了三种研究方法：文献研究方法、比较研究方法与回归研究方法。

1.3.1　研究问题

党的二十大报告提出，推进高水平对外开放，稳步扩大规则、规制、管理、标准等制度型开放，加快建设贸易强国，推动共建"一带一路"高质量发展，维护多元稳定的国际经济格局和经贸关系。① 因此，立足制度型开放和"一带一路"倡议情境，本书致力于解决以下两个研究问题：（1）国别制度匹配如何促进企业跨境并购？（2）国别制度匹配对企业跨境并购的促进作用如何受到国家—产业—企业层面的边界条件约束？

1.3.2　文献研究方法

文献阅读与述评将管理实践中亟待解决的问题与以前积淀的研究相衔接，从而进行研究定位、确定研究贡献。管理文献研究方法的核心在于确定某个理论视角来统筹研究设计，选择一个角度来深入剖析管理问题，并提出相应的解决方案。文献研究方法是管理学研究的必要组成部分，决定了论文的质量和高度。文献阅读与述评是指通过阅读国内外文献，了解国内研究与国际研究的前沿问题，通过定量统计和定性分析归纳本书主题的研究进展，确定其中的研究空白（Gap）或者疑惑（Puzzle），在众多研究者的研究成果基础之上继续推进，承上启下地阐释本书的理论贡献（Dunne 和 Ustundag，2020；Ghosh 和 Guchhait，2020；Ramalho 等，2015；Jasti 和 Kodali，2014）。文献阅读与述评并不是罗列与拼凑前人的研究文献，而是萃取前人研究的精华部分。研究者通过广泛阅读长期积累的文献，去粗取精，通过逻辑思维和理论视角重新组织文献材料，提炼出新的理论逻辑来支

---

① 习近平. 高举中国特色社会主义伟大旗帜　为全面建设社会主义现代化国家而团结奋斗——在中国共产党第二十次全国代表大会上的报告［EB/OL］.［2022-10-25］. https：www. gov. cn/xiwen/2022-10/25/concent_5721685. htm.

持现有研究、拓展以往研究。

1.3.3 比较研究方法

管理研究的理论贡献不能仅仅依赖引进其他领域的成熟理论,也要重视理论之间的融合,比较研究方法恰恰是理论融合的核心方法之一(Oswick 等,2011)。比较研究方法的应用基础源于事物发展相似性与差异性的统一,因此可以通过对相似性和差异性的解构建立新的观点,即"求同存异"。管理学的理论融合不仅止步于"求同存异"层面,而是深入到了"求同"与"存异"对企业战略的具体影响,进一步应用了比较研究方法所形成的结论。

比较研究方法在理论层面和实证层面的协同应用保证了研究贡献。在理论层面,比较研究方法的应用产生了新构念,它们应具有理论价值和实践价值。与原有的理论构念相比,新构念要有足够的增量创新。在实证层面,比较研究方法的应用应该遵循成熟的研究范式,将逻辑层面的比较落实为可以检验的理论关系。比较研究方法要将理论与实践相结合,做出可信的、必要的理论创新,对管理实践才可能具有指导意义。

本书采用的比较研究方法来自组织行为与人力资源领域。此方法产生于领导与下属的匹配研究,其应用偏重微观个体层面(Cole 等,2013;Zhang 等,2012),如情绪(Scott 等,2020)。匹配并不仅仅局限于微观个体层面,宏观制度层面的匹配问题同样需要深入剖析(Beugelsdijk 等,2018;Maseland 等,2018)。微观个体层面成熟的匹配研究方法为解决宏观制度层面的匹配问题奠定了坚实基础。因此,本书借助微观匹配方法来落实宏观比较研究,进一步促进了社会学领域的制度理论与国际商务领域的跨境并购理论的深度融合。

1.3.4 回归研究方法

回归研究方法主要适用于分析二手数据。二手数据是指研究者使用机构或个人收集的数据。这意味着研究者并不直接接触研究对象。二手数据具有非排他性,所有研究者都可以通过公开渠道获得数据。尽管研究目标与数据收集目标存在不一致的情况,但是二手数据的相关研究具有高复制性,因此被研究者广泛采用(陈晓萍和沈伟,2018)。本书包括两种二手数据:

一是汤森路透证券数据企业并购数据库(Thomson Reuters Securities Data Company Mergers & Acquisitions Database,简称 Thomson SDC Database),提供全球的企业跨境并购数据。

二是世界银行企业调查数据库(World Bank Enterprise Surveys,http://www.enterprisesurveys.org),提供"一带一路"倡议沿线国家的国别制度数据。此数据库的核心优势在于提供新兴市场企业经营时对国别制度的感受。

可靠、可检验、可复制的二手数据是回归分析的基础。二手数据库的权威性决定了研究的接受度，二手数据库的前沿性决定了研究的创新度。忽略二手数据库的质量问题，研究者极易陷入垃圾数据陷阱。本书使用的多元回归分析基于最小二乘法，体现了对情境化研究的应用。情境化研究是指研究者进行回归分析时，识别、考察研究对象所在情境中的元素。情境中相关的、有意义的元素才能确保研究者对新管理现象的解读是有效的，有效知识的积累才能起到完善现有管理理论的作用（陈晓萍和沈伟，2018）。本书的情境化研究主要通过对"一带一路"倡议的"工笔描绘"（Thick Descriptions）来进行：将"一带一路"倡议看做新情境，研究其历史积淀与未来发展，而不仅仅局限于短期的政策影响。

1.4　研究思路与技术路线

1.4.1　研究思路

本书的研究思路主要分为理论思辨和实证检验两大部分，以此来共同探讨国别制度匹配对企业跨境并购的影响。在理论思辨部分，本书首先回顾了制度基础观的基本内容；其次，梳理了制度理论中的距离研究和组织理论中的匹配研究，确定了国别制度匹配有潜力成为新的管理学构念；再次，本书针对国别制度匹配的前因变量与后果变量的研究提出设想，进一步与企业跨境并购的相关文献对接，明晰国别制度匹配与企业跨境并购之间的影响机理和作用机制，发现两者之间的关系及其面对的母国劳动管理水平、行业刺激政策和上市收购企业约束条件，最终推导出新的研究格局。

在实证检验部分，本书通过合并 Thomson SDC Database 和 World Bank Enterprise Survey 两个数据库进行实证检验。Thomson SDC Database 历史悠久，影响广泛，认可度高；World Bank Enterprise Survey 属于后起之秀，核心竞争力在于从企业层面测量制度因素的影响，为经典数据库注入了新的活力。通过描述性统计、相关性分析、假设检验、稳健性检验，本书科学地检验了国别制度匹配与企业跨境并购的关系，厘清了母国劳动管理水平、行业刺激政策和上市收购企业的具体约束作用，最终得到研究结论与启示。

1.4.2　技术路线

本书的技术路线包括从管理实践中提出管理问题、从管理理论中确定研究空白、在实证研究中检验研究创新、最终得到研究结论和启示四个部分。在管理实践中，本书发现企业跨境并购的双向性和动态性特征，经过对企业跨境并购的宏观统计分析，确认了制度因素的重要前因作用；在管理理论中，本书发现国别制度距离不能完全解释企业跨境并购的变化，提出国别制度匹配新构念，经过文献搜索后确认其有潜力成为原创构念；在管理实证中，本书通过合并数据库的方式对国别制度匹配与企业跨境并购的关系进行了检验，进一步明确了母国劳动管理水平、行业刺激政策和上市收购企业的边界条件，完善了管理理论；在管理建议中，本书进一步明确了结论、建议与未来的研究方向。本书的研究技术路线图如图1-3所示。

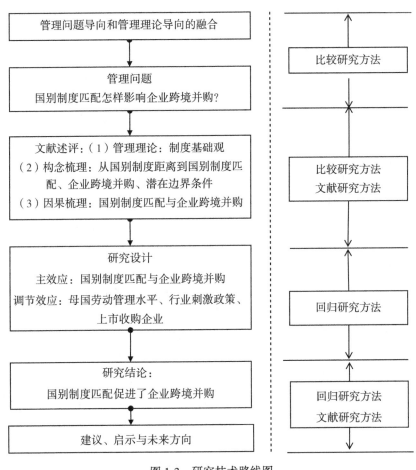

图1-3　研究技术路线图

（注：由作者设计并绘制。）

1.5　研究内容

本书探讨的核心问题是国别制度匹配如何影响企业跨境并购，共计8章，各章的研究内容如下：

第1章是导论，主要介绍了选题的实践背景与理论背景、五个基本概念（国别制度匹配、企业跨境并购、母国劳动管理水平、行业刺激政策、上市收购企业）、两个研究问题、三种研究方法、研究思路、技术路线和研究内容。

第2章是理论回顾与文献综述，主要介绍了制度基础观、国别制度距离相关研究、匹配相关研究、制度匹配相关研究、跨境并购相关研究、母国劳动管理水平相关研究、行业刺激政策相关研究、上市收购企业相关研究，通过文献梳理与述评，明晰研究前沿，定位研究问题。

第3章是国别制度匹配的研究与比较，主要介绍了国别制度匹配在国际商务领域的研究地图，与距离构念、其他相近构念的比较。本章验证了国别制度匹配的独特性，设想了国别制度匹配的潜在前因变量和后果变量，构建了国别制度匹配的全景式研究地图。

第4章是国别制度匹配对企业跨境并购的影响机理，主要介绍了"合"理论中的复合、结合、相合在制度基础观中的应用，并且就最优区分、组织双元及其动态性和灵活性特征进行深入研究。

第5章是理论模型与研究假设，主要介绍了国别制度匹配对企业跨境并购的影响机制，主要分析了"合"理论中的复合、结合、相合在制度基础观中的应用，并就最优区分、组织双元、动态性和灵活性特征进行深度对话。此外，本章探讨了母国劳动管理水平、行业刺激政策和上市收购企业对上述主效应的约束作用，提出了国别制度匹配对企业跨境并购影响的全模型。

第6章是研究设计，主要介绍了数据的收集与组合、样本的筛选与确认、模型估计方法的选择，以及国别制度匹配、企业跨境并购、母国劳动管理水平、行业刺激政策、上市收购企业和控制变量等在操作层面的测量及其来源数据库，为后续实证分析打好基础。

第7章是实证结果分析，其中，描述性统计与相关性分析主要介绍了重要变量的测量情况，讨论多重共线性问题的影响与控制。假设检验主要汇报了两个主效应和三个调节效应的检验结果。国别制度匹配对企业跨境并购的影响得到数据支持，母国劳动管理水平、行业刺激政策和上市收购企业的调节作用得到部分支持，以上研究结果经过了稳健性检验。

第8章是研究结论与启示，主要介绍了国别制度匹配对企业跨境并购的主效应和母国劳动管理水平、行业刺激政策、上市收购企业的调节效应，从企业、行业和国家三个层次总结了管理启示，并在理论创新和实践价值两个方面做进一步提炼，总结了本书研究的局限性和未来研究的前进方向。

1.6　主要创新点

本书探讨了国别制度匹配对企业跨境并购的影响机制及其边界条件（Peng 等，2009），其主要创新点如下：

首先，本书系统性地重新定义了国别制度匹配构念。（1）国别制度匹配包括国别正式制度匹配与国别非正式制度匹配两个维度，具有对偶性和双元性。（2）国别制度匹配具有主体性，在尊重每个国家独特的制度特征的基础上，科学地进行跨国比较研究。（3）国别制度匹配具有融合性，不仅体现了国际商务领域、组织行为与人力资源管理领域的交叉融合，而且体现了东西方管理思想的交流融合。（4）国别制度匹配不仅体现了普遍联系的特征，而且体现了永恒发展的特征。（5）国别制度匹配的本质是国别制度相似性与差异性的对立统一关系，矛盾是国别制度匹配不断发展的内在动力。

其次，本书扩展了"合"理论。国别制度距离顺应了"分"的趋势，展现了与国别制度因素的差异性，解释了与国际商务相关的种种问题，非常契合新兴市场企业的实践经验。国别制度匹配顺应了"合"的趋势，展现了国别制度因素的双元性，解释了国际商务的本源，揭示了新兴市场企业在管理实践方面的深层次智慧。本书通过国别制度匹配，将"合"理论引入国际商务领域，推动并购研究的范式共演。国别制度匹配与国别制度距离并不是"二选一"的替代关系，国别制度匹配也不是替代国别制度距离的新范式。唯有国别制度匹配与国别制度距离形成互补关系，才能更好地解释国际商务领域的大趋势与小波浪，完善企业跨境并购相关研究。

再次，本书延伸了最优区分理论。最优区分理论将相似性和差异性作为两个独立的维度，强调适度差异化对企业获取竞争优势的核心作用。国别制度距离仅具有差异性这一单个维度，目前可以体现差异性大、差异性适度、差异性小等情境。其中，差异性小的国别制度距离并不代表相似性大，因此，国别制度距离无法捕捉相似性维度的相关信息。国别制度匹配拥有相似性与差异性两个独立维度，通过相似性维度与差异性维度的不同组合，实现"一带一路"倡议沿线新兴市场企业的复合竞争优势。国别制度匹配将最优区分理论引入国际商务领域，不仅拓宽了企业跨境并购相关研究的视野，而且加速了双元战略相关研究的应用，最终加深了新兴市场企业相关实践的思想深度。

最后，本书构建了国别制度匹配与企业跨境并购的逻辑关系（卢盛峰等，2021）。国别正式制度匹配、国别正式制度不匹配、国别非正式制度匹配、国别非正式制度不匹配立足双元前提，扩展了制度经济视角。国别制度匹配是动态的长期互补关系，并不是简单的短期替代关系，二者均可成为新兴市场企业复合竞争优势的重要来源。本书通过引进上述重要前因变量，拓展了企业跨境并购相关研究，加强了制度理论与战略理论的深度对话（李增福等，2022；钟宁桦等，2021），深化了制度基础观在"一带一路"倡议新情境中的应用（祝继高等，2021），为后续研究奠定了坚实的基础（Sharma 等，2022；梁强等，2020；邓少军等，2018）。

1.7 本 章 小 结

首先，本章以点面结合的方式介绍了论文选题的背景，从实践背景与理论背景两个角度进行了梳理。

其次，本章介绍了基本概念，定义了国别制度匹配、企业跨境并购两个焦点变量，界定了母国劳动管理水平、行业刺激政策和上市收购企业三个重要变量。

再次，本章介绍了两个研究问题：（1）国别制度匹配如何促进企业跨境并购？（2）国别制度匹配对企业跨境并购的促进作用如何受到国家—产业—企业层面的边界条件约束？

本章介绍了三种研究方法，即文献研究方法、比较研究方法与回归研究方法。

最后，本章详细介绍了研究思路、技术路线、研究内容、主要创新点等重要内容，并进行了总结。

2 理论回顾与文献综述

为了解答"国别制度匹配如何促进企业跨境并购？""上述促进作用如何受到国家—行业—企业层面的边界条件约束？"本章采用"总—分—总"的框架，进行理论回顾与文献综述。首先，梳理、述评并拓展了制度基础观。制度基础观是整体理论框架，在此基础上不仅建立了国别制度匹配与企业跨境并购的因果关系，而且构建了国家—行业—企业三个层面的边界条件选择标准。其次，系统地梳理了国别制度前因变量（国别制度距离、匹配研究、国别制度匹配）、企业跨境并购、母国劳动管理水平、行业刺激政策、上市收购企业的研究地图及前沿拓展。最后，总结本章中涉及的理论与相关文献，述而有作，为构建国别制度匹配与企业跨境并购的因果关系奠定了坚实的基础。

2.1 制度基础观述评及拓展

本小节主要包括两个部分：一是制度基础观述评，包括制度基础观的理论渊源与发展过程；二是制度基础观拓展，阐述本书如何延伸了制度基础观。

2.1.1 制度基础观述评

制度基础观（Institution-Based View of Strategy）是制度理论与战略理论的融合，是经济学领域、社会学领域与管理学领域交叉创新的结晶。制度基础观的经济学基础源远流长，哈佛大学出版社于 1990 年出版了经济学领域的重量级大师诺斯（Douglass Cecil North）的《制度、制度变革和经济绩效》，首次开启了制度理论与战略理论的对话。诺斯发现制度变革对经济绩效的跨层影响，将制度变革时期和稳定时期切分，从静态和动态两个视角，解构制度因素对经济绩效的影响，将跨层研究转化为同层研究（North，1990）。制度基础观由此成形。

时隔五年，社会学领域的斯科特（W. Richard Scott）教授出版了《制度与组织》一书，定义了制度基础观的主要变量和边界条件，明确了国家—行业—企业三个层面的边界条件，阐明了制度基础观的基础框架（Scott，1995）。此书回顾了 19 世纪中叶到 20 世纪中叶制度理论的发展过程，全景式地展现了制度和组织的关系，并从管理者和工人对待组织绩效的不同态度出发，首先提出法规（Regulative）、规范（Normative）和文化认知

（Cultural-cognitive）三个维度的差异，以及制度逻辑的思维与制度环境的影响的相关内容，奠定制度因素对组织战略影响的理论基础。制度因素对组织的影响在社会学领域达成共识，制度基础观的核心因果关系由此建立。

两年之后，奥利佛（Christine Oliver）教授在《战略管理杂志》（*Strategic Management Journal*，SMJ）发表《可持续的竞争优势：结合制度和资源基础观》一文，标志着制度基础观的正式建立（Oliver，1997）。制度基础观成为独立的管理理论。制度理论与战略理论首次跨越组织边界，在前提—因果—预测三方面实现了本质融合，如图 2-1 所示：

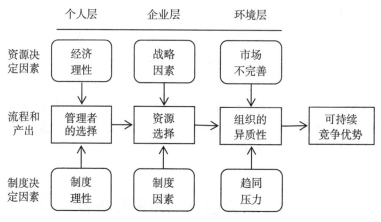

图 2-1　Oliver（1997）制度基础观的诞生

（注：来自作者翻译。）

图 2-1 揭示了制度理论和战略理论在个人—企业—环境三个层次的深度对话，制度基础观通过理论相融（Theory Blending），将制度从情境因素提升到主要解释因素（陈紫若等，2022）。经济学领域的制度宏观研究、社会学领域的制度微观研究不断扩散到管理学领域。管理学领域建立了制度因素影响组织可持续竞争优势的研究，成为制度理论和战略理论深入交流的主要阵地。

制度基础观的发展过程，也是制度因素对组织影响的具体因素不断被发现的过程（陈志武，2021）。从组织的经济绩效，到组织的员工，再到可持续竞争优势、制度因素对组织的影响，逐渐接近组织战略的核心范畴。彭维刚（Mike W. Peng）教授梳理了制度因素对新兴市场企业战略选择的影响，将斯科特教授的三维制度框架引入战略选择领域，制度基础观虽然在发达经济体中提出，但是广泛应用于新兴市场（Peng，2003）。制度理论与战略理论的交融诞生了制度基础观，制度基础观进一步发展，促成了战略选择理论的诞生。战略领域内的主导倾向与经济学、社会学领域的制度主导倾向开始快速融合、深度沟通和迭代升级。

战略选择理论起源于社会学领域的约翰·蔡尔德（John Child）教授。战略选择理论是外部制度因素和内部组织战略交互的理论。战略选择理论指出，组织主动匹配外部环境和内部战略，强调外部环境的不确定性，强调内部战略的主动性。因此，只有实现外部环境和内部战略的良好适配，组织才能获得高绩效（Seong 和 Godart，2018；Opper 等，2017）。组织决策者（Dominant Coalition）是战略选择理论中的关键角色。组织的战略选择根本上取决于组织决策者在多大程度上能与外部环境保持独立性或拥有自治权（Antonomy）（Dattée 等，2022）。组织结构就是组织战略和外部环境匹配的结果。战略选择理论关心的三个核心问题是组织决策者的特征，外部环境的特征，组织决策者与外部环境、内部战略交互的特征。外部制度的改变，将推动组织决策者调整组织战略，并且这种调整受到组织决策者之前的价值观和信念的过滤。制度理论普遍认为企业是外部环境塑造相似的组织，战略理论普遍认为企业是内部战略塑造差异的组织。战略选择理论提供了另一种主动选择，强调组织决策者（个人或团体）的自治权足以影响外部制度，虽然上述自治权有时是为个体或团体的目标服务，不完全是为了促进整体目标的实现。这些差异和分歧动态影响着组织的长期发展（Birnbaum，1984；Randolph 和 Dess，1984；Astley 和 Van de Ven，1983；Gabis，1970；Ellsberg，1961）。

战略选择理论体现了制度理论和战略理论的动态交互，是组织决策者决定战略行动的过程（Börgers 和 Li，2019；Kneeland，2015；Child，1972）。制度因素通过规范行为模式、定义合法性边界，降低了不确定性；组织决策者理性地追求个人利益与整体利益，在有限的框架内做选择（吕鹏和黄送钦，2021；梁强等，2020）。从边界条件来分析，组织战略选择受到国别条件、行业条件和组织能力的限制。制度性竞争优势是可持续竞争优势的来源之一，同样受到国别条件、行业条件和组织能力的限制。制度性竞争优势的边界，体现在组织决策者制定、开发、部署国别正式制度优势或国别非正式制度优势时，需要权衡考虑国别条件、行业条件和组织能力。当国别正式制度和国别非正式制度联合影响组织的战略决策，且国别正式制度约束不清晰或者失效时，国别非正式制度在降低不确定性、提供指导、授予合法性、奖赏管理者和组织等方面的作用更强（Hutzschenreuter 等，2007）。国别正式制度和国别非正式制度的相关研究还在继续深化。

综上所述，制度基础观的核心因果逻辑，即制度因素对组织战略的直接影响，战略选择补充了组织的主动性前提（吴波等，2021）。为了进一步推进制度理论与战略理论的融合，推动新兴市场企业相关实践的发展，本书通过对企业跨境并购战略的探究，丰富和扩展了组织战略的覆盖范围。与微观的法规（Regulative）、规范（Normative）和文化认知（Cultural-cognitive）三维制度构型不同，本书探索了宏观的国别正式制度与国别非正式制度二维制度构型，加强了宏观领域的制度理论与战略理论对话。

2.1.2 制度基础观拓展

本书不仅继承了制度基础观的因果关系及其边界条件理论框架，而且对制度基础观本身也有相应的拓展延伸。

本书从两个角度拓展了制度基础观。第一，本书将可持续竞争优势拓展为复合竞争优势，契合"一带一路"倡议沿线国家的企业的最新实践。可持续竞争优势需要企业具备最好的资源与能力，但有价值的、稀缺的、不可模仿的、不可替代的资源难以获得，生产、研发、销售、供应等能力难以建设，须具备天时、地利、人和等多种条件，企业才有可能形成可持续竞争优势。外部制度的迅速变革，不仅减少了可持续竞争优势的时间，而且压缩了可持续竞争优势的空间。可持续竞争优势很难作为新时代的企业目标。可持续竞争优势具有静态性，竞争烈度小，实践契合度逐渐降低。复合竞争优势降低了资源要求，提出了重构能力。一方面，放宽有价值的、稀缺的、不可模仿、不可替代的资源要求，有利于增加新兴市场的资源、孕育新兴市场的企业、建立新型市场的生态；另一方面，增加能力维度，从单一维度转型为复合维度，新兴市场企业不再需要和在位企业处于同一赛道，而是选择有限赛道的组合，通过重构与编排普通的资源，形成差异化的复合能力，最终建立复合竞争优势。复合竞争优势具有动态性，迭代更新快，实践契合度高——对新兴市场企业来说，它具有可行性。

第二，本书将制度因素决定组织战略，拓展为双元制度决定双元组织战略。制度因素决定组织战略，虽然部分考虑了组织决策者的主体作用，但没有区分制度主动权与组织主动权两种不同的前提。制度因素的构型具有多样性：三维构型来自微观制度研究，以企业研究为主体，以社会学范式为主导；二维构型来自宏观制度研究，以国别研究为主体，以经济学范式为主导。从单一视角出发，制度因素决定组织战略受到挑战；从多维视角出发，制度因素决定组织战略具有多重机会。因此，基于多维视角的考虑，解决二维制度构型能为后续三维制度构型研究奠定基础。

从二维制度构型出发，本书提出双元制度决定双元组织战略，制度主动权与组织主动权不是二选一的关系，而是共有双元性这个前提。本书对制度双元性的拓展，在于承认国别正式制度与国别非正式制度独立存在，补充了以往国别正式制度缺失情境的相关研究。本书对组织战略双元性的拓展，在于引入企业跨境并购，丰富了收购企业与被收购企业的竞合研究，为后续研究引入企业跨境合资奠定基础。双元制度决定双元组织战略这一构念的提出，规避了制度理论和战略理论的核心冲突，扩大了制度理论和战略理论的共同范围。

为了阐明制度基础观在本书中的具体作用，首先，下文将述评国别制度因素，即制度理论研究、国别制度距离研究及其挑战、匹配研究和潜在的国别制度匹配新构念；其次，将述评企业跨境并购研究，即国外、国内相关研究及其比较；最后，综述国别制度因素对企业跨境并购影响的边界条件，即母国劳动管理水平、行业刺激政策和上市收购企业三大领域内的最新研究进展。

2.2　国别制度述评及拓展

本小节主要包括四个部分：一是制度理论述评，包括理论渊源；二是国别制度距离述评及挑战，阐述国别制度距离在实践和学术领域中的不足之处；三是匹配述评及拓展，厘清匹配在宏微观领域的最新进展；四是国别制度匹配的述评及拓展，阐明国别制度匹配研究的最新进展。

2.2.1 制度理论综述

制度理论是备受关注的主流理论之一，核心构念包括同构性（Isomorphism）和合法性（Legitimacy）（Oliver，1997）。制度理论关注深层次的社会结构，寻求解释组织同质性的影响因素，制度基础观寻求解释组织差异性的影响因素。制度理论和制度基础观具有共同的前提，即组织承担了外部制度的同构压力。随着组织的发展，初始多种多样的新组织，根据相似的路径，成长为相似的组织。组织相似性的复制，并不局限于商业企业，非商业的行政组织亦是如此。组织相似性受到部分实践的支持，如单一国家的企业表现出高度的相似性；组织相似性也受到部分实践的挑战，如当单一国家足够大时，单一国家的企业同时表现出高度的差异性（刘志彪和孔令池，2021）。国别正式制度与国别非正式制度共同塑造了组织的差异性（Kim 和 Schifeling，2022）。组织相似性与组织差异性，或者说组织同质性与组织异质性的争论兴起。

国别制度包括国别正式制度与国别非正式制度，是指基于规则（Rules）、规范（Norms）、价值观（Values）、文化意义系统（Systems of Cultural Meaning）的治理结构。国别制度是综合体系，而不是某个国家的政府体制（张树华和王阳亮，2022）。国别制度具有普遍性，可以跨越国别与地域层次（彭聪等，2020）；国别制度同时具有特殊性，尊重每个国家的制度是最重要的前提，迫使其他国家或者地区选择某种国别制度是不道德的行为。国别制度的普遍性是制度基础观的核心，国别制度的特殊性是制度基础观的完善动力。组织的行为植根于国别制度的多重情境，如文化、法律系统、代理利益冲突等，因此只有在具体的国别制度中，才能解释组织行为。在不同的国别制度下，组织表现出不同的行为；在相同的国别制度下，组织表现出差异或相似的行为。为了解释特定国别制度的创造、扩散、采用、改编、沦落和废弃等实践，组织制度主义、制度经济学派、比较制度主义等制度理论的不同分支蓬勃发展，对此形成了更好的阐释。

制度经济学派提出了最具生命力的一对构念，即国别正式制度和国别非正式制度。制度经济学派区分了成文法和约定俗成的"不成文法"，对社会实践、管理实践、个体实践具有的解释力；国别正式制度和国别非正式制度比例的不同，解释了发达市场和新兴市场制度的整体差异和局部差异（Li 等，2019；Greckhamer，2016）。

制度理论处于改革与发展的时期。制度理论的核心构念在更新，制度持续性的诠释视角逐渐由新制度主义转向审美视角，新视角弥补了旧视角的认知盲区，建立了新的基本前提，为制度理论下一步的量化研究奠定了坚实基础（Weik，2019）。制度理论的坚硬内核不断加强，代理人的理论化进程体现了科学范式的逐渐转化；制度理论的柔性外围部分不断拓展，在制度对组织行动的作用中，约束或鼓励二分法的态度正在交锋，逐渐增加了对方向的研究（Cardinale，2018）。

制度理论和其他领域的对话不断加强。制度理论和战略理论的交融极其深入，促成了制度基础观、战略选择理论的诞生，并在组织响应问题中交织（Durand 等，2019；North，1991；Oliver，1991）。制度理论和代理理论结合，有效地解释了首席执行官薪酬的跨国差异问题（Krause 等，2016）。制度理论和高阶理论结合，有力地解释了组织内高管和员工薪酬的分配不公问题（Greckhamer，2016）。制度理论和行动理论结合，完善了制度理论自身的微观基础问题，与备受争议的跨层分析保持了一定距离（Cardinale，2019）。制度理论和社会阶层理论结合，较好地解释了个人层面的社会阶层跃升问题（Martin 和 Côté，2019）。制度理论与创业理论结合，促进了制度领域与创业领域的共同繁荣（李加鹏等，2020）。制度理论与创新理论结合，解释了中国企业的开放式创新问题（杨震宁和赵红，2020）。制度理论与最优区分理论结合，解释了母国社会责任与企业出口绩效的关系问题（王友春和王益民，2021）。制度理论与多个领域的对话，搭建起从制度因素到组织战略的桥梁，如图 2-2 所示：

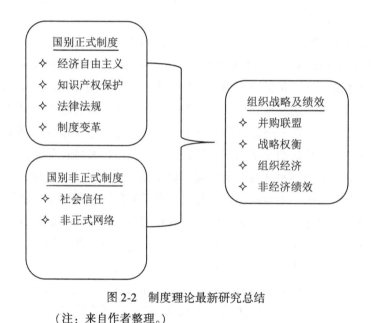

图 2-2　制度理论最新研究总结

（注：来自作者整理。）

近三年来，国别正式制度与组织战略的关系不断强化，成为制度理论的主流研究对象（董涛等，2021）。一方面，在国别正式制度中，新的研究因素不断涌现，矛盾性的悖论特征反映了管理实践与思想的最新趋势。数字全球化扮演了正面角色，体现为国别正式制度中技术变革促使企业经营转型；技术民粹和孤立主义扮演了负面角色，体现为国别正式制度中技术刚性带来的企业跨国经营难题。经济自由、知识产权保护，体现了国别正式制度的不断完善，提升了企业的绩效；民粹主义、恐怖主义，体现了国别正式制度中的挑战，干扰了企业的正常运营。国别正式制度中出现矛盾时，企业采用权衡或双元的应对策略，往往会带来分歧与成本。虽然双元战略有利于企业生存，但是很难提升企业的经济与环境绩效。国别正式制度具有多样性和包容性，这是国别正式制度研究的前提。如果不遵守平等前提，国别正式制度的研究很难得出共识，不会形成稳定的领域。国别正式制度与组织战略的研究还有很多未知的发展空间，新的国别正式制度要素层出不穷，组织的同质性与异质性研究将继续发展。

另一方面，国别正式制度变革与组织战略的关系不断深化，从静态与动态、短期与长期、积极与消极三个视角回应了管理实践的关切问题。国别正式制度变革具有多样性（王博和朱沆，2020）：从静态视角来看，国别正式制度变革可以持续相当长的时间。涉及几代人的国别正式制度变革，往往看起来是相对静态的，核心主体缓慢但坚定地争取国别正式制度变革。从动态视角来看，国别正式制度变革可以造成足够大的影响，吸引全球的注意力，表现为不同诉求的社会活动此起彼伏，这是国别正式制度变革非常快速推进的状态。从短期视角来看，国别正式制度变革具有不稳定性，随着社会问题的出现且不断迭代，国别正式制度变革的成果不能确定。从长期视角来看，国别正式制度变革的发起、扩散、巩固、确定、修订需要一个长期的过程，一蹴而就是非常罕见的。从积极与消极的视角来看，国别正式制度变革很难在当下判断不同立场下的价值观，往往会得出不同的判断结论，具有滞后性和主观性。在组织战略层面，国别正式制度变革的动态管理难度高于静态管理，短期管理难度高于长期管理，积极管理难度高于消极管理。

近三年来，对国别非正式制度与组织战略关系的研究不断涌现，成为制度理论的重要补充部分（何金花等，2021）。一方面，在国别非正式制度中，新的研究因素不断出现，逐渐得到主流管理学的认可（陈仕华和张瑞彬，2020）。以往研究在国别正式制度失效时，捕捉到国别非正式制度的影响，但忽略了国别非正式制度与国别正式制度独立存在的现实。即使考虑到国别正式制度与国别非正式制度的转化中有大量不重合的空间需要研究，但国别正式制度研究相对完善，而国别非正式制度研究刚刚起步。社会信任、社会网络、迷信、因果等多种国别非正式制度才逐渐走入学者视野，纷繁复杂，需要文献综述来指导研究方向。国别非正式制度与组织战略的关系，具有隐匿性和复杂性，很难进行量化研究，例如，某企业家热衷捐赠，捐赠动机是为自己成绩不好的孩子积福。这显然是受到佛教因果的非正式制度影响，但这种影响很难通过深度访谈或者问卷调查进行检验，在人物志里也鲜有体现，可能在其至交好友的只言片语里微露踪迹。因此，国别非正式制度与组织战略的关系，还未出现有效的、合适的、匹配的研究方法。

另一方面，国别非正式制度变革与组织战略的关系黑箱亟待探索。国别非正式制度变革是未解之谜,有可能解决组织战略的异质响应问题,打开组织战略的黑箱。对国别非正式制度变革的研究逐渐兴起,学者们反思了过去的国别正式制度,解决了现有国别正式制度失灵的问题,为未来建设国别正式制度提供了方向。随着国别非正式制度研究的发展,国别非正式制度的有效性进一步建立,在管理实践中有可能观测到国别非正式制度的失灵问题、国别正式制度变革失败的解释问题。国别非正式制度变革的研究,一是有利于建立全面认知,二是有利于解释国别正式制度变革无法解释的组织战略问题,三是有利于增强对社会与组织的关系的理解。国别非正式制度变革是一个长期过程,时间视角是国别非正式制度变革研究的核心视角之一,有利于丰富以短期主义为主导的现有研究模式。

综上所述,制度理论的认可度和传播度很高,以国别正式制度和国别非正式制度为代表的制度经济学派异军突起(雍旻等,2021;杜运周等,2020;张文歌等,2020)。虽然学者们对制度理论核心构念的内涵与外延的界定存在分歧,但是制度理论核心构念更新迅速,在管理实证研究和实践应用中的扩展也越来越广泛。对组织战略响应的影响的研究不断兴起,从静态的国别正式制度、国别非正式制度,到动态的国别正式制度改革、国别非正式制度改革,组织战略响应的一致性问题逐渐得到更多答案。制度理论作为现代社会的理论基石之一,往往也是新理论的参考对象,即将新旧理论构念进行比较研究,并在此过程中建立新理论构念的合法性,而合法性本身就是制度理论的核心构念之一。制度理论的旺盛生命力源于其不断地和各个领域的核心理论进行交融。正是通过跨领域融合,制度理论推陈出新,革故鼎新。制度理论最新研究总结如表2-1所示:

表2-1　　　　　　　　　制度理论最新研究总结（2022—2024）

作者	年份	期刊	因变量	理论	自变量	样本统计	研 究 结 论
Morris et al.	2023	AMR	新兴市场	新兴市场理论	新兴市场	编辑论文	1. 新兴市场正式制度弱,非正式制度强。 2. 应用理论到新兴市场较为容易,开发新兴市场的理论较为困难。
Andrews et al.	2022	JIBS	跨国企业响应	非正式制度	迷信	访谈、档案文件和观察	1. 迷信是典型的非正式制度,虽然广泛影响跨国公司在缅甸的管理实践,但是依然被缅甸的正式制度禁止。 2. 跨国企业基于声誉风险、企业价值观、正式制度和当地绩效的影响,为迷信行为背书,也可能默认或拒绝。 3. 跨国企业随后从适应转为抵制,再到操纵,回应当地管理人员的"迷信"行为并使之"模糊化",确保跨国企业受到公众认可,处理好正式制度与非正式制度的划分。

续表

作者	年份	期刊	因变量	理论	自变量	样本统计	研 究 结 论
Bennett et al.	2022	JIBS	创业	制度经济理论	领导人的民粹主义话语	2002—2016年, 33 个国家的 780000多人	1. 民粹主义话语提高了制度环境的不确定性, 导致企业家预期未来交易成本更高, 因此减少了创业 (−)。 2. 意识形态调节作用: 制衡 (+)、领导人的意识形态。
Brandl et al.	2022	JIBS	非正式制度	非正式制度生态学	外国跨国企业的土地收购	发展中国家土地并购	外国跨国企业的土地收购削弱了社区的非正式制度 (−), 因此加剧了农村贫困 (+)。
Gaur et al.	2022	JIBS	外国子企业人员配备	新制度经济学	东道国社会信任和正式制度	1990—2014年 42 个国家的 435 家韩国跨国企业的 6675 家外国子企业	1. 高度的社会信任和支持市场交换的强大正式制度共同降低了外国子企业人员外派的发生率 (−)。 2. 跨国企业网络内子企业之间的相互依赖程度和子企业的东道国经验 (+)。
Luo	2022a	JIBS	跨国企业	制度理论	技术民粹和孤立主义	理论文章等待实证检验	1. 新技术民粹和孤立主义涉及地缘环境、经济、国家安全和意识形态等因素, 对国际商务的破坏性更大。 2. 新技术民粹和孤立主义基于现实主义学说, 将国际关系描绘成国家利用其经济胁迫力的零和竞争, 不承认技术互联、资源互补、开放创新以及正向竞合的重要性。 3. 技术民粹和孤立主义阻碍了跨国企业的正常运营, 尤其是那些对全球技术供应链和行业链和目标市场高度依赖的国际企业。 4. 跨国企业可以考虑防守型或进攻型响应, 取决于企业的涉险程度和管控风险能力。
Luo	2022b	JIBS	跨国企业	制度理论	数字全球化	理论文章等待实证检验	1. 指出跨国企业特有的三类风险: 数字依赖、信息安全和监管复杂性, 提出信息流强度、地域多样性、国际战略和全球平台参与度对跨国企业的数字风险及应对能力具有重大启示。 2. 从个体和集体的角度为跨国企业管理数字风险提供了行动指南, 强调建立和部署数字情报分析流程, 以寻求数字全球化联动的战略韧性。

续表

作者	年份	期刊	因变量	理论	自变量	样本统计	研究结论
Minbaeva et al.	2022	AMR	非正式制度	制度经济学	非正式网络	在线发表，全文尚未公开	1. 揭开了非正式机构的"黑匣子"，将非正式网络在引导非正式制度的连续性和变化方面的作用理论化。 2. 当非正式制度由"相对有效"和"相对封闭"的非正式网络制定时，它们的持久性高于由"相对开放"和"相对工具"网络制定的非正式制度的持久性。
Nason & Bothello	2022	AMR	非正规经济的增长	非正式制度	制度	在线发表，全文尚未公开	1. 缺乏（西方）市场支持的法律和监管机构解释了企业层面经济增长的缺失，全面地整合现有制度可能会揭示在非正规经济中发生的不太明显的个体层面的创业增长类型。 2. 将非正规经济概念化为由市场和非市场机构的"点点滴滴"构建的制度接口，再将接口处制度复杂性的三个维度（管辖权影响、碎片化和不兼容）与可见度不同的三种增长类型（直接、分散和隐蔽）联系起来。
Vendrell-Herrero et al.	2022	JIBS	出口活动	制度基础观	企业生产力	2006—2017年63个国家的3431家制造企业（WBES）	企业生产力和出口活动确实是相互促进的（+），国内市场经济条件的存在将至少部分地放大这种关系在每个方向上的强度（+）。

制度理论关注企业运营要遵从的母国或者东道国的制度因素，国别正式制度的遵从是强制性的，国别非正式制度的遵从是自愿性的。国别正式制度与国别非正式制度推陈出新，反映了母国或者东道国制度因素的最新变化，也反映了整体制度的最新变化。企业运营同时跨越母国与东道国的，为了统筹协调在母国与东道国的运营，企业往往根据国别制度距离的大小来调整响应策略。国别制度研究从绝对值转向相对值，促进了国别制度距离研究的兴起。

2.2.2 国别制度距离述评及挑战

2.2.2.1 国别制度距离述评

国别制度距离，是国别制度差异程度的代理变量。国别制度距离可以量化为母国和东道国在法规（Regulatory）、认知（Cognitive）、规范（Normative）三个维度的差异程度（Xu 和 Shenkar，2002；Kostova，1999；Kostova 和 Zaheer，1999；Kostova 等，1996）。追根溯源，国别制度距离是制度理论的代表变量之一，国别制度决定企业结构甚至行为，并形成核心因果关系（Scott，2013；Jepperson 等，1991；DiMaggio 和 Powell，1983）。与同层分析的解释不同，国别制度的差异程度在解释组织结构与行为中具有重要的主导作用（Kogut，1991）。心理距离（Psychic Distance）新构念出现，能解释语言、教育、商业实践、文化、发展方面的差异，国别制度距离从此不局限于首都之间的地理距离（Xu 和 Shenkar，2002；Kogut 和 Singh，1988；Johanson 和 Vahlne，1977）。

从国别制度距离的三维构型出发，国别制度距离可分为法规、认知、规范三个部分——产权对法规距离敏感；差异化战略对认知距离敏感；企业偏离社会预期时，对规范距离敏感，企业不履行社会责任时尤其如此（Corporate Social Irresponsibility，CSiR）（Kang 等，2016；Lin - Hi 和 Müller，2013；Murphy 和 Schlegelmilch，2013；Xu 和 Shenkar，2002）。因此，国别制度距离有时被作为前因变量进行研究，有时被作为情境变量进行研究。下文将从前因变量与情境变量两个角度，分别述评国别制度距离的研究进展。

其一，国别制度距离作为前因变量。从微观层面来看，国别制度距离的影响，不仅局限于企业层面，而且深入企业内部，如经理层员工的知识使用习惯（Oldroyd 等，2019）、高管层员工国际化经验的数量和质量（Rickley，2019）。从宏观层面来看，国别制度距离影响当地，如制度相似距离和私募投资的关系，受到当地网络中心度的深刻影响（Mingo 等，2018）。国别制度距离研究具有不一致性，如果严格从国别制度距离的定义出发，那么国别制度距离的测量不应该包括经济指标。很多研究采用 GDP 等经济指标来测量国别经济距离，采用国别制度距离的计算方法，构造出新构念，显然不符合制度理论（Rickley，2019）。因此，国别制度距离虽然逐渐升级为变量，但是仍植根于制度理论。并且它并不是一种计算方式，而是输入客观指标，就可以合成新变量。由此可以看出，从国别制度距离到国别经济距离，类比存在影响着结论的测量误差。

其二，国别制度距离作为情境变量。地理距离具有客观性，效度低但信度高，既是最普遍的制度距离，又是跨国研究的首选国别制度距离变量（Buchner 等，2018；Deng 等，2018）；地理距离的局限在于：它不能体现母国和东道国制度的差异，因此有研究者选取母国制度指标（如市场开放程度、研发投入、中间商发展）和东道国指标（如东道国归类为新兴国家还是先进国家），放弃了跨国比较研究的初衷（Zhenzhen 和 Jiatao，2018）。部分研究者为了坚持跨国比较研究的初衷，使用虚拟变量，直接定义国别制度的远近，绕开了正面测量国别制度距离的难题（Mata 和 Alves，2018）。综上所述，国别制度距离作为情境变量，没有兼顾测量的效度和跨国比较难题。

无论国别制度距离扮演的角色是前因变量还是情境变量，对它的研究仍得到了蓬勃发展。

近三年来，国别制度距离宏观与微观研究均有进展。在宏观层面，现有国别制度距离无法全面捕捉所有国别制度因素的差异性，新的制度子维度构建了新的国别制度距离，如国别监管距离（Regulatory Distance）。国别监管距离是国别制度距离的二层变量，抓住了企业战略响应的核心前因变量，提升了国别制度距离的效度。专业知识距离（Expertise Distance）是认知维度的国别制度距离，在实验室情境下，专业知识距离对个人投资决策的因果关系已建立，但在企业层面的决策研究尚未建立。因此，企业知识的深度与宽度，可以通过对跨国经营的国家数目和年份的代理测量，进一步在国家层面研究企业战略响应，这可能是相关研究下一步的前进方向。对于国别规范距离（Normative Distance），尚未有学术作品发表。国别文化距离的相关研究则自成一派，迷信等国别非正式制度在国别制度距离领域的潜力还有待发掘。

在微观层面，国别社会距离和情绪距离成为新的国别制度距离子维度。国别社会距离体现为企业高管与子企业所在国家的距离，以及企业高管的海外留学背景，因此对其的测量主要建立在企业高管层面，本质上是在测量个体认知差距，更接近宏观认知距离。国别社会距离与专业知识距离具有相似性，都是个体经过长期多国生活，才能积累的经验与知识技能；国别社会距离与专业知识距离同时具有差异性，前者强调个体的决策历史，后者强调个体的决策技能。情绪距离与国别社会距离的关系，本质上是感性与理性的对立统一。在国别社会距离代表的理性决策逻辑失效时，情绪距离所代表的感性决策逻辑可以起到替代决策逻辑的作用。在国别社会距离运行良好的时候，情绪距离对个体决策同样具有影响。在对理性距离与感性距离的权衡取舍之间，还需要进一步的定量研究。

国别制度距离的宏观和微观研究不断发展，但仍无法解释国别制度距离下高度响应的企业战略。因此，研究开始关注反映国别制度距离小的新构念。

国别制度距离小的构念，包括重叠和临近。在重叠方面，技术重叠、地理重叠、产品市场重叠等经济维度，对企业决策的影响研究开始兴起。在国别制度维度的重叠研究反而无法开展，因为不能忽视每个国家的制度特殊性，国别制度重叠是不存在的伪变量。在临近方面，地理临近度（Geographic Proximity）的研究兴起，和行业集群的研究相呼应。并且为了完善地理邻近度对企业战略决策的解释力，对网络中心度的研究开始受到关注。网络中心度补充解释了有形的地理邻近度解释不了的临近现象，从联系的频率和质量两个维度，重新判断企业的临近程度。重叠和临近是国别制度距离领域内刚刚出现的新变量，其潜变量和理论逻辑还需要进一步说明。至于国别制度距离大的新构念，尚未得到研究者的注意，因为违背了国际商务领域最底层的连接逻辑。

综上所述，国别制度距离的重要性毋庸置疑。国别制度距离在宏观方面与微观方面的研究进展非常快，但是效度问题和信度问题并没有得到根本解决。就效度问题而言，国别制度距离研究的扩展方向，一方面深入企业内部，另一方面深入企业所在地；就信度问题而言，国别制度距离在不同领域中的解决方法是不同的。部分国际商务领域研究者放弃了距离的测量，更专注于母国和东道国的制度属性，受到效度质疑；国际商务领域外的研究者引进地理距离，粗略指代国别制度距离的影响，同样受到效度质疑。国别制度距离不仅涉及跨国制度差异的测量，其子维度正在向构念化的方向发展，尤其是国别制度距离小的构念：重叠和临近，尚未得到系统性的梳理和检验。国别制度距离的最新研究总结如表2-2所示：

表2-2　　　　　　　　　国别制度距离最新研究总结（2022—2023）

作者	年份	期刊	因变量	理论	自变量	样本统计	研　究　结　论
Hong et al.	2023	IBR	FDI	制度距离	宗教距离	1985—2019的宗教数据和FDI数据	1. 宗教距离较大的国家对FDI流量较小。 2. 东道国具有更高的宗教多样性或两国都有生效的双边投资条约（BIT），则宗教差异的负面影响就不那么明显。 3. 构建了一个国家层面的宗教信仰衡量标准，并发现宗教信仰对FDI流量的不对称影响。
Chen et al.	2022	JIBS	银行在海外的透明度和稳定性	制度理论	监管距离	来自47个母国的46个东道国的外国子企业	1. 当母国的监管比东道国更严格时，银行透明度下降（-）。 2. 当母国银行资本比率较低或东道国监管能力较弱时，结果更为明显，这表明母国银行使用不透明的报告来掩盖海外冒险。 3. 在金融危机期间，透明度较低的子企业更有可能溃败。
Liu et al.	2022	SMJ	跨国企业剥离子企业	社会心理学的解释水平理论	社会距离	2003—2014年《财富》列出的美国100强跨国企业及其海外子企业	1. 子企业遭受东道国恐怖袭击的风险与跨国企业剥离这些子企业的可能性之间的关联取决于其高管与事件东道国的社会距离（Social Distance）。 2. 当受到东道国恐怖袭击的风险增加时，跨国企业更有可能剥离其子企业，这种影响只在跨国企业高管在社会距离上接近的东道国表现出来，社会距离极大时，高管不会做出剥离决策。
Neeley & Reiche	2022	AMJ	高度工作评价；更高的升职率	权力理论	社会距离与中介机制（个体层次）	定性定量研究一家大型美国企业的115位全球顶级领导者	1. 当一些领导者认识到他们的专业知识、网络和影响力相对于当地下属较少时，他们就会表现出向下的顺从：（a）试图减少社会距离，包括寻求联系、赢得信任和参与当地下属的相邻合作；（b）通过赋予下属的判断力、将影响力转移给下属等来屈服于下属的专业知识。 2. 以前在外国文化中的经历，无论是在国外度过的总时间，还是在与他们自己相距甚远的文化的接触方面，都与采取向下顺从相关。

作者	年份	期刊	因变量	理论	自变量	样本统计	研 究 结 论
Runge et al.	2022	SMJ	研发联盟学习和竞争压力	联盟学习竞争动态	技术重叠、地理重叠、产品市场重叠（企业层次）	美国制药企业之间形成的215个研发联盟	1. 企业的发明绩效受到技术和地理重叠的积极影响，受到产品市场重叠的消极影响，产品市场重叠对技术和地理重叠与企业发明绩效之间的正向关系具有负面调节作用。 2. 产品市场重叠不同于其他类型的重叠：它将联盟的主旨从共同价值创造转变为私人价值占有，不仅会降低企业的发明绩效，还会削弱技术和地域重叠对企业发明绩效的积极影响。
Shenkar et al.	2022	JIBS	企业绩效	制度理论	文化距离	拉美国家的4226观测值，包括168个母国和东道国	1. Kogut和Singh的"文化距离"理论非常流行但有缺陷，但它提出一种离开距离的方法，一种分析国家文化对国际商务影响的主导范式的替代方法。 2. 替代方法基于接触，从文化分离转移到企业及其高管参与国际交易时所体验的实际文化界面。 3. 文化交流被认为是一个不断发展的互动参与过程。
Vestal & Danneels	2022	ASQ	突破发明	小世界	技术距离（团队层次）	834家多簇纳米技术研发团队	1. 多集群研发团队有潜力产生突破性发明，因为分散在不同地理地点的团队成员可以访问不同领域的独特知识。 2. 集群间的技术距离（知识差异）与团队突破创新之间存在倒U形关系，多集群团队内部与集群间联系的密度影响上述关系。

2.2.2.2　国别制度距离挑战

　　国际商务领域是善于反思的学科，主流研究范式一般十年左右会迎来修正。国别制度距离受到的挑战，来源于两个方面，即国别距离研究的修正和文化距离测量问题。国别距离是国际商务领域的核心构念，测量时如何实现理论、数据和方法的一致性是重大难题（Beugelsdijk 等，2018）。

　　在理论建构方面，单一距离理论并不存在。国别距离研究要和具体理论结合，才能实现理论的前提、机制、边界条件一致。例如，地理距离没有与其他理论结合，具有对称性、连续形、稳定性和客观性。国别心理距离（Psychic Distance）的提出，涉及国家地位高低影响企业感知到的国别距离差异问题。情境距离是企业跨越国界时的情境变化程度，具有不对称性、不连续性、可改变性。其中，不对称性和精神距离研究判断一致，更符合国际商务管理的实践情况。

在理论机制方面，不同理论对距离的建构不同。理论前提与机制极少被讨论。互相矛盾的理论机制，降低了国别制度距离研究的解释力（乔璐等，2020）。组织学习理论强调，企业在跨国情境下做生意，可以激发创造力。代理理论和交易成本理论强调，不确定性对企业经营带来负面影响。两种理论机制均应用于管理研究，但对深层的理论机制讨论远远不够，影响了距离研究理论化的高度。目前的相关研究仅停留在"调用"其他理论和距离理论拼凑的层次，尚未进行理论的深层次融合思考。

在理论和测量结合方面，采用通用距离还是特定距离？是否加总？种种方法都需要具体理论的支撑。文化距离是特定维度（霍夫斯泰德）的加总，在解释企业进入决策时，需要不确定性的理论桥梁，但显然不适合不确定性规避的特定维度。加总后的国别距离变量和个体维度变量，在方向上存在显著差异，就需要进一步解释。如果将分析层次纳入国别距离研究，那么船型模型的跨层分析问题就无法避免——船舱底部的个人感知距离以及特定选择偏好，与船体顶部的国别距离差异、企业战略选择的四角关系，挑战了加总的算法（Maseland 等，2018）。

在测量方法方面，Kogut 和 Singh 指数（KS 指数）更正了方差的影响；欧几里得距离指数应用范围最广，但是没有更正方差和协方差的影响；马氏距离指数更正了协方差的影响。KS 指数与欧几里得距离指数互为稳健性检验，且在文化距离和国别制度距离方面体现得最明显。

综上所述，国别制度距离相关研究的推进，首先需要理论层面的深度融合，在理论一致性的逻辑前提下，解释具体情境的具体问题；其次需要算法的革新，从欧几里得距离到 KS 指数、马氏距离指数，渐进的二维算法改革并不能解决国别制度距离研究的汇总跨层问题；最后需要对数据进行合理分析，一味地遵循前人开发的数据库，并不能提高国别制度距离的效度和信度。因此，对国别距离的相关研究，应克服二维视角的瓶颈，转向三维视角。

2.2.3 匹配述评及拓展

2.2.3.1 匹配述评

构念之间的比较，是促进新构念诞生的重要途径。比较构念的测量有维度差异：一维测量最常见，大部分国别测量属于这个维度，如某国的个体主义得分，涉及的测量算法有绝对值、相反数等。二维测量是基于一维测量的，并通过方差、协方差等测量算法，得到欧几里得距离、KS 指数、马氏距离等国别距离得分，如计算中美个体主义距离，可以采取欧式距离、KS 指数、马氏距离三种方法。二维测量比一维测量更好地解决了国别差异比较问题。二维测量的局限性在于：第一，没有保留一维测量的意义。二维测量只存在相对值，如中美个体主义距离只能看到相对差异，中美两国的个体主义得分未知。其中，现有研究前提认为，中美的个体主义距离得分可以互相抵消，这是不恰当的。第二，参照系的多样化。选择某国或者多国作为参照系，带来截然不同的计算结果和复杂冗余的数据结构。第三，脱离理论指导的算法滥用问题，已经受到很多挑战。

三维测量在二维测量的基础上，有了革命性的进步。三维测量通过二维建模、三维图示的方法，建立了比较新构念，影响最广、备受认可的是匹配理论及方法（Congruence）（Edwards 和 Parry，2017；Edwards 和 Cable，2009；Edwards，2007；Edwards 和 Van Harrison，1993）。匹配理论和方法在组织行为与人力资源管理领域（OBHR）较为成熟。与不存在的"距离理论"相比，匹配理论和方法可以提供新构念的理论意义与测量的具体规则。三维的匹配测量保留了一维测量的理论含义，在点、线、面三个维度都能进行相对值的比较，体现出相对值的变化方向和程度（区域），避开了二维测量复杂的数据结构和参考系误差。三维测量本质上是用空间建模的方式来解决比较问题，而不是粗糙的算术测量。因此，以匹配理论和方法为例，下文将综述三维测量取得的广泛成果。

组织行为与人力资源管理研究领域（OBHR）已经成熟地应用三维测量。在认知、个人、团队、组织层面，甚至跨层研究方面，三维测量均取得了成果（王雁飞等，2021；陈晨等，2020）。在认知层面，员工对变革领导力的需要（Needed）和获取（Received）具有差异，解释了变革领导力的落实误差问题，对员工满意度有重要影响（Tepper 等，2018）。在个人层面，员工与伴侣的家庭—工作矛盾一致性高时，减弱其消极影响；一致性低时，削弱其积极影响（Wilson 等，2018）。企业政策与实践的一致性，提升了员工的工作绩效（戴屹等，2021）。在团队层面，新领导和团队成员主动型性格匹配，直接影响组织认同和员工对改革的响应（Cornwell 等，2018；Lam 等，2018），领导与下属权力距离的一致性，能促进下属的建言行为（李树文等，2020）。在组织层面，CEO 和高管利益相关者价值观的一致性，决定工作流程变革，但对并购和资产剥离等企业决策的影响没有证实（Washburn 等，2018）。价值观匹配和战略互补两个维度，决定了组织间的关系，是双匹配下的合作关系？还是都不匹配的好斗关系？这具体取决于任一匹配维度的单一组织承诺（Bundy 等，2018）。在跨层次研究方面，个人和组织意识形态的不匹配，引起员工离职，员工会寻找匹配的组织再就业（Bermiss 和 McDonald，2018）。

2.2.3.2 匹配拓展

本书将匹配研究从微观层面扩展到宏观层面，从个体层面扩展到国别层面：

近三年来，不匹配（Incongruence）的比较研究兴起（Paruchuri 等，2021；Um 等，2021）。不匹配的构念诞生在个人层面，如企业 CFO 语言的不一致。不匹配的构念又扩展到企业层面，如企业能力与信号的不匹配、财务披露数据和联盟披露数据不一致。如果将分析层次继续提升，那么不匹配能不能延伸到国别制度层面呢？国别制度不匹配保留了母国与东道国的制度因素本身，相较国别制度距离的二维算法，国别制度不匹配更接近国别制度差异性的潜变量。此外，国别制度不匹配与国际商务管理实践更契合，避免了国别制度距离同时给母国与东道国员工带来误解。国别正式制度匹配与国别非正式制度匹配同样有值得研究之处，因为它们响应了国际商务研究对国别制度相似性的好奇。因此，本书将匹配理论和方法引入国际商务领域，并和制度理论交融，形成国别正式制度匹配、国别非正式制度匹配、国别正式制度不匹配、国别非正式制度不匹配的新构念和新测量。

国别制度因素差异性的负面作用如何消除？这是国际商务领域研究的经典话题。但是国别制度相似性的正面作用如何发挥呢？这最近才成为国际商务领域研究的热门话题。例如，对于国别制度亲和力对企业跨境并购初始报价的作用（Hasija 等，2020），国别制度亲和力越高，东道国政府越不会干预企业跨境并购，国外企业跨境并购国内企业时，无需支付心理溢价。那么，国别制度因素的相似性能否与差异性一同考虑呢？

从匹配的视角看，东道国制度和母国制度具有各自的整体特征，可以进行跨国比较研究。国别正式制度匹配是指东道国正式制度和母国正式制度的一致性（相似性），国别非正式制度匹配是指东道国非正式制度和母国非正式制度的一致性（相似性）。国别正式制度不匹配是指东道国正式制度和母国正式制度的不一致性（差异性），国别非正式制度不匹配是指东道国非正式制度和母国非正式制度的不一致性（差异性）。上述新构念和组织的战略、结构相关。新构念不仅构建了国别正式制度匹配与国别非正式制度匹配的关系效度，而且补充完善了国别制度距离研究的不足之处（Ehmke，2019；Wilfahrt，2018；Yang，2009；Zur Politischen Ökonomie，2009；Clark，2000；Rosenzweig 和 Singh，1991）。匹配理论和方法与制度理论的融合，拓展了制度基础观，赋予了制度基础观新的生命力。匹配研究总结如表 2-3 所示。

2.2.4 国别制度匹配述评及拓展

2.2.4.1 国别制度匹配述评

国别制度匹配聚焦于国家内部的行政机构，不断深入基层。国别制度匹配体现在国内行政机构的利益一致性，例如，在 1945 年到 1992 年期间，美国总统和国会政策偏好的一致性函数，与美国的冲突倾向和冲突持续时间密切相关（Clark，2000）。经过中美比较研究得出，国别制度匹配在反腐败制度变革中是具有路径依赖的，新的想法可能会导致渐进式变化，最终产生根本性变革（Yang，2009）。在韩国情境下，国家层面和当地层面的制度一致性，决定了会计法律规则的制定（Lim，2017）。正式制度空间和非正式社会主体的重叠，可以提升西非塞内加尔州当地政府协调的能力，这是国别制度匹配的初始模型（Wilfahrt，2018）。在美国情境下，国别制度匹配体现在县级行政主体应对飓风灾害的韧性管理（Farahmand 等，2020）。综上所述，国别制度匹配的核心思想尚未在国际商务领域提出，详见表 2-4 所示。国别制度匹配相关研究以单一国家、定性研究为主体。制度经济视角相关研究意识到了正式制度与非正式制度的冲突，但鲜有研究探索子维度内共存的

表 2-3　匹配研究总结（2018—2023）

作者	年份	期刊	因变量	理论	自变量	样本统计	研究结论
Gao et al.	2023	JBR	团队认同	人与环境匹配	领导和下属情商一致性	143个销售团队的1416个领导者-追随者的二次收集	1. 下属与其团队领导者之间的EI（不）一致性显著影响领导-成员交换（LMXRS）中追随者的关系分离，表明一个人在LMXRS中的相对地位，并可操作为下属和他们的团队成员之间的感知LMX质量方面的欧几里里得距离。2. 领导者-追随者EI（不）一致性通过LMXRS的中介作用间接影响追随者的团队认同。
Falchetti et al.	2022	SMJ	创业想法和受众心理的一致性	社会心理学	专业水平	实验	1. 想法框架和受众心理解释之间的一致性取决于受众在评估新颖想法方面的专业水平。2. 创新者从内部部署与受众一致的框架策略中受益；欣赏新颖的想法的新手（如外行人、众筹人）欣赏具象术语为框架，而专家（如专业投资者、创新经理）欣赏新颖的想法以具体的方式为框架。
Kundro	2022	AMJ	创造力	焦点调节理论（Regulatory Focus Theory）	工作道德	两项实地研究和一项临身境的预实验	结合对价值（Value Congruence）的研究，当工作道德教育认为他们的价值观与组织的价值观一致时，他们最会得认知一致，这最有可能反复思考，也最有可能变得认知更高水平的创造力。
Um et al.	2022	AMJ	银行感知风险	角色一致性理论	CFO语言期望不一致	2003—2018年7649笔交易的电话会议记录和合同的分析	1. 人口期望理论强调角色不匹配于不同角色的规定性期望之间的不匹配，本书摆脱了传统的对角色同一不一致的关注，通过研究探索如何触发基于功能的、期望的角色内不一致来探索角色不一致的替代来源。2. 通过研究CFO的语言行为表现出的、基于职能的期望的感知和风险，导致他们银行能采用更多债务的债务合同契约（+），相应CEO语言（-）和媒体情绪对企业背景和社会情境展示了这种不协调效应。

续表

作者	年份	期刊	因变量	理论	自变量	样本统计	研究结论
Baer et al.	2021	AMJ	员工绩效	公平的开创性理论	员工想要信任与求得信任一致	多源三波实地研究和实验	1. 员工感觉被信任与提高工作绩效有关，普遍假设是：当主管更多地而不是更少地信任员工时，员工会做出积极的反应。 2. 感觉被信任的好处是伴随着压力的，一些员工可能不愿意承受。员工认为主管应更关注他们的需求，尤其是当需要一致存在（整体公平），即使员工对信任与信任一致之间存在，员工认为主管公平，当获得的信任超过或低于员工对信任的渴望时，员工认为主管不公平。
Li & Tang-irala	2021	AMJ	建言	领导和员工的交换理论	积极主动性格的领导和员工	403 个新形成的领导与员工的配对样本	1. 积极主动性格较高的员工在二人组互动早期阶段会更多地建言。建言在良性的积极的消极轨迹中增加或在恶性的消极轨迹中减少，取决于员工积极主动的个性与他们的主管是否公积极的主管相匹配：当与不那么公积极主动的主管配对时，员工在工作关系中变革相关一致性，相较建言发展出积极致轨迹，挫折感可能导致员工的低一致性。 2. 积极主动性格较高的员工在开始一起工作后，更有可能立即与主管交谈。主管与员工主动性格方面的一致性。主预测了接下来的六个月中，二人组如何变化。主动与员工的二元一致性获得了线性（负）正趋势，使语音增长得同的线性趋势，并且随着时间的推移呈非线性（减速）加速。

续表

作者	年份	期刊	因变量	理论	自变量	样本统计	研 究 结 论
Paru-churi et al.	2021	AMJ	CAR	信号理论	企业能力和诚信的信号不一致	2000—2014年上市的化学和制药行业	1. 信号理论假设信号集具有同质性,但是社会评价往往涉及不同维度的同时处理。 2. 受众对能力和诚信信号之间的跨维度不一致性如何加剧投资者对组织不当行为的反应,通过关注积极能力信号将产生消极行为的反应。 3. 将不规则的财务重述作为负面完整信号,投资者对联盟公告的重要性更显著的企业的反应更消极,即更频繁地宣布的企业从这些公告中获得更积极的期望。企业规模(一)和多元化程度(一)削弱了这些负面影响。
Richard et al.	2021	AMJ	企业生产力	战略领导力理论	高层管理和低层管理中种族多样性的匹配水平(即种族多样性一致性)	1. 高科技企业样本 2. 财富500强企业的补充样本	1. 在高科技企业的样本中,高层管理种族多样性和低层管理种族多样性之间的一致性对企业生产力产生积极影响。 2. 与上下管理层种族多样性一致性(即高种族多样性一致性)相比,在高层和低层管理中具有高度种族多样性的组织实现了更高的生产力。 3. 高层管理人员和低层管理人员之间的种族多样性不一致水平的差异(即不对称效应),即种族多样性程度高于下层管理人员高于高层管理人员种族多样性程度高于下层管理人员的企业。

续表

作者	年份	期刊	因变量	理论	自变量	样本统计	研究结论
Scott et al.	2020	AMR	情绪距离；方向；起点；终点	情绪自律（Emotional Regulation Journey）	四个因变量的内涵比较	曲面构建地形图是匹配研究的前沿	提出新构念：情绪距离（Emotional Distance），情绪方向（Emotional Direction），情绪起点（Emotional Origin），情绪终点（Emotional Destination）。
Wilson et al.	2018	AMJ	1. 平衡满意度 2. 员工工作满意度	家庭工作冲突（Interrole Conflict）平衡理论	FWC 员工、伴侣与家庭工作矛盾的一致性	1. N＝141 员工和夫妻对 2. 一手数据 3. 多元回归	1. 夫妻的家庭—工作经历一致性—致性的矛盾促进平衡满足感，最终增加员工工作满意度和夫妻关系满意度。 2. 如果员工的伴侣分享同样高水平的家庭—工作矛盾，高家庭—工作矛盾的负面效果被极大减轻。 3. 如果员工的伴侣没有分享同样高水平的家庭—工作矛盾，低家庭—工作矛盾的正面作用被极大降低。
Tepper et al.	2018	AMJ	1. 积极效应 2. 消极效应 3. 下属满意度 4. 工作满意度	动态人与环境匹配视角	变革领导力需要的、变革领导力收到的一致性	经验取样法（Experience Sampling Method, ECM）	1. 当变革领导力匹配下属需求时，或适当匹配的绝对水平更高时，积极作用更大。 2. 在积极作用中变革领导力需要和收到的下属每日工作态度和组织公民行为。 3. 下属需要更多的变革领导力，尤其当他们经历挑战压力、面临有意义的工作时，表现得有意义的工作时。
Lam et al.	2018	AMJ	1. 新领导认同 2. 团队成员对新领导变革行动的共同认同与投入建言	领导认同理论，即团队为什么/如何认同新领导，以及对新领导变革行动的后续反应	新领导和团队的主动型性格一致性	1. N＝155 旅店员工＋51 新领导 2. 多元回归	1. 新领导和团队成员主动型性格一致性促进新的领导者认同和对新领导变革日程的行动响应。 2. 新领导主动型性格高于之前领导时，效应更强。

续表

作者	年份	期刊	因变量	理论	自变量	样本统计	研究结论
Bermiss & Mc Donald	2018	AMJ	离职	组织强调意识形态对员工的影响	1. 个人和组织意识形态不匹配 2. 调节一自由保守	美国私募投资行业 10 年数据	1. 离职更可能发生在在职员工经历保守派不匹配（个人比企业保守）和自由由派不匹配（个人比企业自由）时。 2. 保守派自由派比尽管匹配，离职不匹配倾向于加入更接近他们自己意识形态的新组织。
Cornwell et al.	2018	AMR	认同产出	组织认同理论	最初认同	理论文章	以合伙事件（评价标准为相关性和一致性）为象征的员工与合伙人一致性会影响认同流程，认同表达影响认同增加、模糊认同、坚定认同、降低认同四种理论结果。
Wash- burn et al.	2018	JMS	组织变革	组织变革相关者理论价值一致性	CEO 与高管利益相关者认同一致性	跨国一手数据（20 多个国家），633 家企业，7～10 个高管	1. CEO 和高管的利益相关者价值观一致，可以促进组织变革，工作流程改变而不是正式企业结构改变，如并购和资产剥离。 2. 高匹配程度比低匹配程度更容易发生变革。
Bundy et al.	2018	SMJ	四种战略	利益相关者理论：合作行为（双匹配），好斗行为（不匹配），资源/价值观承诺行为（相对匹配）	组织与利益相关者匹配	组织与利益相关者的匹配	内在驱动合作：价值观匹配（价值观和原则） 外在驱动合作：战略互补（战略资源和需求）

相似性与差异性。国别制度匹配相关研究以多个国家、定性研究为主体，以非正式经济为对象，但鲜有研究定量探索对正式经济的影响。现有研究仅在单国或双国情境下，从正式制度与非正式制度的冲突逻辑，转向重叠逻辑，尚未建立国别正式制度与国别非正式制度的并行逻辑。单一的国家情境不足以在国际商务领域建立国别制度匹配的合法性。

表 2-4　　　　　　　　　　　　国别制度匹配相关文献

作者	年份	期刊	构念	方法	结论
朱仁健，周涛	2019	中国金融	制度匹配	论述	文化与管理制度的匹配性
Clark	2000	PRQ	制度匹配	实证	1945—1992 年美国总统和国会政策匹配
Yang	2009	PAR	制度匹配	案例	中美比较：反腐变革路径依赖
Lim	2017	JKCA	制度匹配	案例	韩国全国和当地的会计系统匹配
Wilfahrt	2018	WP	制度匹配	访谈实证	西非塞内加尔州当地政府的正式制度空间（formal institutional space）和非正式社会认同（informal social identities），克服协同问题
Farahmand	2020	IJDRR	制度匹配	案例	美国县级行政主体的韧性管理（飓风）
Rockstuhl et al.	2022	JIBS	文化匹配	定量	元分析：文化匹配与领导力有效性
Williams	2015	IS	制度不匹配	访谈	欧洲 28 国：正式制度与非正式制度不匹配度越高，导致非正式经济越强
Bashir	2019	IEE	制度不匹配	访谈	新兴市场少数族裔妇女创业
Van Geet et al.	2019	TP	制度不匹配	定性	荷兰交通土地利用：新旧制度不匹配、正式制度与非正式制度不匹配
Littlewood et al.	2020	CS	制度不匹配	访谈	东南欧正式制度和非正式制度的不匹配，影响非正式经济
Czetwert yński	2022	JWIP	制度不匹配	定量	制度不匹配很大程度上是一种认知偏见，包括淡化未授权的复制现象，即"盗版"盛行
Igudia et al.	2022	EPES	制度不匹配	访谈	尼日利亚海港城市的街头小贩生意

（注：表 2-4 由作者整理编制。PRQ 的全称是 Political Research Quarterly；PAR 的全称是 Public Administration Review；JKCA 的全称是 The Journal of the Korea Contents Association；WP 的全称是 World Politics；IJDRR 的全称是 International Journal of Disaster Risk Reduction；IS 的全称是 International Sociology；IEE 的全称是 Informal Ethnic Entrepreneurship；TP 的全称是 Transport Policy；CS 的全称是 Current Sociology；JWIP 的全称是 The Journal of World Intellectual Property；EPES 的全称是 Environment and Planning A：Economy and Space。）

国别制度不匹配是国别制度匹配的对偶构念。国别正式制度与国别非正式制度的脱钩，增加非正规经济，因此要降低国别正式制度和国别非正式制度的脱钩程度，此结论经过 2013 年 28 个欧洲国家的 27563 次面对面访谈证明（Williams 等，2015）。国别正式制度与国别非正式制度的脱钩，促进非正规创业，来自巴基斯坦和孟加拉国的妇女在英国伦敦的创业访谈证明了上述结论（Bashir，2019）。国别制度不一致影响了荷兰交通一体化的土地利用，虽然国别正式制度与国别非正式制度的阻碍作用分别被识别，但是归因于新旧制度的矛盾或者制度主体感受和执行的差距，忽视了国别正式制度与国别非正式制度的特质和逻辑差异（Van Geet 等，2019）。保加利亚、克罗地亚和前南斯拉夫的马其顿共和国的访谈研究再次证实了 Williamns 等学者的研究结果（Littlewood 等，2020）。国别制度不匹配与国别非正规经济的正相关关系，也在波兰发现了反例，将国别制度不匹配归因为认知偏差，否定了国别制度不匹配的存在性（Czetwertyński，2022）。受新自由主义城市政策相关的正式制度影响的公民行为，以及塑造习俗和社区的长期非正式制度的差距，促进了尼日利亚拉各斯人支持街头小贩的行为（Igudia 等，2022）。综上所述，国别制度不匹配对非正规经济的促进作用得到大量检验，但对正规经济的促进作用或者阻碍作用尚未进行研究，企业跨境并购亦是如此。

国别制度匹配具有多个研究视角。除了制度经济视角之外，还有微观层面的文化视角。文化匹配相关研究（Cultural Congruence）首次在宏观制度层面应用了微观方法（Zyphur 等，2016），即采用组织行为与人力资源管理领域（OBHR）建立新构念的匹配方法对国际商务领域的文化距离构念做出改进，是文化距离研究的重要组成部分（Beugelsdijk 等，2018；Maseland 等，2018），同时也将文化距离研究推向新高度。国别制度匹配的多视角进一步扩大了微观方法在宏观领域的应用，将文化匹配的研究积累引进制度领域，为制度距离研究注入新的生命力。

2.2.4.2　国别制度匹配拓展

从现有研究来看，国别制度匹配的核心逻辑尚未进入国际商务领域，目前多为重叠或者临近等近似构念；国别制度不匹配的核心逻辑刚刚在国际商务领域出现，还没有融入主流定量研究的版图（何宇等，2020）。上述研究多基于单一国家或者双国家背景，集中在美国、西非、东南亚国家，数量多的、更具代表性的、系统性的多国制度匹配与不匹配研究仍具有很大空间。

因此，本书从以下四个方面，扩展国别制度匹配研究。首先，将制度经济学派的正式制度与非正式制度视角，从国内维度扩展到国别维度。其次，从国别正式制度与国别非正式制度的"二选一"逻辑，转换到两者并行的共存逻辑。再次，建立国别制度匹配与企业跨境并购的因果关系。在企业跨境并购方面，扩展国别制度匹配的正规经济后果研究。最后，从定性访谈方法拓展到定量回归方法，从一手资料扩展到二手数据。

2.3　企业并购研究述评及拓展

本小节主要包括三个部分，第一个部分是企业并购前因研究述评及拓展；第二个部分是企业并购特征研究述评及拓展；第三个部分是企业并购后果研究述评及拓展。企业并购领域积累了大量经过数据验证的知识，具有源远流长与推陈出新的双重特征。企业并购研究的积淀深厚，强调知识的深度、方法的严谨和数据的可重复性。企业并购领域拥有全球认可度极高的数据库 Thomson SDC Database 和 Zephyr，数据库变量完善，数据详实，引导着企业跨境并购前因、过程、后果的三大研究方向。

2.3.1　企业并购前因研究述评及拓展

2.3.1.1　企业并购前因研究述评

企业并购前因研究代表整个领域核心问题的答案。企业并购研究关注的解释变量，可以分为个体—企业—国别制度三个层面的解释变量，在每个层面中，新的解释变量层出不穷，跨层研究逐渐兴起。

在个体层解释变量方面，战略领导力理论和企业治理理论主导了企业跨境并购的前因研究。从董事会角度来说，收购企业往往吸纳被收购企业的一把手为董事会的一员，董事保留的做法负面影响了企业跨境并购（Campbell 等，2021）。收购企业通过设置首席并购整合官，替代董事保留席位，规避保留董事的刻板印象。董事会的权力来源和组成结构，促进了不同动机的企业跨境并购（Greve 和 Zhang，2017）。如果收购企业的 CEO 是通才，企业跨境并购呈现出不相关的特点；而专才 CEO 负责的企业跨境并购呈现出相关性，过度自信的 CEO 从事企业跨境并购，会给企业带来不利影响，需要董事会的约束作用（Chen 等，2021；Pavićević 和 Keil，2021）。个人主义的 CEO 会给企业跨境并购绩效带来负面影响（Zhu 等，2020）。CEO 对企业跨境并购行为和绩效的个体影响，要高于企业影响效应（Meyer Doyle 等，2019）。CEO 和 CFO 的社会交换程度，并通过语言风格匹配体现出来，而高管团队的整合程度，增加了企业跨境并购的成功率，提高了企业跨境并购的价值创造，董事会持股比例和组成结构对市场导向型企业跨境并购具有决定性影响（Shi 等，2019；Greve 和 Zhang，2017）。从高管角度来说，高管薪酬外部公平性与企业跨境并购溢价负相关（潘爱玲等，2021），高管从军经历促使中国企业并购高溢价，行业竞争会放大上述促进作用（曾宪聚等，2020）。高管团队的国家职业背景、企业跨境并购相关经验（总经验、成功经验和失败经验等）直接影响企业跨境并购决策的董事联盟（Zhang 和 Greve，2019；Nadolska 和 Barkema，2014；Muehlfeld 等，2012）。员工对并购的正当性感知及其变化，对企业跨境并购具有显著影响（Soenen 等，2017）。从个体层次的解释变量来看，未来的企业跨境并购研究还会有大量成果诞生，好的研究问题层出不穷，如共情型女领导可以提升企业跨境并购吗？如反思型领导可以提升企业跨境并购的后续表现吗？战略领导力理论与公司治理理论呈现进一步融合的趋势。

在企业层解释变量方面，企业采取子公司管道收购方式，能降低企业跨境并购的交易失败率，缩短完成时间（Wang 等，2022）。中国企业的并购经验推动连续并购，成功的并购知识积累，促进连续并购与并购绩效的正向关系，企业囿于成长压力，则会促进连续并购与并购绩效的负向关系（陈仕华和王雅茹，2022）。绩效期望差距促使中国企业采用独资方式进入海外市场，国别制度距离约束战略选择（吴小节等，2021），地方国有企业谋求专利资产与商标资产，战略资产寻求动机得到了数据支持（王弘书等，2021），中外合资经验与跨国企业并购绩效具有 U 形关系（江诗松等，2021），星型、互惠和三角形结构的共同依赖促进"一带一路"倡议沿线的贸易网络形成并发生演化（刘林青和陈紫若，2020），信用评级缓解了融资约束，促进并约束了中国企业的并购行为（翟玲玲和吴育辉，2021），信息披露提高了企业的并购绩效（陈文婷等，2020），控股股东股权质押提升了企业并购承诺，但是没有创造价值（徐莉萍等，2021）。企业跨境并购前释放的信息，透露出领导者的归因，体现了领导者对企业跨境并购创造价值的预判（Chondrakis 等，2021；Gamache 等，2019）；企业会制造战略噪音来调整跨境并购（Jin，2021）。企业履行社会责任和企业不履行社会责任，对企业跨境并购的影响是不对称的，前者提升企业跨境并购的成功率，后者对企业跨境并购具有显著的负面影响，企业社会责任的差异化比一致性更能提升企业跨境并购的回报（Hawn，2021；Tong 等，2020；Zhang 等，2020）。企业的绩效反馈学习影响企业跨境并购与联盟的具体选择（Lee 等，2021）。资产价格对中国企业海外并购的解释得到数据支持，竞争优势对中国企业海外并购的解释暂时没有得到数据支持（谢红军和蒋殿春，2017）。企业特定优势促使中国企业海外并购的股权比例提升（吴先明，2017）。虽然公司性质对企业跨境并购的负面影响看似与生俱来，但是企业善于利用相关情境，可削弱负面影响（Li 等，2017）。

在国别制度层解释变量方面，东道国和母国营商环境的差异性，即距离，成为阻碍企业跨境并购的重要因素，如地理距离、语言距离、国别正式制度距离、国别非正式制度距离、贸易距离等（Grøgaard 等，2019；Chakrabarti 和 Mitchell，2016；Cuypers 等，2015；Dikova 等，2010）；媒体对企业跨境并购的软压力，随着情境变化而变化，中国企业出海并购往往遇到不友好的媒体反应，抬高了企业跨境并购的价格（Gamache 和 McNamara，2019）；非营利组织（NGOs）在东道国的投资水平，直接影响当地营商环境，对企业跨境并购至关重要（Vasudeva 等，2018）；外部资本市场发展和内部商业群组，对企业跨境并购的影响，是可以互相替代的（Kim 和 Song，2017）；国别制度亲和力和国别社会亲和力，对企业跨境并购有促进作用（Hasija 等，2020；Li 等，2020）；东道国的劳动法规和军事矛盾，对企业跨境并购有抑制作用，即成功率下降，投资回报率降低（Levine 等，2020）；东道国属于新兴经济体时，企业通过降低企业跨境并购所有权，应对普遍制度低效；通过提高企业跨境并购所有权，应对随机制度低效（Falaster 等，2021）。制度嵌入新兴经济体，促进新建立和非关联企业的跨境并购联合（Vikas 等，2020）。潜在国家联盟，深度影响企业跨境并购的类型与性质（Zhang 和 Greve，2019）。东道国与母国的税收竞争率，提升企业的跨境并购绩效（Gan 和 Qiu，2019）。在"硬性"的制度因素方面，"五年规划"在时间维度上影响深远，受到相关行业政策支持的中国企业，倾向支付更高的溢价来完成跨境并购（钟宁桦等，2019），行业政策在空间维度上影响广泛，促进了中国企业的跨行业并购行为（蔡庆丰和田霖，2019），东道国的集体主义降低中国企业跨境并购的溢价（温日光，2017），制度复杂性在海外华人家族企业中，发挥着同盟—维持—主导的作用（梁强等，2020）。在相对"软性"的文化因素方面，方言代表中国不同地区的文化差异，不仅可以预测中国企业的并购学习行为，而且可以预测中国企业并购表现不佳的行为，具有不一致性（蔡宁，2019；李路等，2018）；社会信任是非正式制度，不仅提升了中国企业并购的表现，而且促进了现金支付，降低了信息不对称（王艳和李善民，2017；武恒光和郑方松，2017）；宗族文化促进了中国上市家族企业的并购行为（袁媛等，2022），老乡关系提升了中国企业并购的数量、金额和短期超额收益，但不利于长期协同（晏国菀等，2022）；国别制度距离和国别文化距离基于学习机制，促进了中国企业的跨境并购（刘飔和孟勇，2019）。

企业并购的前因研究，并不局限于个体—企业—国别制度的单一层次，企业与国别制度两个层次的跨层研究组合兴起。企业前因和国别制度前因的不同组合会影响企业跨境并购。例如，来自强市场导向制度，国有企业和民营企业的跨境并购行为更相似；来自弱市场导向制度，国有企业倾向于获取资产而不是企业，即占据企业跨境并购更低的股份，同时也会考虑企业内部与外部因素的战略选择理论（Grøgaard 等，2019）。恶劣环境与可塑企业的结合形成烙印，且烙印形成越早，对企业战略选择的影响越深远，如经历了并购市场低迷的、年轻的上市企业，长期倾向在企业内部开发技术，持续降低和控制对外部并购的依赖（Rios，2021）。良好的东道国制度质量可以提升并购完成率、降低并购持续时间，对失败问题的总结有助于中国国有企业学习跨境并购（贾镜渝和孟妍，2022）。上文并未深入探究国有企业样本中，双边关系对企业跨境并购影响不显著的原因，尚未涉及制度因素和企业因素的互动。中国企业逆向跨国并购受到组织身份管理、资源整合、社会网络、制度或文化四种因素的驱动，形成了"无为而治""轻触""支持性合作伙伴"和"重触"四种企业跨境并购的响应策略，体现了制度因素与企业因素对企业跨境并购的共同决定作用（陈小梅等，2021）。上文通过质性文献综述与元分析研究方法，进行了宏观制度前因与微观企业前因的对话。企业并购的跨层研究设计具有很大潜力，每个国家的企业可能有不一样的国别制度和企业组合。如何整合个体层面的研究？如何加速宏观研究与微观研究的融合？这些都是重要又有趣的研究命题。

2.3.1.2 企业并购前因研究拓展

在企业并购研究的个体层前因方面，与公司治理领域对话是最明显的特征。企业并购前因研究的对象聚焦于 CEO、董事、股东，探索了企业关键人物对并购的决定性作用。企业最新并购研究偏好探索企业关键人物的能力与性格，对企业关键人物的认知相关研究正在兴起，体现了由心理学发展带来的企业并购范式更新；企业经典并购研究偏好探索企业关键人物的薪酬公平与经济回报，反映了"限薪令""股权质押"等最新的实践现象。值得注意的是，企业关键人物的党员身份或者从军背景，得到了国内外研究者的共同关注，中国情境对企业关键人物的烙印被进一步提炼。企业并购前因研究下一步的拓展方向可能在于个体与个体的联系，如连锁董事与连锁 CEO；也可能在于群体与群体的联系，如高管团队层面的相关研究尚未和企业并购研究深度融合。

在企业并购研究的企业层前因方面，对企业绩效和信息披露的重视是最明显的特征。国内外企业并购研究在企业绩效问题上，存在一定的差异性：国外企业并购研究强调收购溢价，即短期的经济回报；国内企业并购研究强调长期的、非经济的战略回报，如共同依赖。国外企业并购研究偏好战术研究，即对管道收购、战略噪音、企业履行社会责任信息等并购战术的研究，以降低利益相关者的抵制，最终促成企业并购。国内企业并购研究偏好战略研究，即对资产价格、特定优势、战略资产进行相关研究，解决的核心问题是中国企业"凭什么"并购，中国企业"为什么"并购，最终建立了中国企业并购的合法性。在历史问题上，研究的核心问题是摒弃历史问题对企业并购的不良影响，如何让企业克服整体并购市场发展不好的时期留下的阴影，如何累积成功或者失败的并购经验，放大或降低对下一次并购的影响。在整合问题上，国外企业并购研究强调整合与协调，得到了企业家的支持与验证；国内企业并购研究强调松散耦合，在各自企业独立的基础上实现连接，在特殊情境下将放弃整合战略。

在企业并购研究的制度层前因方面，在"合"与"分"两种趋势上，企业并购研究建立了各具特色的研究取向与风格。在"合"的方面，企业并购研究强调亲和力（Affinity），即两种事物极度相似或者具有共同的特征，国别制度亲和力、国别社会亲和力等构念建立在两个国家的历史渊源上，没有母国促使企业跨境并购的推力，但有东道国吸引企业跨境并购的拉力；企业并购研究强调母国政策推力或者东道国的集体主义拉力，即母国的行业政策、五年规划等政策因素推动中国企业进行跨境并购，东道国的集体主义拉力和国外并购相关研究具有共鸣。在"分"的方面，企业并购研究强调军事矛盾、东道国劳动法规与制度低效，承认企业在跨境并购时受到制度因素的阻碍，对制度复杂性的相关研究刚刚兴起；企业并购研究对制度复杂性的接受程度和认可程度非常高，一方面承接了国外并购研究关于国别制度距离的讨论，发展出国别文化距离与国别制度距离并行的并购前因研究；另一方面发掘了国内制度环境的复杂性，发展出社会信任、宗族文化、老乡关系等具有中国情境特色的新构念。在"合"与"分"的维度，企业并购研究中的制度层前因拥有宽广的创新空间。

本书拓展了企业并购国别制度前因研究的"合"趋势，引入国别制度匹配新构念，建立国别正式制度匹配、国别非正式制度匹配与企业跨境并购效率、企业跨境并购股权比例的新因果联系，深化了制度经济学派在企业并购研究中的应用。

2.3.2 企业并购特征研究述评及拓展

2.3.2.1 企业并购特征研究述评

企业并购研究形成了百家争鸣的格局，源殊派异，索隐探微。目前企业并购特征研究主要关注企业并购的数量、股权、流程、特征。

第一，企业并购数量。经典测量为企业并购是否完成或者企业并购的持续天数，升级测量为企业并购成功完成的交易总数（"总量研究"）或者企业每年进行新的跨境并购的数量（"增量研究"）。企业跨境并购数量研究占据了整体研究的绝对主导地位（Nadolska 和 Barkema，2014；Brouthers 和 Dikova，2010；Dikova 等，2010）。收录数据时，除了企业公告或申报并购失败，所有宣布过的企业并购默认为成功完成状态。因此，企业并购成功完成的数量偏高。为了解决上述偏差，部分研究开始关注企业并购失败的数量（Kim 和 Song，2017）。连续并购的时间属性包括并购频数、并购节奏、并购经验及次序模式（黄嫚丽等，2020）。

第二，企业并购股权。典型代表较多，包括企业并购股权比例、企业并购股权超过一半的虚拟变量、企业并购股权超过 95% 的虚拟变量。企业并购股权研究尚未达成一致，股权的选择阈值或者范围具有灵活性（Vasudeva 等，2018；Greve 和 Zhang，2017；Cuypers 等，2015）。股权是企业并购谈判的焦点问题。收购兼并后企业的所有权，代表着管理权和控制权的来源，是众多利益相关者争取的核心目标。

第三，企业并购金额。企业并购金额的划分以及过往研究忽略的因素，是目前研究关注的重点（Steinbach 等，2019）。部分实证研究将企业并购交易金额作为被解释变量（Shi 等，2019）。高管群体作为企业并购的全流程参与者，CEO 是通才还是专才，是否过度自信，是否保留被收购企业的一把手并入职董事会，均会影响企业跨境并购交易金额（Campbell 等，2021；Chen 等，2021）。

第四，企业并购流程。企业并购研究从过程视角解构并购。中国企业跨境并购后的整合，需要平衡企业自身的独立性与对合作伙伴的依赖性，反映了松散耦合理论在并购领域的应用（杜健等，2020）。中国企业的并购后整合过程，是由"结构""交互""结构+交互"混合逻辑指导的，最终达到并购多方优势结合的目标（程聪，2020）。中国企业寻求海外技术资源与市场资源，在企业国际化节奏不稳定的时候，采取双重缓冲机制，即遵循组织管理与发挥组织能动性的方式（史轩亚等，2021）。在中国企业逆向跨境并购中，双方的身份距离决定了并购后的整合管理模式（杨勃和许晖，2020）。

第五，企业并购性质。对企业并购的类型、性质的研究也在发展，虽然它们与企业并购的主流研究相距较远（Zhang 和 Greve，2019）。主权财富基金发起的企业跨境并购，与私营企业发起的跨境并购具有显著区别，前者对地缘环境因素的敏感性更高（Wang 等，

2021；Vasudeva 等，2018）。企业跨境并购的协同特征得到关注，企业跨境并购引起外部合作环境的变化，关系协同、网络协同和非市场协同形成，内部协同和市场协同依然存在（Feldman 和 Hernandez，2021）。

2.3.2.2　企业并购特征研究拓展

企业并购特征研究深化发展需要不同的理论视角。理论视角是连接被解释变量与解释变量的桥梁。在理论视角方面，企业并购研究的切入理论视角呈多样化。本书将涉及的理论视角分为三类：第一类为来自组织行为与人力资源管理领域（OBHR）的理论，如高阶理论、社会交换理论、公平启发式理论、认知双过程理论、匹配理论、经验学习理论；第二类为国别制度理论，如合法性子理论、国别正式制度与国别非正式制度子理论、制度活动子理论、新兴经济体的制度空白子理论；第三类为企业理论，如联盟理论、建构理论、信号理论。上述理论视角与企业并购问题不断进行深度融合，能解释和预测管理实践中的企业并购现象。

单个理论视角的解释力是有限的，复合理论的解释力是无限的。例如，国别制度距离对企业并购的抑制机制，经过了大量的理论论证和实证检验。国别制度距离始终存在，企业并购也并没有消亡，甚至企业并购在波动中不断成长。因此，考虑国别制度因素的吸引力是十分重要的。这种考虑不仅有望解释企业在跨境并购波动中成长的内在规律，而且有利于企业跨境并购研究新思想的输入。新的管理实践冲击着现有的管理理论，"一带一路"倡议冲击了新兴经济体与发达经济体高度对立、低度交流的国际商务格局，加速了"南南合作"，对原有制度理论和并购理论的距离研究提出了很大挑战。企业并购最新研究总结详见表 2-5。

2.3.3　企业并购后果研究述评及拓展

2.3.3.1　企业并购后果研究述评

企业并购后果研究凸显了整个领域核心问题的影响，目前企业并购后果研究立足于本国资本市场发展的现实阶段，关注的变量主要分为个体层和企业层两类被解释变量。

在个体层被解释变量方面，中国企业并购整合改变了员工的身份认同，导致员工离职意愿提升并流失（Ng 和 Stuart，2022；颜士梅和张钢，2020）。此外，"一带一路"倡议沿线国家的交通投资效应研究兴起（金刚和沈坤荣，2019；沈坤荣和金刚，2018），企业跨境并购作为特殊情境，被其他领域的研究者做交叉探索（Soenen 等，2017）。

在企业层被解释变量方面，企业并购具有短期影响和长期影响。企业并购短期影响的典型代表是 CAR（Cumulative Abnormal Return，累积超额收益率，在一定假设下，它能反映窗口期的企业价值是否发生改变）、后续企业并购支出、后续企业并购期权分配（Gamache 等，2019；Gamache 和 McNamara，2019；Greve 和 Zhang，2017）。中国家族企

表 2-5　企业并购最新研究总结（2022—2023）

作者	年份	期刊	因变量	理论	自变量	样本统计	研究结论
Du & Zhao	2023	JIBS	资源并购	信号理论	国际扩张	中国上市民营公司	早期海外子公司有利于母国资源并购。
Gokkaya et al.	2023	JFE	收购绩效	代理成本	专职收购人员	2000—2007年美国上市公司	1. 专业并购人员的存在和素质是收购绩效在经济上最重要的决定性因素之一。该文探索以专门的并购人员的美国公司雇用此类人员。公司有不到一半的美国公司雇用此类人员。 2. 代理成本是专业并购人员成为价值创造角色的首要决定因素的公司的收购绩效。员工不会改善代理冲突加剧的公司的收购绩效。
陈仕华和王雅茹	2022	管理世界	后续并购决策行为	知识基础理论成长压力理论	并购依赖	2007—2018年沪深A股上市公司	中国企业的并购经验推动连续并购，成功的并购经验积累，促进连续并购与并购绩效的正向关系，但企业面于成长压力，则会促进连续并购。
贾镜渝和孟妍	2022	南开管理评论	并购完成率，并购持续时间	组织学习理论	东道国制度质量，失败教训总结	1982—2014年中国海外并购数据	良好的东道国制度质量可以提高并购完成率，降低并购持续时间，总结失败的教训有助于中国企业深入学习跨境并购。
Kim	2022	SMJ	员工创业	员工与组织匹配	初创企业并购	美国人口普查中关于1990—2011年高科技初创企业收购及其劳动力的雇员—雇主匹配数据	1. 作为新的所有者，收购方可能不会优先考虑将收购企业员工的想法，从而增强员工被外部追求的可能性。 2. 初创企业收购极大地提高了目标企业行业内在具有高人力资本的个人上。当目标创企业员工率不成比例地集中到收购方的位置时，这种影响会被放大，而当目标企业重新定位到收购方的位置时，这种影响会减弱。 3. 本研究强调创业收购是员工创业的重要组织前兆。

续表

作者	年份	期刊	因变量	理论	自变量	样本统计	研 究 结 论
Lavie et al.	2022	SMJ	企业与该合作伙伴的联盟	组织间关系	合作伙伴的并购效应	2000—2016年收购164个目标的361家企业及其与91个合作伙伴的590个联盟 SDC CRSP-Compustat	企业的联盟伙伴发起的收购如何影响企业从与该伙伴的联盟中创造和获取的价值？ 1. 企业业务与其合作伙伴的收购目标之间的相似性限制了企业从联盟中创造和获取价值的能力，而业务之间的互补性提高了企业从联盟中获得的收益。 2. 企业与其合作伙伴之间的关系嵌入能够减轻与相似性相关的竞争紧张，同时加强与目标业务相似性的协同效应。 3. 当企业和合作伙伴有丰富的合作经验时，会加强与目标业务相似性的负面影响，同时降低了互补性的价值。联合经验也降低了感知到的背叛和知识泄露，这可能是由于同行修改协作实践的困难导致的。
Li & Reuer	2022	JIBS	国际联盟的市场反应	制度理论	腐败	30个国家的企业的1000多个国际战略联盟公告	1. 联盟合伙人所在国家的腐败程度会对焦点企业宣布国际战略联盟公告的市场反应产生负面影响，因为腐败会导致伙伴企业行为的不确定性。 2. 焦点企业母国的反贿赂法律会加强腐败与市场环境之间的负面关系，而焦点企业在具有挑战性的制度环境中的经验会潜在削弱这种关系。
Ng & Stuart	2022	SMJ	并购员工和新招员工	员工与组织匹配	科技收购	在过去20年所有对VC支持的企业的收购以及超过3000万份简历的数据集	1. 数以千计的科技企业收购导致新东家上每年都有无数人被新雇主雇用，此类交易对于加入同一收购方的直接雇用员工（HE）保留的影响。 2. 收购员工（AE）的流动率远高于同一学位职位和高级学位的AE，这种离职离职率差异更大，关键执行、技术、业务开发和高级销售职位离职的AE收购后的AE。

续表

作者	年份	期刊	因变量	理论	自变量	样本统计	研究结论
Testomi	2022	SMJ	市场价值	信号理论	技术并购	1997—2018年美国上市企业 SDC CRSP-Compustat	1. 假设收购是一种信号，向投资者表明收购的技术比最初预期的更有价值，影响拥有类似技术资源的企业。 2. 用企业专利组合的文本相似度来衡量技术相似度，收购公告带来了对拥有与目标企业类似的技术资源的企业的正估值，溢出效应也会影响产品市场重点不同于合并企业的企业。 3. 技术资源是对企业估值有重大贡献的关键战略资源。这些资源通常是通过企业收购获得的。
Wang et al.	2022	JIBS	1. 交易失败率 2. 完成时间	制度理论	管道收购	2000—2016年美国6365起跨境收购	外国收购方经常因母国和东道国之间的制度距离而遇到严重的合法性挑战： 1. 管道收购，即最终收购方通过已位于东道国或类似国家的控股子企业之一发起跨境收购。 2. 管道收购方在当地的存在可以帮助最终收购方解析和满足东道国的合法性要求（+）。最终收购方有其他合法性来源（-），收购将引发更大的合法性担忧（+）。 3. 管道收购降低了交易失败率并缩短了完成时间。

业重视并购商誉，通过风险承担机制，增加家族企业的创新投入（李健等，2022）。中国企业的反收购条款，促进了短期的研发投入、创新绩效和长期价值，在高科技行业、高产品市场竞争行业和高管理层能力的企业中较为显著（蔡庆丰等，2022）。中国企业连续并购可能引发股价崩盘风险（庄明明等，2021），中国企业技术并购与创新产出呈现倒 U 形关系（姚颐等，2021），中国企业并购提升了市场势力与资源配置效率，如选择行业链下游的企业，并购效果更强（蒋冠宏，2021），中国企业海外并购有效提升了行业技术创新绩效，对国有企业与民营企业来说均有提升效应（吴先明和张雨，2019）。在短期内，企业并购降低了投资效率（任曙明等，2019），媒体压力促使中国的重污染企业开展绿色并购，进行实质转型（潘爱玲等，2019），中国企业并购促进了生产率进步和研发投入（蒋冠宏，2017），中国制造业企业的并购促进企业研发（任曙明等，2017），企业跨境并购长期影响的典型代表是企业并购后整合，以案例和理论分析为主要研究方法（Maire 和 Collerette，2011）。

2.3.3.2　企业并购后果研究拓展

在企业并购研究的个体层后果方面，员工流失的不利后果被反复验证（Ng 和 Stuart，2022；颜士梅和张钢，2020）。企业通过并购来提升效率的核心机制是裁撤冗员，技术骨干与管理骨干流失往往同步发生，一方面造成了失业问题与社会动荡，另一方面也可能促使有资源或者能力的员工脱离企业、自主创业。从个体的视角来审视企业并购，虽然高管团队决定了并购决策的成败，但是员工主要承担了并购决策的后果，部分决策不力的高管也会承担部分后果，高管—员工的因果具有不对称性。为了解决企业兼并带来的员工失业问题，政府扮演了重要角色，设计了福利制度，保障社会稳定。中国情境下亦是如此，90年代出现下岗潮时，政府提供一定时期的失业金、培训机会与再就业公益岗位；2022 年疫情后，上海政府予以不裁员或者少裁员的企业资金补助。

在企业并购研究的企业层后果方面，并购失败的情况得到广泛关注（左志刚和杨帆，2021；Kim 和 Song，2017）。国外企业并购研究关注的核心问题是，企业的市场价值与并购短期绩效，即 CAR。企业并购是为了在短期内提升财务表现，从而达到资本市场融资的目标。中国企业家宁高宁在管理实践中，同样成功地应用了上述并购战略。国内企业并购研究关注的核心问题，并不局限于短期经济回报，而是聚焦于更为宏大和长远的战略价值。国内企业并购研究立足于本国资本市场发展的现实阶段，关注企业的短期绩效与长期价值，同样关注股价崩盘的风险，关注企业的创新投入与产出，关注行业的技术创新，强调通过并购进行资源编排，提高资源利用的效率；关注企业的市场实力与资源配置，通过联合重组来不断建立有世界影响力的大企业，提升了国有资产的运作效率。

企业并购研究应用了多样化的研究方法，不仅出现了以文本分析、fsQCA（Fuzzy-Set

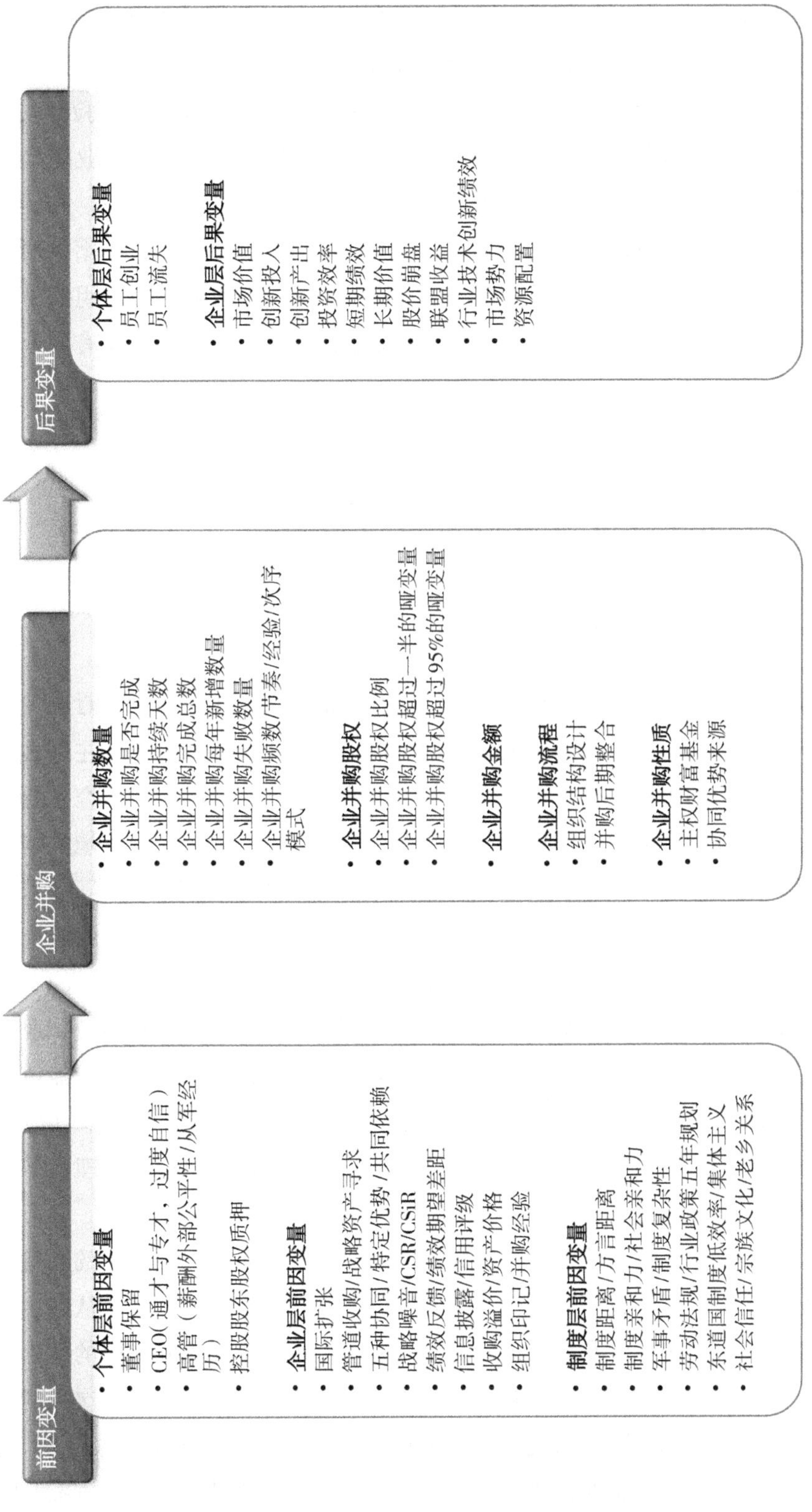

图2-3 企业并购的前因后果理论框架

前因变量

个体层前因变量
- 董事保留
- CEO（通才与专才、过度自信）
- 高管（薪酬外部公平性/从军经历）
- 控股股东股权质押

企业层前因变量
- 国际扩张
- 管道收购/战略资产寻求
- 五种协同/特定优势/共同依赖
- 战略噪音/CSR/CSiR
- 绩效反馈/绩效期望差距
- 信息披露信用评级
- 收购溢价/资产价格
- 组织印记/并购经验

制度层前因变量
- 制度距离/方言距离
- 制度亲和力/社会亲和性
- 军事矛盾/制度复杂性
- 劳动法规/行业政策五年规划
- 东道国制度低效率/集体主义
- 社会信任/宗族文化/老乡关系

企业并购

企业并购数量
- 企业并购是否完成
- 企业并购持续天数
- 企业并购完成总次数
- 企业并购每年新增数量
- 企业并购失败数量
- 企业并购频数/节奏/经验/次序模式

企业并购股权
- 企业并购股权比例
- 企业并购股权超过一半的哑变量
- 企业并购股权超过95%的哑变量

企业并购金额

企业并购流程
- 组织结构设计
- 并购后期整合

企业并购性质
- 主权财富基金
- 协同优势来源

后果变量

个体层后果变量
- 员工创业
- 员工流失

企业层后果变量
- 市场价值
- 创新投入
- 创新产出
- 投资效率
- 短期绩效
- 长期绩效
- 股价崩盘
- 联盟收益
- 行业技术创新绩效
- 市场势力
- 资源配置

Qualitative Comparative Analysis，模糊集定性比较分析方法）为代表的新定量、新定性、定量与定性新结合的研究方法，而且以案例分析方法为代表的经典研究方法进入繁荣期。在新的研究方法方面，文本分析帮助提取交易所问询函的信息及其效用，检验行政机构在并购实践中是否起到了监管作用（李晓溪等，2019）；fsQCA解答了中国企业完全并购境外高新技术企业之谜，在样本量不足100的情况下，得出了可信的研究结论。在经典研究方法方面，单案例分析方法解决新兴国家企业连续并购的价值创造问题，单案例研究方法和大样本量化研究互为支撑（谢洪明等，2019）；多样本分析方法解决了由组织身份不对称带来的并购整合战略选择问题（魏江和杨洋，2018）。研究方法的多样化有利于解决企业并购问题。企业并购的前因后果理论框架如图2-3所示。

2.4　母国劳动管理水平述评及拓展

2.4.1　母国劳动管理水平述评

母国劳动管理水平作为第一个边界条件，具有理论意义与实践价值。母国劳动管理水平的理论意义在于，用企业感知的制度视角剖析员工在企业跨境并购中的主体性。企业跨境并购的本质是员工的重组编排，也是资产的重组编排。现有国际商务研究主要关注企业高管、董事、股东在资产编排中的作用，强调上述少数群体在促成企业跨境并购中的重要作用（晏国菀等，2022；潘爱玲等，2021；徐莉萍等，2021；曾宪聚等，2020；逯东，2019）；而忽视了保护中底层员工等多数群体的生计，后者往往承担了企业跨境并购中最多的执行工作和最惨的失败后果（Kim，2022；Ng 和 Stuart，2022；Cascio 等，2021；Raffiee 和 Byun，2020；颜士梅和张钢，2020）。中底层员工缺乏资源积累与职业经验，升级为企业高管、董事、股东的概率极小。中底层员工要保护自己的利益，只能依靠相关法律法规。法律法规的执行与落实程度，就是企业感知到的劳动管理水平（Greenhouse，2013）。考虑到收购企业往往扮演推动跨境并购的主动角色，母国劳动管理水平对于企业跨境并购中的员工安置问题，起到最重要的约束作用。

母国劳动管理水平的实践价值在于，保护跨境并购企业的中底层员工的利益。企业跨境并购涉及的员工群体越来越广泛，裁员从底层员工蔓延到中层管理者，从中层管理者蔓延到部分高管，极端情况下涉及企业创始人的辞退。虽然企业跨境并购中的员工流失问题很常见，但是中底层员工的窘境亟待解决，收购企业稍有不慎，就会产生次生的、社会性的问题。母国劳动管理相关法律法规是解决中底层员工再就业问题的有效工具，可通过限制裁员人数，从根本上控制企业跨境并购造成的次生问题；通过完善补偿方案，降低企业跨境并购次生灾害的影响；通过培训裁撤员工，增加再就业机会，促进了经济效率提升与社会安定团结的动态平衡。母国劳动管理水平越严格，企业跨境并购的经济和社会成本会上升（Maggioni 等，2019），企业决策者及其团队对跨境并购的思虑更为周全，大量冲动性的、投机性的、暂时性的企业跨境并购被终止，国别制度匹配对企业跨境并购的促进作用自然也会受到限制。因此，母国劳动管理水平作为第一个边界条件，不仅有利于在并购研究中构建主体性，而且有利于在并购实践中引导以人为本的价值观。

国别劳动管理水平对企业跨境并购的双向影响研究不断深化。提高国别劳动管理水平，促使跨境企业承担全行业链的责任，摒弃跨境企业利用劳动管理水平的国别漏洞套利行为，成为学术界的共识（Narula，2019）。在东道国视角上，东道国不断提高劳动管理水平，技术娴熟与生产效率高的企业脱颖而出，能吸引更多的跨境并购企业（Alimov，2015）。此外，研究发现，东道国严格的劳动管理水平有利于降低企业跨境并购的异常收益与交易增长，限制劳动套利型企业进入，降低了套利型企业报价的成功率（Levine 等，2020）。在母国视角上，劳动管理水平的复制难题成为未解之谜。跨境企业在全球复制输出竞争优势，但是很多跨境企业并未在东道国完全复制母国积累的劳动管理水平优势，而是选择了"入乡随俗"，自动降低了劳动管理水平，甚至以钻东道国劳动管理制度的漏洞为盈利模式。国别劳动管理水平研究以东道国视角为主流范式。以国别差异的比较，人为降低劳动管理水平的存在性，既不利于跨国企业的实践，又不利于国际商务的研究。事实上，母国劳动管理水平对跨境企业的约束力，远远强于东道国劳动管理水平对跨境企业的约束力。因此，本书引进母国劳动管理水平作为第一个边界条件，从母国视角出发，扩展并补充了以东道国为主导视角的国别劳动管理水平研究。

从东道国视角出发，劳动管理水平是进入门槛。跨境企业执迷于制度套利，就会陷入与国际劳工组织、当地政府、工会、员工、媒体等多个利益相关者的争端。东道国劳动管理水平研究与实践，只能推动跨境企业被动适应当地，不利于跨境企业主动担负全行业链的社会责任，对质量低、危害大、短期回报大、长期投资差的跨境并购限制作用有限。一直提高东道国劳动管理水平，也只是以邻为壑的暂时措施，不能从根本上解决员工问题。一直提高东道国劳动管理水平，虽促进了跨境企业重新布局全球运营，但既不能在全球层面，解决跨境企业套利问题，又限制了跨境企业的战略转型。因此，东道国劳动管理水平与企业跨境并购的关系进入困境。

从母国视角出发，母国劳动管理水平在企业跨境并购方面具有引导作用。母国拥有跨境企业总部的监管权，对企业跨境并购的约束力最强。提高母国劳动管理水平标准，监管跨境企业全球劳动政策一致性，促进跨境企业向全球输出最高标准的劳动管理水平，是破解跨境企业全球化与当地化二选一窘境的可行方法。跨境企业天然具有复制输出本国经验的核心竞争力，母国劳动管理水平在输入端引导跨境企业的全球运营，跨境企业在输出端保持高标准的、一致性的劳动管理水平并形成合力，从而提升东道国的劳动管理水平。母国和跨境企业树立负责任的全球形象。严格的母国劳动管理水平，约束了企业跨境并购，提升了跨境企业的竞争力，开辟了国别劳动管理水平的新天地。

2.4.2 母国劳动管理水平拓展

母国劳动管理水平代表着以人为本的价值观，有利于在国际商务研究中建立以人为本的研究前提。母国劳动管理水平从东道国视角转换到母国视角，提升了国别劳动管理水平的约束力和规范力，打开了国别劳动管理水平对企业跨境并购的约束黑箱，完善了国别制度匹配对企业跨境并购的调节效应研究。

2.5 行业刺激政策述评及拓展

2.5.1 行业刺激政策述评

行业刺激政策作为第二个边界条件，具有理论意义与实践价值。行业刺激政策的理论意义在于，从行业视角来剖析短期政策对企业经营的长期影响。国别层面危机显著影响企业未来十余年的发展方向与竞争格局。例如，2003 年的非典，促成了本土医疗企业的崛起，以迈瑞医疗为代表的中国企业进入欧美国家的医疗设备市场。2008 年的金融危机，使得企业对政策救助过度依赖，寄希望于政府救助政策，而不是提前做好企业层面的危机预案管理。2019 年末的新冠疫情，提升了企业的战略韧性与跨国韧性，企业战略从零库存的精益生产转向高冗余的柔性生产，企业国际化从参与国际大循环为主转向国际与国内的双循环，国内市场的重要性不断提升。在"一带一路"倡议情境下，2008 年金融危机影响最为深远，形成了机会窗口，中国政府"四万亿"政策改变了企业的国际化道路。因此，探究 2008 年金融危机对"一带一路"倡议的具体影响非常重要，为后续学者探究 2019 年末的新冠疫情对"一带一路"倡议的后续影响奠定了坚实基础。

行业刺激政策的实践价值在于，检验供应链和产业链的传导效应与溢出效应。行业刺激政策不仅影响本国企业的战略准备与发展方向，而且影响他国企业的战略决策，是由供应链和产业链管理的本质决定的。供应链和产业链管理解释了为什么国别政策可以在企业层面传导，也解释了为什么企业层面的传导可以跨越国界，单一国家的、针对本国企业的政策有着跨越国界的溢出效应。行业刺激政策看起来是短期行动，对企业的运营有着长期影响。以"一带一路"倡议为例，为了应对 2008 年金融危机，中国的行业刺激政策采用了"四万亿"刺激计划，相关行业的企业蓬勃发展。中国企业原本担忧的裁员、破产等危机没有发生，反而迎来了涨薪、扩招的经济繁荣，但也失去了淘汰落后产能、进行行业升级的机会。"四万亿"行业刺激政策，在中国企业的供应链和产业链中传导，影响了"一带一路"倡议下的企业。"四万亿"行业刺激政策，对"一带一路"倡议的影响需要深入探究："一带一路"倡议下的他国企业，是否承接了中国企业供应链和行业链的传导效应和溢出效应？"一带一路"倡议沿线国家是否形成了行业升级现象？这些都是需要进一步探讨的命题。

行业刺激政策对企业跨境并购具有促进作用。其一，行业刺激政策为企业带来大量资金，企业跨境并购通过资金补足其他方面的短板，跨境并购成为更多企业的战略选择。资金通过企业跨境并购，在资本市场重组，为企业带来资本利得；其二，行业刺激政策为企业规划前进方向，特定行业的政策选择有效指导了企业多元化战略，企业跨境并购的潜在行业与潜在企业进一步清晰，跨行业、跨国界的企业经营扩大；其三，行业刺激政策为企业开辟了崭新的国际化天地，企业跨境并购不能仅局限于发达国家的企业兼并破产发展中国家的企业，发展中国家的个别企业不应以成为发达国家企业的附庸而沾沾自喜。企业跨境并购重组资源，不能忽略南南合作；其四，行业刺激政策改变了企业的战略预期，通过外部作用增强了企业的战略韧性，有助于企业克服危机，破除企业跨境并购的困境，在资金援助、重点行业、重点国家、重点战略四个方面形成了企业跨境并购抱团出海的格局，从而培育出一批具有国际竞争力的大企业，极大地缩短了东道国市场的开发时间。

2.5.2　行业刺激政策拓展

Zhou 和 Park（2020）首先研究了行业刺激政策对本国企业成长型战略与利润型战略的调节作用。在理论贡献方面，本书将行业刺激政策，引入企业跨境并购领域，加强行业政策与企业战略的深度融合。在分析层次方面，本书将行业刺激政策的影响研究，从企业内部，引入企业与企业的关系。以企业跨境并购为例，丰富行业刺激政策的分析层次。在情境扩展方面，本书将行业刺激政策的调节作用，从单一国家的企业扩展到"一带一路"倡议下的企业，从国际商务管理的视角，扩展供应链和产业链管理的传输效应。行业刺激政策的研究，同样具有实践意义。在管理实践中，部分新闻媒体对"一带一路"倡议存在偏见在于，炒作债务陷阱、经济殖民等莫须有的话题。管理实践中的问题需要科学研究来解答。如果行业刺激政策促进了"一带一路"倡议沿线国家的经济繁荣，那么部分新闻媒体的虚假报道将不攻自破。行业刺激政策在企业战略、竞合层次、多国情境方面的研究进一步发展。

行业刺激政策的调节作用，揭示了短期政策对企业的长期影响，体现了行业层面的行业刺激政策，在供应链和产业链上的传导效应和溢出效应。即使行业刺激政策是为了提振本国经济，实施的对象是本国企业。但是行业刺激政策不仅影响本国企业，而且深度影响上下游企业，"一带一路"倡议的多国情境同样可以传导行业刺激政策的影响力。跨国情境拓展了行业刺激政策对企业跨境并购的调节作用研究，行业刺激政策的边界条件完善了国别制度匹配对企业跨境并购的调节作用研究。

2.6 上市收购企业述评

上市收购企业作为第三个边界条件，具有理论意义与实践价值。上市收购企业的理论意义在于实现理论整合，实践价值在于实现资本整合。上市及其序列决策，是企业战略的核心之一。上市不仅影响了企业以跨境并购为代表的战略布局，而且融合了财务会计、公司治理、社会责任和国际商务等众多领域的研究。企业上市的实践发展与学术研究互动极其迅速：财务会计领域发现，企业上市能提升价格有效性和会计质量（Diniz-Maganini 等，2022；Li 等，2022）。公司治理领域发现，上市企业不同来源的代理人提升企业社会责任的动机不同（Li 和 Lu，2020）。社会责任领域发现，美国企业总部设在避税天堂，降低了企业的社会责任水平（Lee，2020）。国际商务领域关注企业全球范围的交叉上市、交叉退市以及所有涉及跨越国界问题的相关现象（Kanagaretnam 等，2020；Herrmann 等，2015）。为了推进上市收购企业相关研究，本书选择上市收购企业作为调节变量，选择交叉上市作为控制变量，探究"一带一路"倡议下企业上市的作用。

上市收购企业对跨境并购的影响具有差异性。上市收购企业在一定程度上降低了企业跨境并购的潜在风险，提升了企业跨境并购的效率；又在一定程度上提升了企业跨境并购的股权谈判，提升了企业跨境并购的难度，这是由上市收购企业的信誉保障与利益诉求同时决定的。上市收购企业强调控制，规避资本市场的失控风险。随着企业上市战略的发展，企业上市与退市的战略决策逐渐动态化，上市地点的选择逐渐全球化，上市数量成为企业新的决策命题。因此，上市收购企业很难享有信誉资源。为了规避上市收购企业全球圈钱与转移资产，呼唤监管机构加强对上市收购企业的监督，这成为学术界和实践界的共识。收购企业的上市成本和政策风险提升，对企业本身的战略定位与执行提出了更高要求。上市收购企业需要更高的跨境并购溢价，才能实现企业的盈亏平衡，保留造福当地企业与社区的资源配置。因此，上市收购企业对企业跨境并购的调节作用值得探讨。企业交叉上市形成的全球资源转移，同样影响了企业跨境并购，需要进行控制。

交叉上市（Cross-listing）是指企业以同一法律主体在两个或者两个以上不同的国家上市，在多国证券市场保持一致性，保护股东权益不因国别而出现差异（Herrmann 等，

2015）。交叉上市，涉及跨国整合（Global Integration）和当地适应（Local Adaptation），这是国际商务领域关注的核心问题。收购企业在不同的国家上市，在不同的国别环境下经营——在跨国整合方面，交叉上市有利于国别制度匹配较低国家的企业进行国际化；在当地适应方面，交叉上市有利于企业和当地投资者、分析师、监管者沟通，获得更多资源。交叉上市是首次公开募股（Initial Public Offering，IPO）研究的一部分。和退市、上市定价过低等问题相比，交叉上市具有差异性（Gomulya 等，2019；Kotlar 等，2018）。

交叉上市是国际商务领域的重点关注对象。交叉上市的收益超过成本，是资本市场全球化发展的成果。通过 451 家跨国企业的实证研究证明，国际化是交叉上市的驱动因素，国外销售占比以及国内资本市场的相对规模，从资源的角度出发解释了交叉上市（Saudagaran，1988）；交叉上市的区位选择，受到经济水平和出口水平的影响（Saudagaran 和 Biddle，1995）；交叉上市的国别差异的研究情境不同，就所选的美国和加拿大交叉上市的企业来看，股价先小升后大降，交易量显著增高，国别制度本身不具备影响力（Foerster 和 Karolyi，1993）；1982—1992 年的保荐美国存托凭证（ADR）不受本国特征影响，在美国交叉上市，有利于降低细分市场的影响，提高全球整合（Sundaram 和 Logue，1996）。综上所述，母国或者东道国的特征并不影响交叉上市，母国和东道国的制度差异影响交叉上市。

交叉上市的研究视角在企业内部。就新兴市场而言，墨西哥通过交叉上市，形成联盟，规范企业治理（Siegel，2009）；英国与美国交叉上市，提升首席执行官薪酬，美国和加拿大交叉上市，有利于解决同职位的国际薪酬不同问题（Southam 和 Sapp，2010；Oxelheim 和 Randøy，2005）；交叉上市国家的距离，对交叉上市的企业来说，存在外来者劣势（Greg Bell 等，2012）；企业自愿披露战略以及经济、非经济信息，受到国家、行业、企业规模、上市地位等多层次因素影响，交叉上市对信息披露具有促进作用（Marano 等，2017；Shi 等，2012；Meek 等，1995；Meek 和 Gray，1989）；从经济信息披露发展到非经济信息披露，信息披露的精度和途径逐渐细化（Herrmann 等，2015）；交叉上市的不透明劣势和金融欺诈风险都在提升（Li 等，2019；Yiu 等，2019）。

综上所述，收购企业的上市决策影响企业内部，上市收购企业给企业跨境并购带来现金流和好声誉。上市收购企业是否直接促进企业跨境并购，并没有被数据检验。同时，收购企业的上市决策中包含交叉上市，细分上市政策并不仅是企业内部的战略决策，而是承接了宏观国别制度差异的影响，涉及企业国别劣势的来源，两者具有更为密切的天然联系，且需要控制。如何降低上市收购企业的不良影响，更好地发挥上市收购企业的信息机制，和更多的企业建立联系，具有实践意义和理论价值。上市企业重要研究列式详见表 2-6：

表 2-6　上市企业重要研究列式（2010—2023 年）

作者	年份	期刊	因变量	理论	自变量	样本统计	研究结论
Gu	2023	JBR	创业行为	行为金融学	管理者过度自信	中国上市企业 PSM-DID	1. 通过构建衡量管理者过度自信的综合指数，对中国上市公司进行了实证研究。 2. 过度自信可能会促进并购企业利用并购商机的机会，但并购后对创新创业和盈利能力都有负面影响。
Diniz-Magamini et al.	2022	JIBS	价格有效	制度套利	美国交叉上市	2010 年 1 月至 2019 年 6 月期间 200 只 ADR 及其境内上市股票的每日价格	1. 外国企业的美国存托凭证（ADR）与在其本国市场上市的股票之间的价格效率存在差异。基于此，我们发现 ADR 总体上显示出比其对应的国内市场更高的价格效率分享。 2. 与普通法国家的企业相比，大陆法系国家的企业以及新兴经济体的企业在美国上市时价格效率方面的收益最大。 3. 效率提高不能归因于流动性的增加，而是制度差异。当本国市场上制度上存在缺陷时，企业会进行制度借贷。
Li et al.	2022	JIBS	会计质量	企业治理	1. 外部治理机制：美国交叉上市和母国制度情境 2. 内部治理机制：离岸金融中心注册子企业	多库复合 OSIRIS World BankI BES BNY Mellon websites of NYSE, AMEX and NASDAQ	1. 跨国企业的制度复杂性对会计质量的影响，采用了在离岸金融中心（OFC）注册子企业的独特样本。 2. 与非交叉上市的跨国企业相比，交叉上市的跨国企业有更高的会计质量（企业治理绑定假说）。 3. 跨国企业在离岸金融中心注册企业，负向调节上述关系（企业治理套利假说）。 4. 关注机会主义盈余管理的监管机构和投资者强调了监管具有国际流动性的、不透明的和复杂治理的跨国企业。

续表

作者	年份	期刊	因变量	理论	自变量	样本统计	研 究 结 论
Lee	2020	SMJ	企业社会责任	企业文化理论	美国上市	2004—2013年总部位于避税天堂的46家美国上市企业的138行测量	1. 匹配样本证明，与总部在美国非避税天堂的企业相比，位于避税天堂的企业的社会责任参与度相对较低。 2. 当企业将总部迁至企业所得税较低的美国州时，企业的社会责任参与度会降低。
Kanagaretnam et al.	2020	JIBS	交叉退市	信息不对称理论	国际金融报告标准	2004—2006；2003—2004；2006—2007	母国与东道国同时采取IFRS不影响退市倾向，只有东道国采用IFRS同样不影响退市倾向。
Gomulya et al.	2019	AMJ	退市后的主投风投企业声誉	信号理论&归因理论-Arellano-Bond Dynamic Panel GMM Estimates	新上市企业退市（五年之内）	1. N = 1587；21年 2. Jay Ritter 3. 一主三调节	1. 声誉好的风投企业创造高期待，一旦违背期待会促使利益相关者寻找替罪羊，导致背书风投企业的声誉受到损害。 2. 组合企业的定价过低增强主效应，组合企业IPO后风投企业的声誉减弱主效应。IPO后生存时间越长 −IPO后绩效（−）IPO定价过低（+） −IPO后绩效（−） −存活年份（−）。

续表

作者	年份	期刊	因变量	理论	自变量	样本统计	研究结论
Herr-mann et al.	2015	JIBS	1. 总体信息不确定性 2. 公共信息精度 3. 个人信息精度	信息不对称理论美国交叉上市的信息环境提高	交叉上市	1. N = 26821; 20 年 2. 纽约银行提供数据库 3. 两阶段模型, 第一阶段 DV 为交叉上市	1. 美国交叉上市显著促进了公共和私下的信息精度, 交叉上市的信息环境改进, 很大程度上是因为分析师花费更多的精力在企业特定信息披露上来说; 公共和企业上市地位改变无关, 私下的信息精度有交易上市企业中更强, 相比交叉上市的企业来说。 2. 信息环境改进不仅通过公共信息渠道, 而且同样发生在投资者私下收集信息的活动中。
Southam & Sapp	2010	JIBS	期权	CEO 薪酬	交叉上市	1. 230 家美国企业; 5 年 2. Probit 分析	1. 共识是美国企业 CEO 比加拿大分部的 CEO 显著地赚更多薪水, 通过匹配样本分析发现, 在加拿大交叉上市企业中并没有 "美国溢价", 因为期权的使用允许交叉上市企业和美国国保持一致。 2. 当企业只在加拿大上市时, 劳动市场的竞争被国界约束, 交叉上市似乎可以平行美国分部直接竞争高管人才, 这在研究消除薪酬差距中发现了联系, 而且租金抽取的假设被支持。

2.7 本 章 小 结

现有文献尚未直接建立国别制度匹配与企业跨境并购的因果联系及其边界条件。

首先，本章梳理了制度基础观的经济学、社会学、管理学理论渊源与主流分类。制度基础观提出了国别制度因素对企业跨境并购战略的理论机制，奠定了国家层面、行业层面、企业层面的边界条件分析框架。制度基础观是模型编排的理论来源，奠定了后续研究设计的理论基础。

其次，本章梳理了国别制度距离研究的现有挑战，通过匹配的比较属性，确定了国别正式制度距离、国别非正式制度距离与匹配方法研究具有结合空间。通过回顾相关领域的制度匹配定性研究，本章确认开发国别制度匹配的定量测量，对扩展现有研究具有重要价值。

再次，本章述评了前因、特征与后果三个领域的企业并购研究。企业并购前因研究包括个体层解释变量、企业层解释变量，国别制度层解释变量；企业并购特征研究包括数量、股权、金额、流程和性质；企业并购后果研究包括个体层被解释变量和企业层被解释变量。确认了国别制度匹配对企业跨境并购的影响关系可以填补现有企业并购前因研究的空白。

最后，本章基于制度基础观，提出母国劳动管理水平、行业刺激政策、上市收购企业作为国别制度匹配与企业跨境并购的三个调节作用，确定理论模型的边界条件：

第一，在国家层面，母国劳动管理水平在"一带一路"倡议沿线国家的主导性较强，东道国劳动管理水平的主动性较弱、严格性不足、扩散性较差。母国劳动管理水平反映了"一带一路"倡议沿线国家存在的廉价劳动力与不公平竞争的边界条件。

第二，在行业层面，行业刺激政策不仅承担了国家的调控，而且增加了企业的资源。东道国行业刺激政策存在滞后性与模仿性，尚未在"一带一路"倡议沿线国家形成影响力。行业刺激政策反映了"一带一路"倡议沿线国家的自主权，同样反映了行业链和供应链的互助性。

第三，在企业层面，上市收购企业反映了主体相关的边界条件，上市被收购企业反映了客体相关的边界条件。上市特征是收购企业的核心特征之一，具有深度的文献堆积与研究积累。

国家层边界条件为母国劳动管理水平，体现了"一带一路"倡议沿线国家的经济核心特征；行业层边界条件为行业刺激政策，体现了"一带一路"倡议沿线国家的治理核心特征；企业层边界条件为上市收购企业，体现了主体相关的理论边界条件。

3 国别制度匹配的研究与比较

为了应对国别制度距离在解释企业跨境并购现象时受到的挑战，为了响应国际商务的实践趋势，本章推进了国别制度距离研究与匹配方法的融合。首先，初步构建了国别制度匹配在国际商务研究中的地图。其次，比较国别制度匹配与国别制度距离、文化距离等距离构念，总结了国别制度匹配对制度距离效应、制度剖面效应的继承与发展。再次，比较了国别制度匹配与其他相似构念，体现了国别制度匹配的独特性和必要性。

3.1 国别制度匹配的研究

国别制度匹配有潜力成为解释国际商务现象的直接机制之一。国别制度匹配反映的是国别制度与国别制度之间的向心力。它不仅是企业顺势而为的重要力量，而且是国际商务繁荣发展的直接理论视角之一。虽然国际商务的实践欣欣向荣，但是国际商务研究聚焦的核心是国际商务实践中的具体问题，尤其是企业在国际化过程中遇到的问题。因此，以国别制度距离为代表的理论视角，成为国际商务研究的主导范式。但以国别制度距离为代表的理论视角窘境表现为：在众多国际商务负面理论的指导下，无法解释国际商务实践蓬勃发展的现象，阻碍了国际商务研究体系的进一步演化。

从长期来看，国际商务研究不仅可以解决实际问题，而且可以提供理论洞见。国际商务研究具有多样化的主导理论，可以完成从间接视角到直接视角的共存。以国别制度距离为代表的、解决问题的间接理论视角继续深化，不断解决企业在国际化中遇到的各种各样的问题；以国别制度匹配为代表的、提供洞见的直接理论视角不断成长，系统性地构建国际商务存在的必要性和重要性理论框架。简而言之，国际商务经典理论解决了"怎么做"的问题，新兴理论要解决的问题是"是什么"与"为什么"。因此，系统性地梳理国别制度匹配的前因后果研究地图、构建理论框架，有利于搭建新兴理论视角，深化国际商务研究的发展，如图 3-1 所示。

和平与发展是时代的主题，数字化与全球化是国际商务的主题。数字化与全球化有力地推动了国别制度匹配的发展（Luo，2022c）。数字化技术开始与全球资本深度结合，信息通信技术、人工智能、区块链、云计算、监控、物联网等赛道涌现出一批独角兽企业。这些企业通过全球融资快速成长，为全球消费者提供了性价比高、可及性强的数字服务。

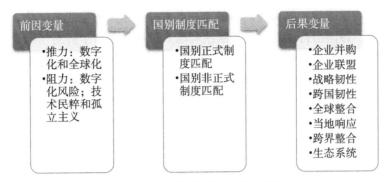

图 3-1 国别制度匹配的理论框架

（注：来自作者整理）

数字企业不仅自身成为投资的明星，而且帮助其他传统企业进行不同程度的数字化改造，大幅提升了传统企业的运营效率和整合程度。数字化与企业高度融合，促使企业迭代决策与业务思维，具有数字化领导力的新一代企业领导人走上企业前台。国别制度匹配并非空中楼阁，也并非不可变更。数字化潮流发展到一定程度后，只要数字化实践有需要，国别制度匹配就会加速变化。即使是数字化刚刚萌芽的当下，它已经深刻改变了国别制度距离的体系，如传统中影响最大的经济距离与地理距离迅速衰减，制度距离的影响力迅速上升，文化距离略有下降。新的"数字距离"横空出世，相较传统国家的综合实力包括经济、文化、社会和生态等方面，数字化正在重构新的指标体系，国别制度匹配必定随之而变。

全球化往往被误解为区域化。事实上，全球化只是人类的美好构想，尚未在实践中实现。人类最接近全球化的实践并不是国际商务，即使数字技术支持下的社交媒体也只是区域化的表现载体，距离真正的全球化还有巨大的鸿沟。既然如此，尚未实现的全球化如何被中止或者逆转呢？因此，当下逆全球化、去全球化的本质是逆区域化、去区域化。退一步讲，是用另一种区域化代替现有的区域化。再狭隘一点来说，是国际分工的重新调整。全球化作为人类的美好构想，与各个国家的文化有着深刻的共鸣，例如，中国的"各美其美，美人之美，美美与共，天下大同"社会构想，同样为国别制度匹配奠定了思想基础。全球化的本质是跨越国界，整合全球资源、服务全球顾客，提高企业全球运营的效率。全球化不是一些国家占有另一些国家的资源，不是一些国家奴役另一些国家的人民，不是一些国家污染另一些国家的生态，不是一些国家消灭另一些国家的文化。全球化并不遥远，经济活动正在逐渐超越区域的限制，多极化的趋势正在显现，文化交流促进了民族的进步与世界的和谐，生态问题的全球协同与解决成为共识，人类正处于前所未有地接近实现全球化的阶段。

数字化与全球化的双重复合趋势初露端倪。全球化是人类的美好构想。数字化不仅跳出了区域化的桎梏，而且搭建了通向全球化的阶梯。全球化促生了数字化的新形式，世界各地的国家、行业、企业和个人被数据流、信息流和知识流联系起来，数字技术支持的商品、服务和资本高速流动。值得注意的是，一方面，全球化不等于数字化。针对依靠数字技术崛起的企业，各国出台了新的反垄断法和准入法规，出台了针对传统企业的政策扶持措施。这些数字企业很难达到全球垄断的市场地位。另一方面，数字化不等于全球化。各个国家的数字企业服务好本国市场也能繁荣发展。数字企业的当地化战略，不仅降低全球化战略的违规风险，而且通过绑定当地利益相关者来抵御风险。因此，全球数字化、数字全球化等表述具有本质差异，前者指的是全球企业与数据技术的融合程度，后者指的是数字企业国际化战略的高级阶段，均不等同于数字化与全球化的双重复合。综上所述，数字化与全球化是国际商务的主题，代表着国际商务未来发展的趋势。

数字化风险、技术民粹和孤立主义是国别制度匹配的阻力因素。数字化风险包括数字依赖性、信息安全性和监管复杂性三个方面（Luo，2022b）：数字依赖性是指企业与各个国家的业务合作伙伴、供应商、分销商、客户和联盟成员之间的数字化连接故障、中断和传染。从长期来看，数字依赖性促成了国别制度匹配；从短期来看，数字依赖性传导的危机阵痛会加速国别制度匹配的崩坏，千里之堤毁于蚁穴。信息安全性是指企业的信息、网络和通信系统具有脆弱性，网络攻击、数据泄露或爆炸事件等意外事件时刻威胁着企业运营。从宏观来看，信息安全性降低了国别制度匹配，促使企业数据在各个国家沉降成孤岛，跨境数据流动受到打击。从微观来看，信息安全性的感知在每个国家存在差异，对每个个体有不同的影响。监管复杂性是指企业所在的国家或地区，实施不同的法规和伦理，数字化监管具有多样性、差异性和不兼容性。从长期来看，监管复杂性不仅降低了国别制度匹配，而且降低了国内发展速度；从短期来看，监管复杂性造成了制度套利的空间，形成了不公平的竞争环境。

技术民粹和孤立主义是指将企业技术能力与国家安全和地缘利益直接联系起来，对选定的外国投资者或外国企业实施法律和监管制裁（Luo，2022a）。技术民粹和孤立主义不仅包括国别正式制度方面的限制，而且包括国别非正式制度方面的限制。技术民粹和孤立主义，与全球化的核心逻辑是不同的。前者以捍卫本国部分群体的利益为核心，后者以发展经济为核心。从长期来看，技术民粹和孤立主义与全球化是可以共存的，如同海洋中的孤岛。国别制度竞合的趋势决定了企业竞合的战略布局。技术民粹和孤立主义虽然有效地削弱了国别正式制度匹配，无法有效地削弱国别非正式制度匹配。因此，技术民粹和孤立主义无法彻底消除国别制度匹配的趋势所在。从短期来看，技术民粹和孤立主义声势浩大，只是因为它们代表了受到全球化冲击影响最大、最严重的群体利益。技术民粹和孤立主义的出现和存在建立在区域化的基础上，引发新一波的区域化浪潮与经济全球化的迭代。技术民粹和孤立主义的本质是全球化浪潮中的"回头浪"。在全球化中出现的问题，必将在全球化的进一步发展中解决。

数字化与全球化的结合、数字化风险与技术民粹和孤立主义的结合，构建了机会与威胁并存的格局，也造成了国别制度匹配的松散耦合特征（Nambisan 和 Luo，2021）。数字化与全球化提供了国别制度匹配的机会，技术与理论的结合推动了国别制度的进步；数字化风险、技术民粹和孤立主义，提供了国别制度的威胁，安全与利益的结合阻碍国别制度的变革。前者代表了耦合维度，后者代表了松散维度，因此，国别制度匹配具备了双元的松散耦合特征，如表3-1所示。为了应对双元共存特征，企业战略同样会具备松散耦合的双元特征。

表3-1　　　　　　　　　　　　　国别制度匹配的双元特征

相对值维度　　　　绝对值维度	匹配 （Congruence）	不匹配 （Incongruence）
国别正式制度 （Formal Institution）	国别正式制度匹配 （Formal Institutional Congruence）	国别正式制度不匹配 （Formal Institutional Incongruence）
国别非正式制度 （Informal Institution）	国别非正式制度匹配 （Informal Institutional Congruence）	国别非正式制度不匹配 （Informal Institutional Incongruence）

（注：由作者整理。）

国别制度匹配具有以下两个特征：第一，双元性或多元性（Ambidexterity or Plurality）。虽然国别正式制度匹配与国别非正式制度匹配两个维度的差异性很大，但是它们聚合于国别制度匹配的领域中。这种差异化共存的状态体现了双元性。法规匹配（Regulatory congruence）、认知匹配（Cognitive congruence）、规范匹配（Normative congruence）体现了国别制度匹配领域的多元性。第二，整合性（Integration）。国别正式制度匹配与国别非正式制度匹配是相互依存的共生关系，国别正式制度匹配可以转化为国别非正式制度匹配，国别非正式制度匹配可以转化为国别正式制度匹配（Co-existing and Transferable）。部分学者认为，国别非正式制度只有在国别正式制度缺失或者低效的时候，才能保障整体的秩序不失控。国别非正式制度不仅是国别正式制度的替代性制度，而且对国别正式制度高效运转时起到了破坏性作用（Mutually Exclusive）。这显然不适用于国别正式制度匹配与国别非正式制度匹配的关系——它们具有互补性而非竞争性。

国别制度匹配深度影响企业与企业之间的关系：首先，国别制度匹配影响企业之间的竞合关系，改变了企业对于并购与联盟的战略选择。其次，国别制度匹配影响企业内部的战略决策，增加了战略韧性与跨国韧性。从时间维度来看，战略韧性是指企业通过长期战略判断来解决短期战略危机，坚持贯彻长期战略不动摇；从空间维度来看，跨国韧性是指企业整合适应国内国际两个市场，抵御来自国内外市场的外生冲击。再次，国别制度匹配影响企业内部的战略设计，增加了企业战略的全球整合与当地响应双重维度。国别制度距离指导下的全球整合与当地响应并不兼容。它们不仅处于二选一的状态，而且采取加强自治的管理方法，杜绝子公司的灵活处理。国别制度匹配指导下的全球整合与当地响应是兼容状态，不存在二选一的问题，是两者兼顾的关系。最后，国别制度匹配影响企业外部的竞合关系，影响了企业的跨界整合与生态系统建设。国别制度匹配推动企业的跨界整合战略，使企业与企业之间的竞争关系内部化；推动企业的生态系统建设，使企业与企业之间的合作关系可控化。

3.2 国别制度匹配的比较

3.2.1 国别制度匹配与距离构念的比较

国别制度因素对企业跨境活动的影响包括两种效应：制度距离效应（Institutional Distance Effect，即相对值）与制度剖面效应（Institutional Profile Effect，即绝对值）（van Hoorn 和 Maseland，2016）。在参考系唯一的情况下，制度距离效应与制度剖面效应很难区分，因此，制度距离效应的相关研究需要在转换参考系的情况下进一步检验，排除制度剖面效应的影响。制度距离效应与制度剖面效应均积累了大量研究，但也具有各自的局限：制度距离效应的比较方式难以达成一致的共识与可信的知识，参考系选取成为核心问题；制度剖面效应对企业跨境活动的解释力弱，在解释多国情境下的企业跨境活动相关问题时显得捉襟见肘。制度距离效应与制度剖面效应都在寻找兼顾相对值与绝对值两种思路的方案。制度距离效应中的制度匹配有望解决上述问题，因此，本书系统性地梳理和比较了制度距离效应的子分支，如表 3-2 所示。

表 3-2   国别制度匹配与距离构念的比较

中文名	国别制度匹配	国别制度距离	国别文化距离
英文名	Institutional Congruence	Institutional Distance	Cultural Distance
定义	东道国制度与母国制度的匹配性	东道国制度与母国制度的差异性	东道国文化与母国文化的差异性
底层逻辑	"合"（Amalgamation）	"分"（Separation）	"分"（Separation）
绝对值维度	东道国制度；母国制度	东道国制度；母国制度	东道国文化；母国文化
相对值维度	三维图景	二维公式	二维公式
理论视角一	组织制度学派 法规匹配（Regulatory congruence） 认知匹配（Cognitive congruence） 规范匹配（Normative congruence）	组织制度学派（Kostova，1996，2020） 法规距离（Regulatory distance） 认知距离（Cognitive distance） 规范距离（Normative distance）	霍夫斯泰德（1980，2001，2010） 权力距离、不确定性规避、个人主义—集体主义、男性主义—女性主义、长期导向—短期导向、放任—约束

中文名	国别制度匹配	国别制度距离	国别文化距离
理论视角二	制度经济学派： 国别正式制度匹配（Formal institutional congruence） 国别非正式制度匹配（Informal institutional congruence）	制度经济学派（Abdi & Aulakh, 2012） 国别正式制度距离（Formal institutional distance） 国别非正式制度距离（Informal institutional distance）	Kogut & Singh（1988） 使用欧几里得距离来估算国家间的文化距离，国别文化数据来自霍夫斯泰德
理论视角三	文化匹配（Cultural congruence） 管理匹配（Administrative-congruence） 地理匹配（Geographic congruence） 经济匹配（Economic congruence） 金融匹配（Financial congruence） 治理匹配（Political congruence） 价值观匹配（WVS cultural congruence） 人口匹配（Demographic congruence） 知识匹配（Knowledge congruence） 全球连接匹配（Global connectedness congruence）	Ghemawat（2001）、Berry（2010） 文化距离（Cultural distance） 管理距离（Administrative distance） 地理距离（Geographic distance） 经济距离（Economic distance） 金融距离（Financial distance） 治理距离（Political distance） 价值观距离（WVS cultural distance） 人口距离（Demographic distance） 知识距离（Knowledge distance） 全球连接距离（Global connectedness distance）	Berry, Guillen & Zhou（2010） 使用马氏距离来估算国家间的文化距离，国家文化数据来自霍夫斯泰德
理论机制	复合、结合、相合、最优区分	合法性（Legitimacy）	差异性（Differences）
数据来源	WBES	WGI；EFI；GCR；WCY；GCY；Hofstede；GLOBE；QoG；ICRG；WVS	舒瓦茨（Schwartz）；GLOBE

　　制度距离效应由制度距离与文化距离两个子分支构成，两个子分支均有代表性的学者和大批的追随者。从差异的角度看，制度距离的理论机制研究进展要快于文化距离的理论机制研究，文化距离尚未形成理论机制方面的贡献。从相似的角度看，制度距离与文化距离均反映了分离的底层逻辑；制度距离与文化距离的相对值比较，绝对值维度进展有限，与制度剖面效应连接难度大；制度距离与文化距离的比较，均不能出现"孰优孰劣"的测量与诠释，这是基于对每个国家的制度与文化独特性的尊重；制度距离与文化距离深度融合，文化距离的数据库及其来源基本被纳入制度距离数据库。国别制度匹配具有独特性，有望成为制度距离效应的重要组成部分。

　　国别制度匹配的底层逻辑是"合"，与制度距离、文化距离的底层逻辑"分"具有本质差别。每个国家的制度与文化都是独特的，制度距离与文化距离的算法中将东道国与母国的制度剖面作为隐形的、底层的计算，过度强调东道国与母国制度或者文化得分的差异与优劣，伤害了东道国或母国的感情，影响了制度距离与文化距离的接受度。国别制度匹配的底层逻辑是东道国与母国制度方面的契合度（"合"），保留了东道国与母国制度的初始得分，通过横坐标与纵坐标定位企业所在的东道国制度与母国制度相对位置，探讨东道国与母国制度的相融区间。制度距离效应解释了企业跨境活动遇到困难的来源，国别制度匹配诠释了企业发起跨境活动的初心与趋势。"分"有存在的必要性，"合"亦是如此，但"合"背后的趋势还有待探究。

　　国别制度匹配的三维图景融合了制度距离效应与制度剖面效应的双重优势。制度距离效应的进展在于算法融合，从欧几里得距离到马氏距离，数学与统计方面的改良一直在迭代；制度剖面效应的进展在于新维度和新构念，新兴的国别指标数据库通过融入制度剖面效应获得合法性。制度距离效应的算法进化很难一致地预测企业的跨境活动，因为一直没有直视制度剖面的作用；制度剖面效应的构念进化很难形成系统的理论，因为新构念与旧构念之间的差异较大且联系薄弱。国别制度匹配的优势在于，打开并保留了制度剖面效应的黑箱，解构并重组了制度距离效应的机制，完成了从"分"到"合"的底层逻辑转换，促进了制度距离效应与制度剖面效应的理论对话。

　　国别制度匹配的理论机制与制度距离的理论机制高度相似。国别制度匹配的相关研究刚刚兴起，法规匹配、认知匹配、规范匹配三个核心维度尚未进行理论讨论与实证分析。法规匹配、认知匹配、规范匹配三个核心维度在"一带一路"倡议下体现出多样性，难以寻觅一致性的制度驱动因素，因此在新的研究情境下探索会更好。本书选择国别正式制度匹配与国别非正式制度匹配两个维度，进行理论讨论与实证分析，是因为它们的耦合性更契合"一带一路"倡议的国别制度因素。国别制度匹配与CAGE距离研究的融合可以进一步考虑，筛选出对企业跨境活动具有直接影响的国别制度匹配子维度，提高国别制度匹配的效度与信度。

3.2.2 国别制度匹配与相似构念的比较

国别制度匹配反映了"合"的趋势。"合"的趋势在不同层次、不同视角、不同问题的构念中均有反映。因此，国别制度匹配与反映相同趋势的其他构念具有高度共鸣，同时也具有一定的差异性。为了建立国别制度匹配的独特性、阐释国别制度匹配的必要性，本书从匹配性（"术"）、相似性（"道"）、竞争性（"法"）三个维度出发，寻找相似的构念进行比较。

匹配性具有跨层次的特征，如表3-3所示。母公司与子公司的目标不匹配、企业与环境的制度不契合、个体与团队的文化不契合均属于跨层次的关系，国别制度匹配属于同层次构念，东道国与母国的制度平等，同属于国家这一分析层次。从理论机制来看，目标不契合与文化不契合均处于构念萌芽阶段，前者借助企业治理领域的代理理论，后者依附组织行为与人力资源管理领域（OBHR）的人与组织匹配理论，均未提出明确的理论机制，更未进行实证检验。国别制度匹配与制度契合/不契合的相似性较高，但二者在理论视角方面具有较大区别：国别制度匹配是企业外部视角，制度契合/不契合是企业内部视角，即客观性与主观性的区别；此外，在概念维度方面，国别制度匹配强调国别正式制度与国别非正式制度两个维度，制度契合/不契合强调技术契合、结构契合与文化契合三个维度；在测量方法方面，国别制度匹配主要采用二手数据库，制度契合/不契合主要采取问卷调查法。综上所述，国别制度匹配具有同层性和独立性的双重特征，在匹配性方面具有独特性。

表3-3 　　　　　　　　　　**国别制度匹配与相近构念的比较（一）**

中文名称	国别制度匹配	组织目标不匹配	制度契合/不契合	文化契合/不契合
英文名称	Institutional Congruence	Goal Incongruence	Institutional Fit/Misfit	Cultural Fit/Misfit
分析层次	国家层	企业内部	企业层	个体层
定义	东道国制度与母国制度的相似性	母企业（委托人）与子企业（代理人）的目标不匹配	组织对制度规范（Norm）的遵从程度（Conformity）	个体的价值观与组织的价值观不契合
理论机制	复合、结合、相合、最优区分	代理理论：信息不对称、道德风险、机会主义	合法性（Legitimacy）；同构性（Isomorphism）	个体与组织匹配
测量代表	WBES	暂无	技术契合、结构契合、文化契合	暂无

中文名称	国别制度匹配	组织目标不匹配	制度契合/不契合	文化契合/不契合
研究进展	本书首次系统梳理	文献综述首次提出此概念，暂无理论构建与实证检验	只有问卷测量，制度不契合与权变不契合预测企业绩效的三维图存在，没有深入制度内部	提出概念，暂无直接测量
经典文献	暂无	Kostova et al.，2016；Hoenen & Kostova，2015	Fernandez Giordano et al.，2022；Moore et al.，2012；Volberda et al.，2012	Roth et al.，2011；Kostova & Zaheer，1999；Van Dyne et al.，2000

相似性具有跨层次的特征，如表 3-4 所示。相似性的跨层次特征弱于匹配性的跨层次特征。相似性是最接近"合"趋势的特征，同质偏好是相似性研究的微观基础。个体层次的同质偏好构建了相似性研究的双重理论机制，即以信任、沟通、协同、吸引为代表的正向作用机制以及以无法利用多样性来学习创新的负向作用机制。因此，国别制度匹配、制度接近度和文化相似性只是在国家、个体与团队等不同层次表现出的同质偏好。构念所在的层次越接近个体，同质偏好的表现就越明显，如新成员与团队的文化相似性，极显著地体现了同质偏好的底层逻辑。因此，同质偏好虽然在个体层，但是构建了国别制度匹配的微观基础，为国别制度匹配的理论机制提供参考。

表 3-4　　　　　　　　　　国别制度匹配与相近概念的比较（二）

中文名称	国别制度匹配	同质偏好	制度接近度	文化相似性
英文名称	Institutional Congruence	Homophily	Institutional Proximity	Cultural Similarity
分析层次	国家层	个体层	国家层	个体与团队层
定义	东道国与母国制度的相似性	联系相似个体的倾向	制度距离小	新来的员工与团队的文化相似性
理论机制	复合、结合、相合、最优区分	信任—沟通—协同—吸引；多样性的学习效应	制度相似性	个体与组织匹配
测量代表	WBES	Alignment	制度距离	实验操纵
研究进展	本书首次系统整理	前因清晰，后果综述提升中	无直接测量	实验室实验，一手数据与二手数据的补充检验尚未进行

续表

中文名称	国别制度匹配	同质偏好	制度接近度	文化相似性
经典文献	暂无	Lawrence & Shah, 2020; Ertug et al., 2022; Xia et al., 2023	Mingo et al., 2018	Joardar et al., 2007

在制度层面，国别制度匹配与制度接近度虽然具有高度相似性，但是它们在理论机制与发展方向方面存在较大差别：在理论机制方面，国别制度匹配具有独立的理论机制，包括核心构念与理论因果关系，并与国别制度距离理论进行交融；国别制度接近度并没有独立的理论机制，讨论了制度距离小的特殊情境，既没有独立的测量，也没有理论化的趋势。在发展方向方面，国别制度匹配与制度距离领域既有共同范围，又有差异范围，对制度距离领域有扩展广度的作用；国别制度接近度完全被制度距离领域包含，对制度距离领域有加强深度的作用。制度接近度在理论分析的部分频频被提及，意味着国别制度距离领域意识到了距离的极小值点解释存在空白，距离无法解释企业跨境活动生生不息的缘由，这恰恰是国别制度匹配擅长解释的部分。

竞争性具有同层次的特征，如表 3-5 所示。国别制度匹配、国别制度亲和力、国别社会亲和力具有相似的理论解释和竞争逻辑，在企业的并购领域表现得尤为明显。国别制度亲和力和社会亲和力均反映了区域化的趋势，由于理论和数据的限制，它们无法反映全球化的趋势；国别制度匹配不仅反映了全球化的趋势，而且可以反映区域化的趋势。国别社会亲和力对欧洲企业并购的正向促进作用被数据支持；国别制度亲和力对以美国为东道国的企业并购的作用，既没有被数据支持，也没有约束并购溢价与收购双方企业短期收益的关系（Fieberg 等，2021；Siganos 和 Tabner，2020）。在国别社会亲和力的研究中，制度剖面效应由共享语言、共享宗教、共享法律起源、共享历史、共享地区、共享货币六个变量分别控制，尚未实现制度剖面效应与制度距离效应的有机结合（Siganos 和 Tabner，2020）。实践检验表明，国别制度亲和力和社会亲和力具有不稳定性和非系统性，在并购管理实践中存在解释短板。国别制度匹配有望提升国别制度亲和力与社会亲和力的解释力度。国别制度匹配的系统性具有独特性和竞争力。

表 3-5   **国别制度匹配与相近构念的比较（三）**

中文名称	国别制度匹配	制度亲和力	社会亲和力	企业探索的收敛与发散
英文名称	Institutional Congruence	Political Affinity	Societal Affinity	Convergence / Divergence
分析层次	国家层	国家层	国家层	企业层

续表

中文名称	国别制度匹配	制度亲和力	社会亲和力	企业探索的收敛与发散
定义	东道国与母国制度的相似性	各国在全球事务中的相似立场，包括国家安全、人权等重大问题	国家间的熟悉程度（Familiarity）	企业的联盟伙伴和竞争对手探索倾向的收敛与发散
理论机制	复合、结合、相合、最优区分	合法性和利益相关者的复合；东道国与母国利益相关者担忧合法性的一致性	相似性	合法性；模仿
测量代表	WBES	母国和东道国在联合国大会上做出的投票决定，相同为1，不同为-1	欧洲歌曲大赛投票偏见	美国公开交易的180家电子企业的面板数据
研究进展	本书首次系统整理	促进了美国市场的并购后绩效	促进了欧洲的并购数量，相似性与差异性之外的第三个维度，40多个欧洲国家测量	联盟伙伴探索、竞争对手探索、企业特定不确定性、技术邻近度与企业探索倾向的三维图示
经典文献	暂无	Hasija et al.，2020；Fieberg et al.，2021	Siganos & Tabner，2020	Duysters et al.，2020

国别制度匹配具有跨层次的潜在可能性。在国家层面，国别制度匹配具有独特性、系统性与贡献度，兼顾了国家的整体制度本身与特征的相似性，扩展了相似性吸引理论（Similarity-Attraction Theory）（Byrne，1971）。国别制度匹配强调的是东道国和母国整体制度特征的非线性匹配关系，和比较制度主义流派存在思想共鸣。国别制度距离强调的是东道国和母国之间的多样性，在于具体制度指标的线性差异，和组织制度主义、制度经济学流派同样存在思想共鸣。国别制度匹配捕捉了国别多样性的程度差异，解析了国别多样性的类别匹配，从数和质两个维度，反映了东道国和母国制度环境的相互依存。国别制度匹配和制度距离的共同点在于捕捉国别多样性，不同之处在于理论流派的侧重。因此，国别制度匹配作为新构念，其非线性假设是对主流制度距离学派线性假设的重大补充，更接近国别多样性的本质特征。

在国家内部，国别制度匹配强调的是经济、文化、社会、生态等不同领域之间的、相互依存的统筹系统。组态关系存在于国家内部，以 fsQCA 为代表的组态分析有可能建立国家内部的制度匹配研究。正式制度与非正式制度的替代关系短暂地存在于国家内部制度转型的特殊时期，在一般的制度稳定时期内，正式制度与非正式制度稳健地发挥各自的优势，存在相互补充但并不替代转化的互补关系。因此，国别制度距离学派不能忽视上述差异，不能直接将国家层面的研究成果应用于国家内部的制度组合。国际商务领域对于国家内部的正式制度匹配与非正式制度匹配研究，停留在短期历史变革的关注上，尤其以中东地区的变革为核心研究情境，缺乏高于变革情境的、具有一般性的规律探索，定量分析不足，存在巨大的研究空间。

在企业边界，匹配的潜力有可能体现为高管决策、团队合作和业务选择的跨界联动。企业的探索倾向收敛或者发散，取决于联盟的合作伙伴与对立的竞争对手（Duysters 等，2020）。当企业的 CEO 拥有高水平的结构、所有权或专家权力时，企业较少进行研发搜索，来回应不一致反馈（Inconsistent Feedback）。相比之下，当企业的 CEO 拥有高水平的声望时，企业会进行更多的研发搜索，以应对不一致的反馈。企业创始人的认同与社会文化情境的认同具有一致性或者不一致性（Alignment / Misalignment），影响着创业企业的价值创造或价值共毁（Foy 和 Gruber，2022）。团队成员的地理差异性（Geographic Dissimilarity）对团队绩效的负面影响，可以被士气高涨的情绪逆转，人口差异（Demographic Dissimilarity）影响成员的旷工行为，具有人口差异（Demographic Differences）的跨界员工如何重建社会认同，以胜任跨界整合工作，薪酬低（Pay Grade Dissimilarity）的员工具有更高的业务绩效和团队认同、更低的关系不确定性和团队离职率（Chattopadhyay 等，2020；Ramarajan 和 Reid，2020；Reinwald 和 Kunze，2020；Zhang 等，2020）。国别制度匹配如何在企业边界附近降维，和广阔的匹配研究深度对话，是未来重要的研究课题。

3.3　本　章　小　结

首先，本章构建了国别制度匹配在国际商务领域的研究地图。在推进国别制度匹配的推力方面，本书不仅分别讨论了全球化与数字化的强大动力，而且集中讨论了全球化与数字化的双重复合趋势；在阻碍国别制度匹配的阻力方面，本书讨论了数字化风险、技术民粹和孤立主义的负面作用。在国别制度匹配的特征方面，本书讨论了双元性与整合性两个核心特征。在国别制度匹配的影响方面，本书细致地讨论了企业的跨境活动。

其次，为了验证国别制度匹配是否具有贡献性，本书讨论了制度距离效应与制度剖面效应，全方位地比较了国别制度匹配、国别制度距离与国别文化距离的定义、底层逻辑、比较维度、理论视角、理论机制和数据来源，确认国别制度匹配融合了制度距离效应与制度剖面效应两个研究分支的优势。

最后，为了验证国别制度匹配是否具有独特性，本书在匹配性维度讨论了国别制度匹配、组织目标不匹配、制度契合/不契合、文化契合/不契合的相似性与差异性，在相似性维度讨论了国别制度匹配、同质偏好、制度接近度、文化相似性的相似性和差异性，在竞争性维度讨论了国别制度匹配、制度亲和力、社会亲和力、企业探索的收敛与发散的相似性与差异性。

综上，国别制度匹配是具有贡献性与独特性的新构念，值得进一步探索与研究。

4 国别制度匹配对企业跨境并购的影响机理

国别制度匹配是国际商务领域的新构念，对企业的跨境活动具有显著的正向影响。跨境并购是企业最重要的跨境活动之一，国别制度匹配对企业跨境并购的影响机理需要进一步明确。因此，本书将从复合、结合、相合三种机制出发，深入阐释国别制度匹配对企业跨境并购的影响机理。

4.1 国别制度匹配对企业跨境并购的复合影响

在制度层面，国别制度匹配的本源在于兼容相似性与差异性两个维度。经典制度理论仅强调相似性，战略管理理论仅强调差异性，两极分化催生了战略平衡理论（Strategic Balance Theory）。Deephouse（1999：147）提出的战略平衡理论虽然强调组织需要通过中等程度的战略相似性，来平衡竞争性与合法性，但是本质上沿用了相似性与差异性二选一的底层逻辑，与组织的管理实践存在较大偏离（Zhao 等，2017；Deephouse，1999）。国别制度匹配调整了经典制度理论的相似性假设，放弃了相似性与差异性的一维假设与二选一关系，将相似性与差异性作为既独立、又依赖的两个维度。国别制度匹配既存在相似性，又存在差异性，二者的共同作用构成了企业经营的外部制度驱动因素。因此，国别制度匹配从分割（Fragmented）的视角扩展了制度理论，不仅解释了制度的相似性，而且提供了制度差异性的部分来源。

在组织层面，企业最优区分（Optimal Distictiveness）的本源同样在于兼容相似性与差异性两个维度。最优区分是指企业与同一行业的其他企业相比，既相似又不同：相似性（Conformity）是指企业遵从外部制度约束，以避免违规惩罚；差异性（Differentiation）是指企业追求独特的竞争优势，以获得有利的市场势力。因此，企业会依据情境，动态编排多个相互依存的战略维度，整合相似性与差异性来管理多样化的、跨越时空的利益相关者以及组织生命周期和行业演进（Zhao，2022）。企业最优区分的战略导向是实现相似性与差异性的协同，而不是在相似性与差异性中进行权衡取舍，这是企业最优区分与战略平衡理论的核心差别之一。相似性与差异性的协同，不仅可以成为企业的竞争优势，而且可以响应国别制度匹配所代表的相似性与差异性。相似性与差异性的协同优势一旦跨越企业边界，企业就拥有了整合优势，对企业的其他战略维度来说，具有正面的溢出效应。

综上，国别制度匹配通过相似性与差异性的复合，推动企业实现最优区分，从而提升了企业跨境并购。

国别制度匹配推动企业实现最优区分。国别制度匹配复合了制度相似性与制度差异性两个不同的维度，推动企业在某些战略维度采用相似性战略，在某些战略维度采用差异性战略，在某些战略维度采用相似性与差异性的混合型战略，极大地提高了企业的资源编排能力，从而推动企业实现最优区分。国别制度匹配既不是中等程度的相似性，也不是中等程度的差异性，更不是相似性与差异性非此即彼的二选一关系，而是相似性与差异性的对立统一关系。在国别制度匹配中，相似性与差异性的对立统一关系表现为同一性与对抗性：同一性是指制度相似性与制度差异性共存于国别制度匹配的统一体中，制度相似性以制度差异性为自己存在的前提，制度差异性以制度相似性为自己存在的前提，制度相似性与制度差异性在一定的条件下、一定的维度上可以转化；对抗性是指制度相似性与制度差异性存在不兼容的情况，如果不能妥善处理对抗性，就有可能出现教条主义和经验主义错误。国别制度匹配体现了矛盾论，又在矛盾论的指导下，推动了企业的战略调整，促使企业最优区分响应战略的形成与应用。

企业通过最优区分促进了跨境并购。企业的最优区分复合了相似性与差异性，厘清需要整合与独立的跨境并购维度，建立了相似型和差异型跨境并购的合法性，最终改进跨境并购效率与跨境并购股权。企业的跨境并购在相似性与差异性两个维度上具有不同的表现，正确地应用最优区分可以促进跨境并购的成功，如巴西的 Natura 企业连续并购英国的 The Body Shop、美国的 Avon 和澳大利亚的 Aesop，利用文化的相似性，顺应数字化、全球化的双重趋势；利用产品的差异性，构建企业的复合竞争优势；通过跨境并购实现企业的飞速成长。错误地应用最优区分可以导致企业跨境并购的失败，如德国的奔驰与美国的克莱斯勒错误地高估了相似性，一味地整合造成企业并购失败与业绩下滑，并没有实现相似性与差异性的协同。在中国情境下，吉利汽车收购沃尔沃采用了差异战略，同样具有跨境并购的差异协同优势；联想收购 IBM 事业部采用了相似战略，同样具有跨境并购的相似融合优势。在"一带一路"倡议的情境下，企业的最优区分兼具相似性与差异性两个维度，正确地应用最优区分有助于解决跨境并购的种种困境。

相似性与差异性的复合是国别制度匹配影响企业跨境并购的核心理论机制之一。相似性与差异性的复合需要遵从共同的前提假设：（1）相似性不能等同于制度同构压力，组织不假思索地遵从约定俗成的认知和规范的假设不成立，组织具有理性权衡和取舍的思维及能力成为新假设，制度层次的相似性和组织层次的相似性具有因果关系；（2）差异性不能等同于组织追求竞争优势或者独特性的战略管理唯一目标，组织不会也不能盲目提高差异性，差异性过度与差异性不足均会威胁组织的生存，适度差异性最有利于组织的生存，制度层次的差异性和组织层次的差异性具有因果关系；（3）相似性与差异性是二维关系，不是非此即彼的一维关系，企业可能在某些战略维度呈现相似性，在某些战略维度呈现差异性，在某些战略维度呈现混合性；（4）相似性与差异性具有独立性和依赖性，同一性和竞争性是相辅相成的，缺一不可。相似性与差异性的复合在制度层面表现为国别制度匹配，在组织层面表现为最优区分，二者遵从上述的共同假设，描绘了外部的相似性与差异性复合如何传导到企业，企业如何利用相似性与差异性的复合来推进跨境并购。

4.2 国别制度匹配对企业跨境并购的结合影响

国别制度匹配具有国别正式制度匹配与国别非正式制度匹配两个维度。国别正式制度匹配与国别非正式制度匹配的结合，即制度双元性，扩展了对组织双元前因变量的多层次理解（Simsek，2009；Raisch 和 Birkinshaw，2008）。制度双元性，即同时处理、权衡和实现两个不同的甚至相互矛盾的并购目标，促进企业形成双元的战略响应，因此助推了企业的跨境并购。简而言之，国别制度匹配的双元性提升了企业的战略双元性，战略双元的独特性有效地保障了企业的跨境并购。下文将深入讨论国别制度匹配的双元性对企业跨境并购的影响机制。

国别正式制度匹配是指东道国正式制度与母国正式制度的相似性，东道国正式制度与母国正式制度可能匹配，也可能不匹配。企业在母国积累的并购经验总是无法移植到东道国，在东道国积累的并购经验总是无法回流到母国。因此，企业的跨境并购受到东道国正式制度与母国正式制度的双重影响。东道国正式制度或者母国正式制度任何一方不允许，企业的跨境并购就无从谈起。国别正式制度匹配恰恰反映了东道国正式制度与母国正式制度可能相通的维度，遵循国别正式制度匹配可以帮助企业避免上述的"制度死结"。国别正式制度匹配促进了企业跨境并购（陆亚东和孙金云，2014）。国别正式制度匹配体现的是东道国与母国在国别正式制度维度上的相对同一性，在东道国与母国的国别维度上存在双元性，是企业跨境并购的重要前提保障。

国别非正式制度匹配是指东道国非正式制度与母国非正式制度的相似性，东道国非正式制度与母国非正式制度往往是两个无法预判的，甚至很难描述的非官方制度。企业在母国积累的并购管理经验总是无法移植到东道国，在东道国积累的并购管理经验总是无法回流到母国。因此，企业的跨境并购经常受到东道国非正式制度与母国非正式制度之间的冲突。企业很难在跨境并购之前，预判并准备应对东道国非正式制度与母国非正式制度的预案。因为国别非正式制度本身并不引人注意，在管理实践中非常容易被忽略。国别非正式制度匹配恰恰反映了东道国非正式制度与母国非正式制度可能契合的维度，遵循国别非正式制度匹配可以帮助企业达成并购默契、实现后续整合。国别非正式制度匹配促进了企业跨境并购（陆亚东和孙金云，2014）。国别非正式制度匹配体现的是东道国与母国在国别非正式制度维度上存在相对同一性，在国别维度上存在双元性，是企业跨境并购的重要后续支持来源。

综上，国别制度匹配的结合推动企业实现组织双元，从而提升了企业跨境并购效率。

　　国别制度匹配推动企业实现组织双元（Organizational Ambidexterity）。国别正式制度匹配与国别非正式制度匹配独立存在，二者融合时需要企业保持一致（Alignment）以发挥结合优势，二者对抗时往往需要企业权衡取舍以适应变化（Adaptability），因此，企业的组织双元大幅提升（Gibson 和 Birkinshaw，2004）。国别制度匹配塑造了企业的组织结构，形成善于跟进国别制度匹配的员工群体，这些员工在同一个业务部门做出企业的一致性或者适应性决策。国别制度匹配的双元性影响了企业员工的个体理性选择，进一步在企业内部形成序列双元结构（Sequential Ambidexterity），提升了企业兼容一致性与适应性战略决策的能力，最终显著地提升了企业的组织双元。

　　企业通过组织双元促进了跨境并购。组织双元具有多样化的结构，包括序列双元、结构双元或同时双元（Structural or Simultaneous Ambidexterity）、情境双元或混合双元（Contextual Ambidexterity）（O'Reilly III 和 Tushman，2013）。序列双元体现在企业跨境并购核心的利益相关方的团队设置上，在企业并购官（Chief M&A Officer）的领导下，从并购前的尽职调查到并购中的信息沟通，再到并购后的整合工作，序列双元显著提高了并购团队的效率和有效性。结构双元体现在企业跨境并购的低整合模式上，企业跨境并购实现整合的难度和阻力太大。为了避免前功尽弃，有效降低协同整合的成本，企业可以采用结构双元的方式，来保证收购企业与被收购企业的相对独立性，以松散耦合的思维提升企业跨境并购的绩效。混合双元是最高阶、最灵活的组织双元，结合了序列双元与结构双元的双重优势，适合更复杂、动态、波动的企业跨境并购。

　　国别制度匹配的结合是影响企业跨境并购的核心理论机制之一。它体现的是企业在发展中利用双元性的理论机制，来结合一系列的权衡取舍问题：国别正式制度匹配与国别非正式制度匹配、探索式创新与开发式创新、短期利益与长期生存、关系优势与竞争优势。国别正式制度匹配与国别非正式制度匹配遵从的共同假设如下：（1）国别正式制度匹配与国别非正式制度匹配独立存在。（2）国别非正式制度的匹配不仅仅在国别正式制度匹配失效的情况下成立，在国别正式制度匹配成立的条件下，国别非正式制度的匹配依然具有显著影响。处理好国别正式制度匹配与国别非正式制度匹配的结合，企业的跨境并购就可能兼顾东道国与母国的利益，兼顾子公司与母公司的利益，兼顾短期财务绩效与长期战略联盟的关系，兼顾并购前尽职调查与并购后高效整合的关系，兼顾新增就业与并购失业的关系，促成企业的跨境并购。

4.3　国别制度匹配对企业跨境并购的相合影响

　　国别制度匹配具有时间维度与空间维度的相合特征。国别制度匹配在时间维度上具有动态性——随着国别制度本身或缓慢或激进的变化，国别制度匹配具有缓慢或激进的动态性。国别制度匹配在空间维度上具有灵活性——国别制度本身具有不同的层次，国别制度匹配会根据不同的层次来调整，因此具有灵活性。相合是指处在快速发展变化环境（如制度环境、市场环境、竞争环境）中的企业有目标地协调并融合各种重要的利益相关者的力量和要求的行为或过程，从而在确保企业在发展与稳定的同时，实现企业成长与业界生态群培育的同步、组织成功与员工利益的同步等（陆亚东等，2015；陆亚东和孙金云，2014）。国别制度匹配在时间维度和空间维度的相合会促进企业跨境并购。因为，国别制度匹配具有动态性，赋予企业战略方面的动态性，企业控制跨境并购的节奏与进程，逐渐获得主动权；国别制度匹配具有灵活性，提升了企业的战略灵活性，企业能同时处理合规、资本、员工、工会等多个维度的跨境并购难题。简而言之，国别制度匹配的动态性和灵活性可以显著提升企业的跨境并购。

综上，国别制度匹配通过时间维度与空间维度的相合，赋予企业动态性和灵活性，从而提升了企业的跨境并购。

国别制度匹配在时间维度上赋予企业动态性。国别制度匹配作为企业最重要的制度资产（Institutional Assets）之一，深刻约束了企业的协同整合（Coordination or Integration）、学习（Learning）与转型重组（Reconfiguration and Transformation），即静态、动态与中间态（Teece 等，1997）。在静态的协同整合中，国别制度匹配提供的制度资产，可以作为企业的资源输入；在动态的组织学习中，国别制度匹配提供的制度资产，可以提供企业的模仿式学习来源；在中间态的转型重组中，国别制度匹配提供的制度资产，可以扮演企业转型的桥梁。国别制度匹配的动态性会传导到企业，提升企业的动态性。国别制度匹配的动态性具有极大的波动性，有时缓慢，有时激进，对企业动态性的影响也是如此。因此，企业在转型期受到的波动影响最为明显，转型之路不会是一帆风顺的。国别制度匹配的动态性最终会成为企业流程调整的动态性，通过最佳实践等标杆性共识快速传播（Eisenhardt 和 Martin，2000）。企业的动态性既与国别制度匹配的动态性相关，又与行业其他企业的动态性相关。

国别制度匹配在空间维度上赋予企业灵活性。国别制度匹配的灵活性帮助企业进行全球布局，国别制度匹配的柔性帮助企业调整全球布局，国别制度匹配的敏捷性帮助企业重构全球布局（Kogut 和 Kulatilaka，1994；Kogut，1993）。国别制度匹配的灵活性体现为可拓展性，世界上任两个国家的正式制度或者非正式制度同时存在相似性与差异性，即潜在的合作空间与学习空间，促使企业的全球运营成为可能。国别制度匹配的柔性体现为可调整性，企业的全球运营格局不是一成不变、不可调整的，及时调整扩张和收缩的战略空间，帮助企业收割利润与躲避损失。国别制度匹配的敏捷性体现在可波动性，企业的全球运营模式存在多样性，企业可以依据国别制度匹配采用轻资产型或者重资产型运营模式，在缓和或者动荡的全球环境中，保持较高的效率与较好的效果。传统制度理论的经典假设是制度的相对静止。为了响应局部动荡的局势，制度变革相关研究开始兴起。国别制度匹配作为新兴的制度理论分支之一，具有灵活性、柔性、敏捷性等特征。国别制度匹配不仅反映了管理实践的最新环境，而且反映了传统制度理论经典假设的修订。

企业通过动态性推进了跨境并购。企业的动态性可以帮助企业将协同整合的能力迁移应用到跨境并购中，通过互相学习，建立跨境并购的信任机制，通过跨境并购迅速实现企业的转型与重构。企业的动态性解决了上述核心问题，因此提升了企业的跨境并购。跨境并购整合是众所周知的难题，很可能会失败，因为企业的协同机制是静态能力，而企业的动态性体现在对静态协同整合能力的修订上。如收购企业一味地强推协调整合，牺牲被收购企业的利益与尊严，忽视每次跨境并购的特殊性，很容易导致跨境并购的失败。即使强强联合的企业跨境并购亦是如此。收购企业如能发挥第二层次的动态能力，正视被收购企业的优势与劣势，启动重新学习机制，搭建信任桥梁，企业跨境并购就不会止步于静态的协调整合并遭遇失败。企业最高层次的动态性体现在转型重组上，跨境并购增加了组织内部的波动性，降低了转型重组的内部阻力和流程惯性，塑造了变革突破的组织氛围，叠加外部注意力集中在跨境并购上的时机，企业的转型重组往往能轻装上阵，取得意料之外、情理之中的效果，实现企业的自我迭代。

企业可通过灵活性推进了跨境并购。企业跨境并购往往受制于僵化的制度规则与认知水平。企业的灵活性，不仅有助于绕过僵化的制度规则，解决"制度死结"问题，而且有助于企业全体员工跨越认知局限与路径依赖，进一步解决跨境并购的隐形约束问题，构建跨境并购成功的微观基础（Christofi 等，2021）。企业的灵活性来自国别制度匹配的灵活性，国别制度匹配本身蕴藏着极大的跨境并购样本框，不仅丰富了企业的跨境并购初始选择，而且建构了企业的全球运营模式。部分企业从未从事跨境并购，只是因为从未遇到国别制度匹配或者组织匹配的企业。若想遇到心仪的合作伙伴，全球范围的战略搜索是必不可少的，战略搜索之后的进一步合作还是需要企业发挥灵活性优势。企业的灵活性是组织特定优势（Firm Specific Advantage）的一种，以经济利润为核心目标，极大地提升了企业跨境并购的动力，降低了非经济因素对企业跨境并购的强大阻碍，这是企业跨境合作与文化合作、军事合作等非经济合作的本质区别。因此，企业的灵活性是组织优势之一。

时间维度与空间维度的相合是国别制度匹配影响企业跨境并购的核心理论机制之一。时间维度与空间维度并不是相互独立的简单关系，而是相互渗透的复杂关系。国别制度匹配的时间维度与空间维度具有相合性，时间维度上的动态性与空间维度上的灵活性有效地塑造了企业长期的全球运营模式。国别制度匹配不仅奠定了解决跨境并购核心问题的基础，而且帮助企业重建对时间维度与空间维度的再认知。具体而言，时间维度上的动态性可以间接解决企业在空间维度的僵化问题，空间维度上的灵活性可以解决企业在时间维度的周期问题，时间维度与空间维度的交互才能定位企业的具体问题。虽然在对的时间与对的空间进行跨境并购的可能性并不大，但是企业可以将在错误的时间与错误的空间积累的动态性与灵活性进行时空转移，促进企业跨境并购的成功。

4.4　本 章 小 结

国别制度匹配对企业跨境并购的影响机理具有重要性：其一，国别制度匹配扩展了国别制度距离文献的前提。从国别制度的差异性前提，过渡到国别制度差异性与相似性共存的前提。其二，国别制度匹配改进了国别制度距离文献的预测理论机制。从以合法性为代表的阻力机制，过渡到阻力机制（合法性机制）与推力机制（合理论）共存的双元机制。其三，国别制度匹配提升了国别制度距离文献的效度，反映了"君子周而不比"的东方管理哲学。国别制度匹配不仅打开了一维测量的黑箱，而且完成了从二维测量过渡到三维测量的历史性转变。

国别制度匹配对企业跨境并购的影响机理包括相似性与差异性的复合、国别正式制度匹配与国别非正式制度匹配的结合、时间维度与空间维度的相合。其中，相似性与差异性的复合与最优区分具有共鸣，国别正式制度匹配与国别非正式制度匹配的结合与组织双元具有共鸣，时间维度和空间维度的相合与动态性、灵活性具有共鸣。

因此，直接建立国别制度匹配与企业跨境并购的因果关系，系统讨论国别制度匹配与企业跨境并购的边界条件，具有理论价值与实践贡献。

5　理论模型与研究假设

第 2 章介绍了制度基础观的理论统筹作用，第 3 章讨论了国别制度匹配的独特性和重要性，第 4 章解读了国别制度匹配与企业跨境并购的复合、结合、相合影响机理，并且与最优区分、组织双元、动态能力与组织柔性进行深度对话。本章采用"总—分—总"的结构，理论模型从总体上阐述了国别制度匹配对企业跨境并购的影响，包括主效应和调节效应，从影响机理的角度解读了国别制度匹配如何影响企业跨境并购，最后进行小结。

5.1　理　论　模　型

从国际企业管理到企业的国际化管理，跨越国界经营正在成为所有企业的战略选择（李元旭和胡亚飞，2021）。企业国际化管理的核心问题是：如何控制制度环境的匹配性对企业战略决策带来的动态影响。单个国家的制度环境具有复杂性，如以经济环境、社会环境、技术环境、生态环境、法律环境为代表的，强调依据制度环境属性进行有限分类的视角；以国别正式制度、国别非正式制度为代表的，强调依据制度被官方认可情况进行二元分类的视角。随着企业经营的国家数量增加，多个国家的制度环境具有匹配性，跨越国界的匹配性关乎企业决策的可行性与经济性。因此，企业关注国别制度环境的匹配性，有限分类视角具有局限性，多个国家的制度环境匹配性往往呈现指数型增长，这显然超越了企业的分析能力。有限分类视角虽然在战略决策分析中广泛应用，但是容纳了大量和企业战略决策不相关的因素。二元分类视角的长处在于能更直观地呈现制度环境的异质性，便于企业进行战略分析。

企业运营始终处于制度环境之中，企业的跨国经营始终无法摆脱制度环境的匹配性影响（代江虹和葛京，2020；涂智苹和宋铁波，2016）。虽然制度环境的匹配性影响存在程度差异，但是企业完全规避制度环境匹配性影响的可能性不存在。国家间的制度环境体现在母国与东道国两个方面，企业可能同时拥有母国与多个东道国，本书选择最重要的母国与东道国作为研究对象。单个国家的制度环境体现在正式制度与非正式制度两个维度，多个国家的制度环境亦是如此。母国—东道国视角、国别正式制度—国别非正式制度视角的交叉研究仅仅通过线性距离方法检验是不够的（Jackson 和 Deeg，2019），因为使用线性几何距离来代理制度环境的异质性，存在不可忽视的测量误差（Measurement Error）。使用

2×2的分类方法（Typology）来研究母国—东道国视角、国别正式制度—国别非正式制度视角的交互，同样过于简单粗暴，会因强行将连续数据转化为分类数据，而造成大量信息的丢失。因此，母国—东道国视角、国别正式制度—国别非正式制度的交互分析需要新的研究方法。综上所述，制度环境不再仅仅代表企业经营的国别情境，制度环境的匹配性分析需要搭建国别层面与企业层面的连接桥梁。其中，最重要的理论连接在于将国别层面的制度环境分析转化为制度因素分析。

从制度环境分析到制度因素分析，将国别制度因素作为影响企业国际化战略的首要因素，是国际商务研究关注的核心主题。国别制度从企业外部环境转变为核心关注前因，主要原因在于国际商务的研究与实践。国别制度对跨国企业具有直接、显著、客观的影响，国别制度环境的匹配性对企业的国际化战略同样具有直接、显著、客观的影响。上述影响的存在是基于国际商务情境的，是国际商务研究的经典话题。因此，国别制度因素事实上也不是跨层问题，既不需要使用跨层分析等特殊研究方法进行处理，也不需要中间变量落实影响路径。

国别制度因素对企业的国际化战略具有直接影响。国别制度因素的影响具有匹配性，其中，国别制度因素的差异性决定了企业国际化战略的本土化程度，国别制度因素的相似性决定了企业国际化战略的全球化程度。国别制度因素的差异性和相似性同时存在，决定了国别制度因素之间存在复杂的匹配关系，而不是简单的大小关系。匹配关系定位不仅尊重国别制度本身的特质，而且着重体现了相似性与差异性的对立统一。简单的大小关系不仅不恰当地抵消了国别制度因素的相似性，而且不准确地测量了国别制度因素的差异性。因此，国别制度因素的差异性和相似性应该由国别正式制度匹配与国别非正式制度匹配代理会更好。企业国际化战略的范围广泛，具有多种多样的表现形式。其中，跨境并购作为广为人知的国际化战略之一，帮助企业迅速成长。跨境并购涉及两个不同国别制度因素的企业进行整合，既是企业国际化战略的体现，也是对国别制度匹配的响应。

为了更好地研究二者之间的关系，本书关注国别正式制度匹配与国别非正式制度匹配两个维度，聚焦企业跨境并购效率和企业跨境并购股权两个维度。具体而言，探讨国别正式制度匹配对企业跨境并购效率和企业跨境并购股权的影响，有利于企业决策者及其团队选择并购对象、制定并购策略、发挥国别正式制度的主导作用；探讨国别非正式制度匹配对企业跨境并购效率和企业跨境并购股权的影响，有利于企业决策者及其团队掌握并购节奏、控制并购成本、引导国别非正式制度发挥辅助作用。国别制度匹配是国际商务领域的新构念，对企业跨境并购具有显著的差异性影响。因此，本书将从复合、结合、相合三种机制来深入阐释。

深入讨论国别制度匹配与企业跨境并购的关系，离不开对边界条件的研究。根据制度基础观，国别制度因素不仅是独立的变量，而且可以促进企业战略的形成与实施、为企业创造可持续的复合竞争优势。制度基础观指出，国别制度因素与组织因素的交互共同决定战略产出，Mike Peng 将制度因素与组织因素的交互解构为制度条件与转型、行业竞争与企业特定资源、能力三个方面（Peng 等，2009）。因此，本书将制度条件与转型的代理变量，落实为母国劳动管理水平；将行业竞争的代理变量，落实为行业刺激政策；将企业特定资源、能力的代理变量，落实为主动发起收购的企业为上市企业的虚拟变量，基于"战略三脚架"与制度基础观的结合，来研究国别制度匹配与企业跨境并购关系的边界条件，如图 5-1 所示。

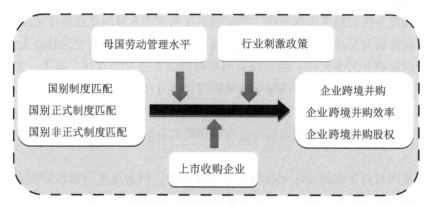

图 5-1　国别制度匹配与企业跨境并购的理论模型

综上所述，在制度基础观的理论框架下，国别制度因素扮演的角色是独立变量，而不是商业情境。国别制度因素与组织因素的交互，共同决定企业的战略产出。本书讨论国别制度匹配对企业跨境并购的影响时，在边界条件方面考量了以下两个因素：（1）国别制度因素为母国的劳动管理水平与行业刺激政策，前者属于长期影响，后者属于短期影响；（2）组织因素为主动发起收购的企业上市的虚拟变量。企业通过上市，获得了以现金为代表的资源、以适应股价为代表的能力，充分代理了企业的资源与能力。下文将详细讨论主效应和调节效应。

5.2　主效应一：国别正式制度匹配对企业跨境并购的影响

制度经济学派将制度定义为"人为设置约束以结构化人与人之间的交互"，North（1990）将国别制度分为国别正式制度和国别非正式制度两个维度，国别正式制度包括规则（Rules）、法律（Laws）和章程（Constitutions），国别非正式制度包括行为规范（Norms of Behavior）、惯例（Conventions）和自我行为准则（Self‐Imposed Codes of Conduct）。国别正式制度决定了经济活动的治理规则，降低了不确定性、风险和交易成本；国别非正式制度同样通过降低不确定性、风险和交易成本，辅助国别正式制度协调经济活动。在国别正式制度缺失的情境下，国别非正式制度尤为重要。国别正式制度距离

（Formal Institutional Distance）是指母国与东道国的相关规则、法律与章程的差异性。国别非正式制度距离（Informal Institutional Distance）是指嵌入在母国和东道国的价值观（Values）、规范（Norms）和信仰（Beliefs）中的相关规则的差异性。国别正式制度距离和国别非正式制度距离均会影响跨国企业的商业战略和运营（Sartor 和 Beamish，2014；Schwens 等，2011），两者的区别在于正式治理规范和非正式文化对市场寻求型对外直接投资（Market-Seeking FDI）、效率寻求型对外直接投资（Efficiency-Seeking FDI）的影响方式不同。距离是实现母国与东道国制度因素比较研究的途径之一。

国别正式制度匹配（Formal Institutional Congruence）是指母国正式制度和东道国正式制度的相似性（North，1990）。国别正式制度不匹配（Formal Institutional Incongruence）是指母国正式制度和东道国正式制度的差异性。这对对偶概念的基础是国别正式制度，即一个国家的治理规则、经济规则与成文法等官方机构执行的规定（Leftwich 和 Sen，2010；North，1990）。国别正式制度匹配、国别非正式制度匹配与国别制度距离不同，国别制度距离描述了母国制度因素与东道国制度因素的几何差异，国别正式制度匹配与国别正式制度不匹配描述了母国正式制度与东道国正式制度的相似性与差异性；国别制度距离强调母国制度与东道国制度因素在现有评价体系下的差距，得分低的国家面临提升制度因素的外部压力和模仿压力，国别正式制度匹配与国别正式制度不匹配更强调官方机构制定、执行、修正规则以统一经济活动的内在逻辑，不是指单一制度或经济规则的全球扩张形态。

第一，母国与东道国的正式制度得分越一致（即匹配性越高），则复合、结合与相合越有利于降低企业跨国经营的不确定性和风险，企业跨境并购效率提高（陆亚东等，2015）。在不确定性方面，国别正式制度决定了单个国家营商环境的稳定程度，国别正式制度匹配帮助企业控制跨国经营中相对一致的不确定性，企业在母国积累的制度知识有可能应用于东道国，国别正式制度的相似性促进了制度知识的转移应用，因此提高了企业跨境并购效率。在风险方面，国别正式制度匹配极大地降低了"黑天鹅""灰犀牛"等极端事件对企业的影响。国别正式制度匹配决定了国家采取类似的行动来应对"黑天鹅"与"灰犀牛"事件，企业从危机中恢复，需要加强合作与联系，企业跨境并购恰恰是合作联盟的经典战略与首选战略。综上，国别正式制度匹配通过降低不确定性与风险，提高了企业跨境并购的效率。

母国与东道国的正式制度得分越一致（即匹配性越高），则复合、结合与相合越能降低不确定性与风险，企业跨境并购股权提高（陆亚东等，2015）。制度经济学派强调，国家制度环境的不同质量影响经济主体之间的合作，国家的现存制度显著支持有效率的经济活动。在不确定性方面，国别正式制度匹配降低了经济活动的不确定性，企业可通过股权可以实现跨境并购的控制与整合，经济合作的方式得到收购双方的认可。国别正式制度的核心在于对经济活动的塑造。国别正式制度的内在相似性是跨国企业移植战略定位与战术拓张的重要前提，相似的利益相关者群体降低了国别制度复杂性带来的影响。在风险方面，国别正式制度匹配决定了经济合同的制定、履行、监管均处于相似的环境，国别正式制度因素的迅速变化具有一致性和传导性，企业可通过提高跨境并购股权，来应对国别正式制度因素的迅速变化。综上，国别正式制度匹配通过管控不确定性与风险，提高了企业跨境并购中股权的比例。

第二，母国与东道国的正式制度得分越一致（即匹配性越高），则复合、结合和相合越有利于降低交易成本，提高企业跨境并购效率（陆亚东和孙金云，2014）。国别正式制度因素具有层级性和多样性，国别正式制度匹配降低了以经济成本和学习成本为代表的交易成本；在经济成本方面，企业跨境并购的合同效力得到全面的制度覆盖；在学习成本方面，高管个人对母国和东道国正式制度的理解和执行是并购战略决策的前提，也是并购战略实施效果的保障（Gamache 等，2015）。交易成本的下降重塑了企业的外部经营环境。为了实现组织扩张，企业在外部交易成本的驱动下，降低组织成本。高管作为个体，受到思维惯性的影响，在相似的环境跨界，只需调整而非重建思维模式。学习曲线的作用发挥，使企业在东道国的绩效超过其在本国的表现。综上，国别正式制度匹配了降低交易成本，会企业为了降低组织成本，会努力提高跨境并购效率。

母国与东道国的正式制度得分越一致（即匹配性越高），则复合、结合和相合越有利于降低交易成本，企业跨境并购股权提高（陆亚东和孙金云，2014）。在企业并购战略的执行层，员工对于母国和东道国的制度因素理解更为单一，灵活性与适应性均低于高管团队，因此，企业降低组织成本的难度很大。国别正式制度匹配高的企业跨境并购中，企业员工可以迅速适应东道国的监管环境，与现有工作高效对接。以官方规则为导向，有利于排除复杂的干扰因素，降低阻碍企业跨境并购的各种噪音，最终顺利实现并购以及后期整合工作（Bermiss 和 McDonald，2018）。国别正式制度匹配带来交易成本的下降，有利于跨国企业的员工以规则为导向，推动业务整合与价值观整合，降低磨合期的组织成本，各方利益相关者达成共识，最终实现整合。综上，国别正式制度匹配降低了交易成本，企业跨境并购股权作为降低组织成本的有效方式，比例不断提升。

第三，母国与东道国的正式制度得分越一致（即匹配性越高），越有利于企业实现跨界整合，因此跨境并购效率提高（李元旭和胡亚飞，2021）。企业将外部机遇转化为内部成长，需要整合能力。国别正式制度匹配对企业来说，是外部机遇。企业跨越国界，整合两个组织，不仅要处理好企业内部员工、高管、CEO 等相关人士的重组与认同问题，而且要处理好企业外部利益相关者的关系问题。要使整体效益大于部分效益相加之和，需要企业发挥强大的整合能力。企业的跨界整合需要高管进行跨国决策整合，降低学习成本；需要员工执行跨国决策，降低组织成本；需要外部利益相关者认可跨国决策的双赢性，降低情感成本。上述成本的降低取决于企业跨界整合的战略视野、执行能力与反馈调整。因此，国别正式制度匹配提供了企业跨界整合的机会，企业只有具备强大的跨界整合能力，才能提高跨境并购效率。

母国与东道国的正式制度得分越一致（即匹配性越高），越有利于企业实现跨界整合，因此跨境并购股权提高（李元旭和胡亚飞，2021）。股权直观地体现了两家跨境并购企业的整合程度。不仅可以看出跨境并购在双方企业的相对重要性，而且可以看出并购整合这一隐形过程。国别正式制度高匹配，会推动企业的跨界整合；企业的跨界整合提升，会推动跨境并购股权的提升。值得注意的是，企业跨境并购股权的提升具有限制条件，小比例的跨境并购股权代表着企业低水平的跨界整合，大比例的跨境并购股权代表着企业高水平的跨界整合。股权变化往往反映了并购双方的长期发展趋势，涉及收购双方主动性的转换。一直维持大比例的股权，揭示了跨境并购为双方企业带来的长期利润。因此，国别正式制度匹配促进了企业跨界整合的能力提升，体现为企业跨境并购股权的提升。

综上所述，国别正式制度匹配通过复合、结合和相合，降低不确定性和交易成本、提高跨界整合三条路径，促进了企业跨境并购的发展，具体体现为跨境并购效率与跨境并购股权的提升，因此本书提出以下假设 1a 和假设 1b（Dikova 等，2010）。

假设 1：国别正式制度匹配与企业跨境并购正相关。

假设 1a：母国与东道国的正式制度得分越一致（即匹配性越高），企业跨境并购效率越高。

假设 1b：母国与东道国的正式制度得分越一致（即匹配性越高），企业跨境并购股权越高。

比较制度主义学派认为，母国与东道国的正式制度具有多样性，简单的线性关系与非线性关系不足以量化两国正式制度的差异。例如，以国别正式制度距离为代表的线性和非线性测量，通过数学距离的平面测算方式，代理了国别正式制度的差异性。它在学术界非常流行，但是实务界很难推行，主要的难点在于国别制度距离的劣势无法在短时间内改变。国别正式制度的差异性体现在"总体匹配"（Overall Fit），国别正式制度具有相互依赖性。国别制度差异不是代数差距，而是种类方面的根本区别。国别正式制度匹配采用了 2×2 的分类讨论（Typology），依据同质性和异质性，发挥了学术界对国别制度因素的量化优势，降低了实务界应用相关研究的门槛。国别正式制度匹配不仅加速了正式制度细分领域的新知识创造，而且加速了制度相关研究进入高管决策层的进程。综上，下文从国别正式制度的同质匹配出发，融合比较制度主义学派与制度经济学派。

首先，母国和东道国正式制度得分较高（High，High）导致交易成本的显著提高，因此企业跨境并购效率要低于母国与东道国正式制度得分较低时（Low，Low）（Williamson，2008）。跨国企业面对正式制度得分较高的母国与东道国，单一国家的正式制度越完善，企业运营方面的外部监管与审批越复杂。单一国家内经常出现互相矛盾的正式制度，且往往成为企业跨境并购的关键核心要素。母国与东道国均会捍卫自身正式制度，不仅没有动力解决国别正式制度自相矛盾的问题，而且严格审批导致并购持续时间延长，使企业跨境并购效率显著降低。在微观基础方面，博弈论解释了国别正式制度在协调经济主体利益方面的缺陷。随着经济活动复杂性的上升，国别正式制度越来越细致，甚至逐渐变得烦琐，反过来增加了经济主体的协调成本。企业跨境并购作为复杂性极强的跨国经济合作，自然而然受到母国与东道国正式制度得分较高的负面影响。

跨国企业面对正式制度得分较低的母国与东道国，法无禁止即可行，外部监管较为灵活，极大地缩短了企业跨境并购的天数，提高了企业跨境并购效率（Carter 和 Hodgson，2006；Williamson，1987）。最为典型的代表是发展中国家之间的跨国企业并购，这也是"一带一路"倡议覆盖国家的主要组成部分。双方企业规模较小，即使成功并购也不是外部制度监管的重点对象。以经济为导向的企业跨境并购，通过重组要素条件，为双方带来切实利益，很有可能得到双方监管机构的扶持。发展中国家的正式制度处于不断完善的调整期，根据企业跨境并购实践，进行调整的政策周期非常短，国别正式制度监管及其修正的速度与效率俱佳。跨国企业在国别正式制度得分较低的国家运营，往往会主动联系数据商，提供并购数据，来换取声誉等无形资产，而国别正式制度得分较高的国家，其竞争对手众多，跨国企业倾向保护并购信息，避免信息泄露带来经济损失。

其次，母国和东道国正式制度得分较高（High，High）导致企业违约成本的显著提高，因此，企业跨境并购股权要低于母国与东道国正式制度得分较低时（Low，Low）（Kim 和 Markus，1999）。跨国企业面对正式制度得分较高的母国与东道国，外部监管的规则清晰且较为严苛，企业采取股权控制经济手段的必要性降低。外部制度监管极大地控制了企业违规，股权控制作为双重保险，给企业的跨境并购造成财务负担。企业跨境并购股权代表着巨大的经济利益与整合焦点，掩盖了跨国经济合作并没有带来效率提升的实际情况，触发了外部制度监管的关注。正式制度得分较高的母国与东道国，在官方机制方面，极大地降低了企业通过跨境并购套利的概率，外部监管成本引起内部监管成本的降低，企业通过降低股权，节约现金流，减少双方企业整合的矛盾焦点，削弱剑拔弩张的并购氛围，让管理者将注意力放到整合，而不是绝对控制。

跨国企业面对正式制度得分较低的母国与东道国，内部监管代替外部监管，因此提高企业跨境并购股权（Tittle，2018）。跨国企业面对正式制度得分较低的母国与东道国，外部监管无法有效地管理企业的投机行为。一旦企业的实际利益受到损害，将无法通过外部监管解决，因此股权作为内部控制的有力手段，成为企业跨境并购中的首选。企业采取股权作为跨境并购的核心控制方式，用有限的经济成本化解外部国别正式制度不健全的系统性风险，在并购双方都不具有声誉和地位优势的情况下，极大地增加了内部整合的筹码。企业经营对经济逻辑的认可，可以帮助跨境并购的双方企业实现整合，缓冲不完善的国别正式制度。企业通过提高经济效率，获得经济利益，成为利益共同体，为所有员工建立经济思维与管理逻辑。因此，正式制度得分处于低匹配的母国与东道国，迫使企业加大股权经济控制的力度，缓解外部不完善国别正式制度的负面影响。

综上所述，母国和东道国正式制度得分较高要比得分较低更不利于企业跨境并购，如增加并购持续时间、降低并购效率、降低并购股权的可选比例。传统并购理论立足于时间维度，国别正式制度的不断完善，可以有效促进企业跨境并购的成功，并未考虑空间维度的正式制度的跨国同质匹配。因此，本书提出以下假设 2a 和假设 2b（North，1990）。

假设2a：与母国和东道国正式制度得分较高的情况相比（High，High），母国与东道国正式制度得分较低时（Low，Low），企业跨境并购效率越高。

假设2b：与母国和东道国正式制度得分较高的情况相比（High，High），母国与东道国正式制度得分较低时（Low，Low），企业跨境并购股权越高。

制度经济学派的贡献在于，识别了跨国企业扩张方向的不对称影响（Luo 和 Witt，2021；Luo 等，2019）。组织制度主义学派认为，交易成本的上升，在于企业跨国经营的国家数量。因此，国别制度距离研究的劣势是，很难识别不同方向的跨境并购。例如，发展中国家的跨国企业并购发达国家的企业（上行并购）、发达国家的跨国企业并购发展中国家的企业（下行并购）（Zaheer 等，2012）。国别制度距离研究忽略了组织身份认同的影响，限制了国别制度距离对企业跨境并购的解释力。国别制度距离研究不仅无法解释新兴国家的企业崛起，而且不能进行交叉研究。为了克服上述局限，本书从上行并购和下行并购两个角度，补充国别制度距离研究，制度经济学派的国别正式制度匹配研究应运而生。从跨国企业向外扩张的不同国别方向入手，探索国别制度因素对企业跨境并购的影响。

首先，相较母国正式制度得分高于东道国正式制度得分 [（High，Low），即下行并购]，母国正式制度得分低于东道国正式制度得分 [（Low，High），即上行并购] 有利于提高企业跨境并购效率（Luo 和 Witt，2021）。当跨国企业来自正式制度得分较高的国家，而进入正式制度得分较低的国家，意味着国别正式制度从清晰到模糊。东道国正式制度短期内没有提升，跨国企业面对的国别正式制度顺差一直存在，母国正式制度的审批程序单方面地延长了并购时间，造成与主流理论不同的"来源国劣势"。上述水土不服的问题，很难通过企业的适应战略来解决。跨国企业坚守母国的正式制度，如我国外资企业发展早期建立了远远高于当地政府要求的消防设施标准，企业适应成本增加，甚至禁止经营某些业务，使下行并购很难提高效率。

当企业来自正式制度得分较低的国家，上行并购中的国别正式制度模糊性下降，响应难度降低，企业通过学习，可以和当地企业在同样的环境中竞争（Luo 和 Witt，2021）。在正式制度得分较低的国家，跨国企业处于组织身份认同的低位。进入正式制度得分较高的国家经营，本身就代表着组织认同，因此，企业有意愿向被并购的企业学习，适应当地严格的正式制度监管。上行并购代表着相对稳定的国别正式制度、相对成熟的并购伙伴、相对完备的并购流程、相对乐观的并购预期，企业对跨境并购的掌控相对确定，因此，企业跨境并购持续天数相对较短，跨境并购效率越高。企业通过复制跨境并购，立足当地，积累经验，建立学习曲线，加速了企业跨境并购效率提升。综上，企业转危为机的策略要基于正确的认知，"来源国劣势"并不是指落后的母国制度，而是落后的认知。

其次，相较母国正式制度得分高于东道国正式制度得分 [（High，Low），即下行并购]，企业的母国正式制度得分低于东道国正式制度得分 [（Low，High），即上行并购]

的企业跨境并购股权较高（Luo 和 Witt，2021）。当跨国企业来自正式制度得分较高的国家，进入正式制度得分较低的国家，意味着从发达的资本市场转向高度不完善的资本市场，可能涉及意料之外的阻碍。在不发达的资本市场，股权选择并不是有效的经济控制手段，被并购的企业尚未完成公司制改革，因此，下行并购使用股权控制的概率会下降，倾向使用其他控制方式作为替代性手段，如企业治理方面的董事会席位、设立首席并购官，通过企业内部管理权，实现并购后整合。下行并购的特征，保证了被并购的企业接受替代性手段，促进了并购股权比例的下降，即非经济整合手段替代了经济整合手段。

当企业来自正式制度得分较低的国家，上行并购为企业提供了机遇。其一为改革机遇，上行并购为企业提供了潜在的上市机会，完成企业的公司制改革，提升内部管理水平。其二为融资机遇，上行并购有利于企业在当地筹集到资金，如能成功进入当地资本市场，企业还可以吸引新投资者。其三为学习机遇，在合作环境下，企业通过上行并购，可以获得技术资料，实现弯道超车，在竞争环境下，企业通过上行并购，有可能获得公平竞争的机会。其四为投资机遇，企业通过上行并购，获得一线信息，为后续的投资打下基础，提前建立企业的跨国竞争优势。上行并购受到来源国劣势的负面影响，需要企业经理人与管理者们斟酌考虑。

最后，基于静态假设，上行并购与下行并购的理论基础是尊重母国与东道国的正式制度。因此，企业只有深入了解母国与东道国的正式制度，才能实现在母国与东道国的运营平衡。一味强调母国与东道国的正式制度差距，并不能解决企业跨国经营中的实际问题，来源国劣势不能为企业的跨国经营不善背锅，一味将国别制度因素作为阻碍商业发展的门槛，并不符合管理实践。国别正式制度的发展有其客观规律，企业的跨国经营并不能改变当地制度因素。因此，从跨国企业视角，改善东道国或者母国的正式制度，是非商业且不合适的行为。国别正式制度不匹配剖析了上行并购的潜在优势，鼓励来自正式制度得分较低的国家企业进行国际扩张，借助上行并购，实现企业经营的经济与社会目标。

综上所述，企业的母国正式制度得分低于东道国正式制度得分时，企业跨境并购效率提升，股权选择比例提升。在国别正式制度，本书对比上行并购新现象与下行并购老现象，揭示了上行并购的相对优势，增加了上行并购发展的合法性，检验了制度经济学派的核心因果关系，从国别正式制度不匹配角度出发，因此，本书提出以下假设 3a 和假设 3b（Luo 和 Witt，2021；Luo 等，2019）。

假设 3a：与母国正式制度得分高于东道国正式制度得分的情况相比（High，Low）（即下行并购），母国正式制度得分低于东道国正式制度得分时（Low，High）（即上行并购），企业跨境并购效率越高。

假设 3b：与母国正式制度得分高于东道国正式制度得分的情况相比（High，Low）（即下行并购），母国正式制度得分低于东道国正式制度得分时（Low，High）（即上行并购），企业跨境并购股权越高。

5.3　主效应二：国别非正式制度匹配对企业跨境并购的影响

国别非正式制度匹配（Informal Institutional Congruence）是指母国非正式制度和东道国非正式制度的相似性（North，1990）。国别非正式制度不匹配（Informal Institutional Incongruence）是指母国非正式制度与东道国非正式制度的差异性。这对对偶构念的基础是国别非正式制度，即一个国家中通常由文化衍生、社会共享、非官方制定与执行的不成文规则，如传统习俗、道德价值观、宗教信仰和其他经过时间考验的行为准则（Kaufmann等，2018）。国别非正式制度天然存在，拥有深厚的社会民众基础。国别非正式制度是隐形的长期制度因素，官方机构可以在短期内改变国别正式制度，而国别非正式制度并不随国别正式制度的改变而改变。

第一，母国与东道国的非正式制度得分越一致（即匹配性越高），提高了企业在跨国经营中无法控制的不确定性和风险，因此，企业跨境并购效率下降（Luo，2021）。在不确定性方面，国别非正式制度能否有效协调经济主体的关系，本身就是不明确的，企业往往只能引导而无法控制国别非正式制度的负面影响。企业跨境并购经常涉及无形资产的整合以及如何建立新的组织认同等问题。以品牌资产为例，母国与东道国的非正式制度同时看重民族品牌，企业即使可以通过跨境并购改变经营不善的现状，也会受到国别非正式制度的影响，被迫更换企业跨境并购的对象。这不仅降低了企业跨境并购效率，而且企业在短时间内无法改变国别非正式制度。在风险方面，国别非正式制度相对隐形，没有书面文字记录，企业很难提前预判国别非正式制度的影响。综上，国别非正式制度匹配提高了企业无法控制的不确定性与风险，降低了企业跨境并购效率。

母国与东道国的非正式制度得分越一致（即匹配性越高），提高了企业在跨国经营中难以控制的不确定性和风险，因此，企业跨境并购股权下降（Luo，2021）。在不确定性方面，母国与东道国非正式制度的高度匹配，往往带来相似的利益诉求。企业跨境整合双方的互补优势无法发挥。股权作为清晰可见的企业跨境并购指标，体现了国别非正式制度带来的不确定性。在风险方面，母国与东道国的非正式制度高度匹配，非经济整合方案和经济整合方案存在权衡取舍，企业采用非经济整合更有可能取得理想结果；企业跨境并购股权作为经济方案，对企业财务报表的影响极大，涉及以投资者为代表的一大批利益相关者，有可能吸引职业买家强势参与并购，增加企业跨境并购的不确定性和风险。综上，国别非正式制度匹配通过提高不确定性与风险，降低了企业跨境并购股权。

第二，母国与东道国的非正式制度得分越一致（即匹配性越高），交易成本越发提高，企业跨境并购效率降低（Sun等，2021）。国别非正式制度匹配提供了市场机制之外的备选项，重新定义了交易成本与组织成本的平衡点，企业面临更高的交易成本，才能实现跨境并购。国别非正式制度匹配程度高，意味着并购双方企业员工在传统习俗、文化宗教等方面具备天然联系，正面影响包括降低交流的跨文化壁垒等，负面影响包括难以形成企业跨境并购的治理结构等。企业通过首席并购改革官，推动双方企业的整合。首席改革官的选择偏好为具有国际管理经验的第三方经理人，国别非正式制度匹配使得首席改革官与被收购企业存在天然联系。被聘请来保护收购企业利益的首席变革官，与被收购企业的情感连接更为紧密，无法完全落实收购企业的战略意图与计划。综上，国别非正式制度匹配提升了交易成本，影响了企业跨境并购的组织结构设计，企业跨境并购效率下降。

母国与东道国的非正式制度得分越一致（即匹配性越高），交易成本越发提高，企业跨境并购股权降低（Sun 等，2021）。国别非正式制度对每个人的影响是潜移默化的，对于员工来说，企业与具有相似文化背景的并购企业合作，具有天然整合优势，如天然的亲近感、言外之意的共识、组织认同感的培养。虽然不发达、模糊、不稳定的国别非正式制度难以理解和遵循，但是国别非正式制度匹配在组织边界消失的过程中，起到替代性的情感寄托作用，组织认同差异导致的员工间摩擦大大减少。企业跨境并购股权所代表的经济控制方式具有经济成本，企业如能因势利导国别非正式制度匹配，则可以显著降低对经济控制方案的依赖。因此，企业跨境并购股权降低，成为企业控制并购成本的可行性方案。综上，国别非正式制度匹配提高了交易成本并提供了非经济整合途径，导致企业跨境并购股权降低。

第三，母国与东道国的非正式制度得分越一致（即匹配性越高），企业实现跨界整合的难度越大，因此跨境并购效率降低（李元旭和胡亚飞，2021）。母国与东道国的非正式制度匹配具有稳定性，因为国别非正式制度随时间改变的幅度极小。企业的跨界整合战略，需要跨越母国与东道国两个国家，国别非正式制度的惯性使得跨界整合收效甚微，国别非正式制度整合并不是企业的主要矛盾。跨界整合作为主动型战略之一，国别非正式制度匹配并不需要强行整合，因此，国别非正式制度匹配对企业跨境并购的负面影响，无法通过企业的跨界整合战略解决。以品牌资产为例，母国与东道国非正式制度反映在民族品牌的情结之上，企业进行跨界整合的商业逻辑，并不能解决以上非商业逻辑的问题，负面影响无法消解。综上，国别非正式制度匹配导致企业跨界整合战略的失灵，企业跨境并购效率降低。

母国与东道国的非正式制度得分越一致（即匹配性越高），企业实现跨界整合的难度越大，因此跨境并购股权降低（李元旭和胡亚飞，2021）。股权是企业跨境并购整合的核心手段之一，即通过经济利益的调整，最大限度地满足双方企业的目标函数，母国与东道国的非正式制度匹配极大地冲击了上述经济手段。以股权为代表的企业跨境并购收益，远远不能满足母国与东道国任意一方的非正式制度要求。企业跨界整合战略的本质，是通过资源的重组来做大经济蛋糕，而母国与东道国的非正式制度匹配带来的影响，并不能通过做大经济蛋糕来解决。仍然以品牌资产管理为例，企业很难说服母国与东道国的所有利益相关者，整合后的新品牌资产远远不能和目前的品牌资产相提并论，整合品牌资产的经济效果不能弥补情感损失。综上，国别非正式制度匹配导致企业跨界整合战略的失灵，企业跨境并购股权下降。

综上所述，国别非正式制度匹配提高不确定性、风险与交易成本，增加了跨界整合的难度，因此对企业跨境并购具有负面作用，体现为企业跨境并购效率与企业跨境并购股权的双重下降，因此，本书提出以下假设 4a 和假设 4b（Dikova 等，2010）。

假设 4：国别非正式制度匹配与企业跨境并购负相关。

假设 4a：母国与东道国的非正式制度得分越一致（即匹配性越高），企业跨境并购效率越低。

假设 4b：母国与东道国的非正式制度得分越一致（即匹配性越高），企业跨境并购股权越低。

比较制度主义学派强调国家制度的种类，如国别正式制度与国别非正式制度都是国别制度的重要组成部分，国别非正式制度的异质性远远大于国别正式制度的异质性。因此，下文讨论国别非正式制度的同质匹配对企业跨境并购的具体影响：

首先，当跨国企业面对母国和东道国非正式制度得分较高的情况时，跨境并购持续时间较短，企业跨境并购效率较高（Bu 等，2019）。国别非正式制度非程序化，也非官方披露，具有稳定性、差异性和客观性。国别非正式制度相对隐形，很难用语言或者标准化的方式描述。母国与东道国非正式制度的高度匹配是天然的无形战略资源。企业在跨境并购时，除了采用经济体系，善于利用国别非正式制度，可以拉近双方企业的情感距离，利用相近的价值观来进行组织整合。天然存在的信任感和共同的目标可以帮助企业迅速推进跨境并购的整体流程。企业在跨境整合中，可以依据国别非正式制度，挑选合适的首席并购官，设计执行一系列整合活动，激发国别非正式制度的天然契合，增加组织高层与员工层的互动与融合。

当跨国企业面对母国和东道国非正式制度得分较低的情况时，企业跨境并购效率较低（Bu 等，2019）。跨国企业面对国别非正式制度得分都低的母国与东道国，意味着国别非正式制度的磨合，需要付出大量成本与精力。企业在处理国别正式制度的必要磨合之余，还要兼顾国别非正式制度的磨合。国别非正式制度的磨合是相对长期、潜移默化的过程，不仅直接关系着国别正式制度磨合的成败，而且决定了跨境并购后新企业的发展潜力。因此，母国与东道国的非正式制度得分都低，导致国别非正式制度磨合的高难度，企业管理者需要通过各种各样的尝试和纠错，逐渐实现国别非正式制度的磨合，解决磨合过程中出现的新问题。一旦国别非正式制度出现劣势与劣势结合，企业的跨境并购就变成了 1+1<2，整合优势将消失，因此，企业跨境并购效率降低。

其次，当跨国企业将面对母国和东道国非正式制度得分较高的情况，跨境并购股权选择越高（Slade Shantz 等，2020）。国别非正式制度得分高，意味着跨国企业将面对双向的隐形战略，会格外看重股权控制的正规经济控制方式，即选择较高的企业跨境并购股权控制比例。跨国企业遇到国别非正式制度得分高，增加了战略决策的高度不确定性。为了降低不确定性对企业利益的潜在损失，跨国企业会选择比较成本较低的股权控制，作为替代性的路径，同时增加对被并购企业的经济控制，以经济手段来控制国别非正式制度的风险。股权控制有利于跨境并购的收购企业掌握主动权，在打破国别非正式制度高度相似产生的博弈困局时，具有重要意义，能增加企业整合的筹码与主导权。因此，为了应对母国与东道国非正式制度高度相似的情境，企业倾向于在跨境并购时，尽可能多地增加股权。

当企业的母国和东道国非正式制度得分较低的情况下，外部潜在威胁较低，因此，企业有倾向降低持有的跨境并购股权比例（Slade Shantz 等，2020）。国别非正式制度的弱势同质匹配意味着，不仅不会强烈冲击国别正式制度匹配，而且也不会形成非官方的利益共同体。国别非正式制度匹配对以跨境并购为代表的企业经营活动，冲击较小，不需要采取经济手段来进行即时响应。考虑到股权控制会影响企业的现金流和跨境并购进程，企业倾向降低股权持有，也是理性选择。从机会成本的角度考虑，母国与东道国的非正式制度同质弱匹配属于战略机会窗口，通过经济资源的重新配置，提高企业的资源利用效率，通过遵循机会成本的决策逻辑，降低企业跨境并购股权比例。

综上所述，企业面临的母国与东道国非正式制度得分都较高，与双方得分都较低相比，企业跨境并购持续时间较短，跨境并购效率较高，股权比例选择也会偏高。因此，本书提出以下假设 5a 和假设 5b，如下所示：

假设 5a：与母国和东道国非正式制度得分较高的情况相比（High，High），母国与东道国的非正式制度得分较低时（Low，Low），企业跨境并购效率越低。

假设 5b：与母国和东道国非正式制度得分较高的情况相比（High，High），母国与东道国非正式制度得分较低时（Low，Low），企业跨境并购股权越低。

首先，国别非正式制度异质匹配方面，下行并购的持续时间长于上行并购的持续时间，上行并购的效率更高（Luo，2020）。在国别非正式制度得分低的国家中，相关制度的分布和影响力要远远高于国别非正式制度得分高的国家。因此，来自国别非正式制度得分高的国家的跨国企业，在进入得分低的国家时，在国别非正式制度的处理上，需要重新进行战略决策。这种战略决策并没有可借鉴的经验，会受到外部制度和内部战略的叠加影响。因此，下行并购面对的国别非正式制度对跨境并购的影响更大，特别是跨国企业国际通用守则的矛盾，增加了企业并购中的协商流程，从而增加了并购持续天数，降低了并购效率。下行并购不仅涉及国别非正式制度的竞争问题，而且关系到国别非正式制度的转化。因此，企业受到完善的国别正式制度约束，对国别非正式制度的合作问题难以推进。因此，企业跨境并购效率降低。

在国别非正式制度方面，当跨国企业从发展中国家进入发达国家时，国别非正式制度的比例急剧下降，与国别正式制度交叉的比例降低，简化了企业与外部利益相关者的关系，增加了决策速度和落实质量，提高了企业跨境并购效率。此外，上行并购有官方规则可遵循，规避了隐形的不成文规则，政府等监管者对国别非正式制度的监管到位。因此，国别非正式制度的劣势被消减，其潜在的替代优势也被国别正式制度取代，从根本上提高了企业跨境并购效率。上行并购在国别非正式制度方面具有优势，不需要适应东道国内的非正式制度，减轻了企业跨国经营的学习压力，在母国经营中积累的非正式制度压力得以释放，能以更轻松的状态参与东道国企业的并购竞争。

其次，在国别非正式制度异质匹配方面，下行并购的股权选择低于上行并购的股权选择（Luo，2020）。当非正式制度得分高国家的跨国企业，进入非正式制度得分低国家，国别非正式制度的存在和影响力，使得并购股权选择的有效性降低，持有过多的股权反而意味着跨国企业过多地暴露在当地风险中。跨国企业减少所持股权比例，既可以拥有企业重大事务的话语权，又可以避免引起当地社区的反弹，是恰当的战略决策。上行并购面对巨大的组织身份认同逆差，股权控制作为有效的经济控制手段，能确保并购进行，即用纯经济的方式，克服当地利益相关方的抗议，确保相关方的权益。例如，烟台万华收购匈牙利的博苏化学时，通过引进联盟伙伴香港和成国际，一夜之间买入博苏化学三分之二的次级债，否决了博苏化学大股东的重组方案，克服当地非正式制度的偏见，通过股权控制而顺利实现了企业跨境并购。

综上所述，企业的母国非正式制度得分低于东道国非正式制度得分时，企业跨境并购效率提升，股权选择比例提升。在国别非正式制度视角，本书将上行并购新现象与下行并购老现象对比，揭示了上行并购的相对优势，增加上行并购的合法性，检验了制度经济学派的核心因果关系，从国别非正式制度不匹配角度出发，因此，本书提出以下假设 6a 和假设 6b。

假设 6a：与母国非正式制度得分高于东道国非正式制度得分的情况相比（High，Low）（下行并购），母国非正式制度得分低于东道国非正式制度得分时（Low，High）（上行并购），企业跨境并购效率越高。

假设 6b：与母国非正式制度得分高于东道国非正式制度得分的情况相比（High，Low）（下行并购），母国非正式制度得分低于东道国非正式制度得分时（Low，High）（上行并购），企业跨境并购股权越高。

综上所述，本书主效应的整体理论框架如图 5-2 所示：

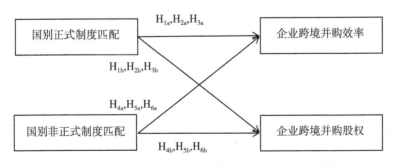

图 5-2　国别制度匹配与企业跨境并购的主效应理论框架

5.4　调节效应一：母国劳动管理水平

母国劳动管理水平是指收购企业来源国执行的有关劳动和雇佣的相关规则，是市场监管的核心组成部分（Amin，2010；Almeida 和 Carneiro，2009）。母国劳动管理水平在监管、雇佣两个方面，影响着企业的跨国经营：其一，在监管方面，母国劳动管理水平是企业合规审查的首要组成部分，满足母国的合规要求，是企业经营的充分必要条件。国别监管对企业的影响具有差异性，来源国作为企业深度嵌入的情境，对企业的监管作用是无法替代的。来源国的高监管促使企业在国际化扩张中也采用高标准的响应方案，提高了企业国际化的深度和广度。其二，在雇佣方面，母国劳动管理水平的动态变化，是直接影响企业利润的重要外部因素。以共享员工为例，母国劳动管理水平目前没有相关规定，部分新兴企业通过与第三方中介签订合同共享员工的方式，降低了用人成本，不承担员工的五险一金及相关社会保障成本，中介企业将国家对增加就业的补贴，转化为企业的利润。企业的合谋为员工维权带来巨大障碍，因公受伤的员工无法获得应有的社会保障。母国劳动管理水平的动态调整，是解决共享员工等新问题的可行路径，有助于逐一规范共享员工的权利义务归属，权衡保障就业与员工权益的双元问题。重新定义员工，成为企业真实的责任与义务，能确保企业的良性可持续发展。

母国劳动管理水平作为企业外部市场制度的重要体现，无论如何经营，企业都必须遵循外部市场制度的合规要求。企业在利用国别制度套利时，增强外部市场制度的约束就变得尤为重要。国别制度套利由部分企业从事，也存在不利用国别制度套利的企业。因此，外部市场制度约束对这两种类型的企业，采取区别对待的奖惩措施，就体现在母国劳动管理水平的权变上，体现在外部市场制度对以人为本的追求上。国家制定劳动规范的初衷在于，引导规范劳动力市场。由于监管成本的存在，劳动管理水平存在时滞性与不一致性。因此，提高母国劳动管理水平，有利于应对企业国际化经营实践的最新变化，有利于奖励依法合规经营的企业，惩罚钻漏洞谋私利的企业，建立良好的双向反馈机制。通过建立合适的外部市场监管，促进企业的长远发展，抑制短期牟利的企业战略。

5.4.1　母国劳动管理水平对"主效应一"的调节作用

母国劳动管理水平增加了企业跨境并购中的风险和不确定性。母国劳动管理水平具有动态性。即使企业预判了劳动管理水平的调整方向，也不会提前采取响应措施，这些耗费资源的响应措施往往被企业解读为过度反应。因此，出于经济因素的考虑，企业对母国劳动管理水平的响应总是被动的、滞后的。采取新兴商业模式的企业，受到母国劳动管理水平影响更大，辩护成功的可能性更低。母国劳动管理水平变化的风险和不确定性，是企业不能化解且只能接受的情境。企业跨境并购对风险和不确定性极度敏感，双方企业在风险和不确定性增大的情境下达成交易，需要有更高的战略、资源、能力契合度。由国别正式制度匹配带来的并购效率、股权会下降，但规范的劳动管理会带来企业跨境并购的显著提升。

母国劳动管理水平增加了企业跨境并购的交易成本。交易成本不仅包括可视的经济成本，而且包括利益相关者的沟通成本。母国劳动管理水平具有动态性，企业对母国劳动管理的响应，需要持续不断的沟通才能得以改进。企业采取改进措施，同样需要经济支出，从而影响了企业跨境并购谈判的心理预期和经济预期。母国劳动管理水平降低了企业外部的运行成本，企业内部的运行成本取决于两家企业的整合协同程度。外部降低的运行成本，倒逼企业内部不断提高运行效率，实现交易成本与组织成本的动态均衡。因此，国别正式制度匹配带来的企业跨境并购效率下降，股权也会下降，某种程度上避免了并购中的纠纷。规范的母国劳动管理，同样会带来企业跨境并购的显著提升。

母国劳动管理水平增加了企业跨境并购整合的合规要求。母国劳动管理水平直接影响企业跨境并购中能否裁员的关键问题。不能裁员的情境，不仅对企业的整合方案要求更高，而且企业希望实现的裁撤冗员、提升效率、协同优势可能大打折扣。收购企业背负双方员工的社会责任，如果在跨境收购引发破产，会进一步扩大员工失业的范围。母国劳动管理水平的合规问题涉及组织公平，企业并购中涉及人员职位的大量调整。高管降职可能直接带来企业跨境并购的失败，高管升职又会增加企业运行的组织负担。升职与降职选择的关键点是，企业能否让员工感知到公平。尤其是被收购方的员工，经常因经营不善、能力不足的理由被调职。升职偏向收购企业，带来被收购方的不满。因此，由国别正式制度匹配带来的企业跨境并购效率、股权都会下降。综上所述，本书提出以下假设：

假设 7：母国劳动管理水平削弱了国别正式制度匹配与企业跨境并购的关系。

假设 7a：母国劳动管理水平削弱了国别正式制度匹配对企业跨境并购效率的正向作用。

假设 7b：母国劳动管理水平削弱了国别正式制度匹配对企业跨境并购股权的正向作用。

5.4.2 母国劳动管理水平对"主效应二"的调节作用

母国劳动管理水平增加了国别非正式制度匹配与企业跨境并购的风险和不确定性。在母国劳动管理水平较高的情境下，企业利用国别非正式制度匹配带来的跨境并购优势受到约束，企业利用国别非正式制度匹配套利的能力会受到影响。较高的母国劳动管理水平，会对国别非正式制度匹配进行审查，对于追求经济套利的短期企业跨境并购来说，收购企业的吸引力下降。过多的外部审查和关注，有可能中断企业跨境并购的进程——在被收购的企业具有选择权的情况下，这种情形的发生尤为显著。企业跨境并购中的高管团队认知发生改变，母国劳动管理水平带来的风险和不确定性，大量耗费高管团队的精力，国别非正式制度匹配带来的企业跨境并购效率会下降，股权也同样会下降。

母国劳动管理水平增加了国别非正式制度匹配与企业跨境并购的交易成本。母国劳动管理水平越高，国别非正式制度匹配受到严格约束，企业通过并购达成精简组织结构的战略目标可能失效。如果企业出于改进财务、伺机裁员等短期利益需求而发起并购，较高的母国劳动管理水平会破坏短期并购战略的回报；如果企业的并购动机是深层次的、跨越单一组织边界的整合，发挥技术复合优势，创造价值，较高的母国劳动管理水平迫使双方企业不能套利，保证了企业跨境并购的实质性成功。较高的母国劳动管理水平显著提升了企业经营的成本。为了满足法律法规的要求，企业需要投入更多的经济资源和注意力资源。因此，国别非正式制度匹配带来的企业跨境并购效率和股权会被削弱。

母国劳动管理水平增加了国别非正式制度匹配与企业跨境并购的合规要求。国别非正式制度转化为国别正式制度，是国际组织提倡的管理方向。企业利用国别非正式制度的竞争优势，最终目标是将国别非正式制度转化为国别正式制度。在国别正式制度缺失的极端条件下，企业采取国别非正式制度作为经营方式。母国劳动管理水平代表着企业外部的市场监管，不仅约束企业使用非正式渠道提供的原料，而且惩罚使用非正式资源的企业，以期让追逐经济利益的市场开始改善，关注社会责任的氛围形成。国别非正式制度匹配带来的企业跨境并购效率下降，企业跨境并购股权同样下降，母国劳动管理水平的合规要求进一步被强化。综上所述，本书提出以下假设：

假设 8：母国劳动管理水平削弱了国别非正式制度匹配与企业跨境并购的关系。

假设 8a：母国劳动管理水平削弱了国别非正式制度匹配对企业跨境并购效率的正向作用。

假设 8b：母国劳动管理水平削弱了国别非正式制度匹配对企业跨境并购股权的正向作用。

5.5　调节效应二：行业刺激政策

行业刺激政策作为外生冲击，极大地约束了企业跨境并购战略实施的结果。单一国家财政政策与货币政策的变化，对商业生态有直接的影响。以往研究的前提是，单一国家的政策变化将影响本国企业的战略（Zhou 和 Park，2020）；本书的研究前提是，单一国家的政策变化具有跨国界的影响力，个别国家的政策微调显著影响以企业跨境并购为代表的跨界战略。因此，本书选择 2008 年的金融危机后，中国采用的"四万亿"计划作为代理变量，并在考虑滞后性的前提下，深入探讨行业刺激政策对企业跨境并购的具体影响。

行业刺激政策是国家层面对全球危机做出响应的结果。政策的出台是短期救济计划，政策执行的结果需要若干年的时间沉淀，才能进行客观评价。政策研究的主流学派是以 DID（Difference-in Difference）计量方法、以政策实施时间为核心研究设计的思路（Asgari 等，2017；Lee 和 Puranam，2017）。该研究思路的不足之处在于，在捕捉政策法定生效日期前后，企业指标的变化时，无法排除企业个体因素的影响，只能通过增加企业层面和其他层面的控制变量，最大限度地消减企业个体因素的干扰。该研究思路并没有考虑政策扩散的滞后性，只能通过人为地滞后年份或月份来进行粗略捕捉，政策的传导效应被忽略。本书的研究思路在于，将政策的滞后性作为核心要素，通过行业影响，刻画政策的影响，因为整体行业对政策的敏感度，要远高于企业对政策的敏感度。综上所述，本书从跨国性、时滞性、阶段性三个方面，弥补了原有 DID 政策研究范式的不足。

行业刺激政策是一个有多种落实方式的变量（Operationalization），在多母国样本中，落实方式数不胜数。中国是"一带一路"倡议的发起国，其行业刺激政策具有影响力和代表性：第一，中国的行业刺激政策执行快，传导快，针对性强，可以比较精准地捕捉政策的影响；第二，中国的经济体量大，"一带一路"倡议覆盖的国家多，有助于捕捉跨国性这一研究前提，从研究设计的角度，保证了政策刺激的代理变量。第三，行业刺激政策并不具备空间上的可复制性，但是具备时间上的可复制性。本书通过研究短期政策、反思短期政策的制定，重复短期政策或者短期内成功的政策并不是最终追求，不出台政策刺激以激发经济体内在韧性，同样也是值得追求的目标。第四，研究视角从企业层到行业层的转换，需要考虑企业与行业的差异性。跨国企业的衡量标准并不统一，企业的国际化业务处于高度动态的调整过程中；行业链的组织往往稳定地跨越国界，行业对政策的反应，包括内部企业的反馈、分析师的解读、大量专家的研究互动。相较企业的过度反应，行业反馈往往是一个理性的反馈。综上所述，本书从政策执行、研究设计、研究目的、视角转换四个方面，分析了中国的"四万亿"政策作为行业刺激政策代理变量的合理性。

5.5.1 行业刺激政策对"主效应一"的调节作用

行业刺激政策作为短期政策，有效补充了相对长期的母国劳动管理。行业刺激政策有效降低了风险和不确定性（Jurado 等，2015）。"黑天鹅""灰犀牛"等突发事件，造成了企业经营的不确定性，企业对未来的预判出现重要调整，表现为动态调整目前资源的分配与能力的侧重。行业刺激政策的出现，再次校正了企业对未来的预判。与企业独自处理危机相比，行业刺激政策下的企业面对的风险和不确定性同时降低。企业为了应对危机，准备的资源和修炼的能力下降。除此之外，过于强势的行业刺激政策，甚至会出现"转危为机"的效果。行业刺激政策的预判过于严重，企业做好了面对危机的长期抗战准备。但行业刺激政策的转危为"机"，使得企业走向大繁荣，甚至过度无序扩张，并没有达到调整行业结构的效果。

行业刺激政策降低了交易成本（David 和 Han，2004）。政策带来的重大利好，改变了行业氛围，企业不需要降低自身的运营成本，企业外部的交易成本不会迅速上升，企业在推进跨境并购时，有了政策背书，效率显著提升。行业刺激政策减轻了企业面对危机的财务压力，现金流变得宽松，企业通过提高跨境并购股权的方式，持续加速跨境并购的进程。在外部风险和不确定性被行业刺激政策对冲的情况下，交易成本与运营成本的均衡继续保持稳定，企业无须反省自身内功是否到位，反而可以采取进攻型的并购战略，迅速补足企业原有短板。强势的行业刺激政策，增加了企业急躁冒进的战略导向，创造出政策主导的跨境并购浪潮，助推了转危为机的浪潮。

行业刺激政策影响了企业跨境并购后的整合工作（Shrivastava，1986）。母国的行业刺激政策，为收购企业的跨境并购加足了资源，但是，企业跨境并购的整合能力能否跟上，取决于企业原有的能力。政策的利好，从行业传导到企业时，企业原有的整合力被迅速发展的国际化战略提升，并购学习曲线的出现促使企业勇于试错，进行渐进式的并购复制战略，对跨境并购中的股权谈判迅速加码，为击败其他竞争对手奠定了资源能力基础。因此，行业刺激政策助推了大批资源能力处于瓶颈期的企业迅速成长，通过国际化来倒逼企业完成自身资源编排与能力重构。综上所述，行业刺激政策增强了国别正式制度匹配与企业跨境并购之间的正向关系。

假设 9：行业刺激政策增强了国别正式制度匹配与企业跨境并购的关系。

假设 9a：行业刺激政策显著增强了国别正式制度匹配与企业跨境并购效率的正向关系。

假设 9b：行业刺激政策显著增强了国别正式制度匹配与企业跨境并购股权的正向关系。

5.5.2 行业刺激政策对"主效应二"的调节作用

国别非正式制度匹配受行业刺激政策的影响，这与国别正式制度匹配受行业刺激政策加成的机制，具有相似性。行业刺激政策同样降低了企业跨境并购的风险和不确定性（Jurado 等，2015）。母国的行业刺激政策改变了整体的预期，企业需要整合国别正式制度匹配与国别非正式制度匹配的双重优势，推进跨境并购的效率。国别正式制度匹配与国别非正式制度匹配的动态关系，在国别正式制度匹配缺失时，国别非正式制度匹配起到替代性的作用；在国别正式制度匹配存在时，国别非正式制度匹配与国别正式制度匹配既有一致的方面，也有不一致的方面。能够驾驭两种制度优势的企业，通过不断调整来实现两种制度优势的最大化效果，响应行业刺激政策的变化，提升企业跨境并购的效率，帮助企业将获得的行业刺激政策转化经济效益，从而提升业绩。

行业刺激政策影响了企业跨境并购的交易成本（David 和 Han，2004）。行业刺激政策并不勉强企业降低运营成本，平衡外部下降的交易成本，国别正式制度匹配的作用，极大地提升了企业跨境并购的效率，国别非正式制度匹配对企业跨境并购的提升作用被加强。企业决策者对行业刺激政策的预判有差异，行业刺激政策同样有可能提升国别非正式制度匹配的交易成本，因为国别正式制度匹配属于官方认可，而国别非正式制度匹配的合法性需要较长时间才能确认。因此，国别非正式制度匹配在行业刺激政策下，交易成本是不确定的。企业在利用国别非正式制度匹配优势时，应充分考量国别正式制度匹配的主流地位，管控国别非正式制度匹配与国别正式制度匹配潜在的冲击问题。

行业刺激政策影响了企业并购后的整合（Graebner 等，2017）。国别非正式制度匹配优势的发挥，需要强大的整合能力作为基础，强势的行业刺激政策冲击了整合能力。政策是一个短期出现的机会窗口，企业在机会窗口内全力发挥国别非正式制度匹配对企业跨境并购股权的拉动作用，尽力将企业外部的政策优势直接转化为企业层面的经济优势，为后续的并购后整合工作奠定雄厚的经济话语权，为克服管理整合问题争取尽可能多的主动权。企业的并购战略存在战略沉默的可能性，行业政策利好的扩散，不一定能刺激所有企业。保持战略定力，稳扎稳打的企业同样存在。因此，通过定量分析，才能看清楚行业刺激政策对企业战略决策的具体影响。目前的理论推导只能证明潜在的相似性，不能证明实践中的相关性。

假设 10：行业刺激政策增强了国别非正式制度匹配与企业跨境并购的关系。

假设 10a：行业刺激政策显著增强了国别非正式制度匹配与企业跨境并购效率的正向关系。

假设 10b：行业刺激政策显著增强了国别非正式制度匹配与企业跨境并购股权的正向关系。

5.6 调节效应三：上市收购企业

收购企业作为跨境并购的主要发起方和推进方，企业特征对跨境并购的影响必须考虑。首先，收购企业是上市企业，具备第三方检验和认可的信息披露，满足财务、战略、历史等信息披露要求。收购企业的上市，提升了可信度和透明度，在跨境并购谈判中提供了更多参考信息，促进跨境并购形成。其次，收购企业是上市企业，可以使用股票方式作为跨境并购的支付方式，规避了现金支付对企业现金流的巨大压力，并能在资本市场促进双方企业的整合，增加了股票的流动性与跨境并购的活跃度，留下了跨境并购退出的市场机制。再次，收购企业的上市身份，有助于构建身份认同。在上市企业并购非上市企业中，具有高位身份认同；在跨境并购整合的过程中，转化为心理资本；在上市企业与上市企业的同类并购中，获得平等的谈判权，不会出现非上市企业反并购上市企业的身份逆差问题。最后，收购企业的上市身份带来了跨国资本市场整合的可能性，企业通过跨境并购，迅速进入别国资本市场，接触更多的投资者，整合更多国家的资源，促进企业自身的发展。

收购企业上市与否，是跨境并购研究关注的核心话题（Song 等，2021）。在上市国家数量方面，收购企业上市的证券交易所个数，代表着收购企业跨国资源整合的程度。在两个以上证券交易所上市，被称为交叉上市，交叉上市与跨境并购的关系研究正在兴起。在三个及以上证券交易所上市的收购企业备受关注，上市成本与融资收益的关系正在反复被检验，与跨境并购的关系研究还在兴起中。在上市与否的决策方面，收购企业上市、待上市、已上市、上市年份等，从不同维度上说明了企业的整合以及响应证监会合规监管的能力。上市为收购企业带来的，绝不仅仅是声誉方面的溢价，而且包括大量无形的潜在整合资源。在这些资源中，最为宝贵的是投资者与分析师的注意力资源（Stahl 和 Voigt，2008）。投资者的关注带来了现金流，分析师的关注带来了战略曝光度。在争夺跨境并购的标的企业时，上市收购企业具有先发优势，有助于不耗费实质资源，击退潜在的跨境并购竞争者。注意力资源的分配，使收购企业更容易完成连续并购，进一步获取注意力资源，进一步推进跨境并购，最终形成正向反馈的动态循环。

综上所述，本书研究了国家层面的劳动管理水平与行业层面的刺激政策，从长期和短期两个视角，互补地研究了边界条件。在企业层面，收购企业的上市与否，是最为重要的边界条件。上市收购企业获益颇丰，但成本消耗众多。获益与成本的权衡是企业进行国际经营时考虑的焦点问题。收购企业的上市战略及其落实，面临很多阻碍，上市了的收购企业到底是否从中获利？如果能获利，其经济利益以及其他利益通过什么机制来兑现？这些都是极其重要的问题。因此，下文将讨论上市收购企业对国别正式制度匹配与国别非正式制度匹配对企业跨境并购的作用机制推理。

5.6.1　上市收购企业对"主效应一"的调节作用

上市收购企业降低了跨境并购的风险和不确定性（Froot 和 Scharfstein，1994）。上市的收购企业，不仅具有以资金为代表的资源，而且受到股东、分析师、独立董事等利益相关者的监督。企业以往采取跨境整合战略，资本市场反应可以调取以往研究结果；采用的跨境整合具体战术，也可以从披露的跨境并购招标书中查询。企业战略决策的历史和偏好有据可查，给跨境并购的双方企业提供信息和资源双重保障。企业跨境并购的整合策略和能力，也可以从以往跨境并购案例中找到。企业是否有可能放弃整合、采取独立发展的策略，也可以通过回溯来提供决策依据。因此，收购企业为上市企业时，通过提升可信度，国别正式制度匹配与企业跨境并购效率的正向关系被增强。

上市收购企业降低了跨境并购的交易成本（Williamson，2007）。企业没有需求利用股权来增加控制权，因为上市收购企业的身份认同，促进了跨境并购双方的共同认知。收购企业的上市状态，本身是一种无形的资源，在企业筛选合作伙伴的时候，具有竞争优势。无形资源让企业具有心理上的潜在优越感，而跨境并购的谈判是由一系列微妙且激烈的心理博弈组成，因此，上市状态本身带来的心理优越感，在并购谈判或员工磨合中会有体现，如报价的不妥协、整合方案的不让步、高管任命的不一致等。上市收购企业背后隐藏着慕强的逻辑方式，跨境并购整合的双方企业会以上述形式控制。出现剧烈分歧的时候，实力并不是跨境并购整合合法性的唯一来源，国别正式制度匹配与企业跨境并购股权的正向关系被削弱。

上市收购企业增加了跨境并购整合的难度（Williamson，1975）。收购企业作为上市企业，其兼并收购需要一系列的审批文件，需要应对外部动态的监管需求。例如，对于民族品牌问题，上市收购企业的谈判标的企业，也许在商业利益上处于最优方案，但是民族品牌由外国企业占有，在情感上很难让大众接受，即使获得最大股权，也无法推动跨境并购的进程。例如，对于数字资源问题，上市收购企业的数字资源管理如存在重要漏洞，可能危害母国或东道国的国家安全。在不解决这些重大问题的情况下，掌握企业跨境并购最大股权并不能降低整合的难度，跨境并购也无法顺利推进。因此，国别正式制度匹配与企业跨境并购股权的正向关系被削弱，上市收购企业面临的问题需要具体问题具体分析，本书提出以下假设：

假设 11a：上市收购企业显著增强了国别正式制度匹配与企业跨境并购效率的正向关系。

假设 11b：上市收购企业显著削弱了国别正式制度匹配与企业跨境并购股权的正向关系。

5.6.2 上市收购企业对"主效应二"的调节作用

上市收购企业降低了企业跨境并购的风险和不确定性（Chi 和 McGuire，1996）。国别非正式制度匹配本身就蕴含着风险和不确定性，上市收购企业降低的风险和不确定性更侧重国别正式制度匹配方面。当国别正式制度匹配的竞争优势得以充分发挥时，国别非正式制度匹配的发展空间被挤压。依据路径最短原理，国别非正式制度匹配对企业跨境并购的提升作用被削弱。上市收购企业比不上市的收购企业要管控更多的潜在风险，如国别非正式制度匹配处于法律和道德的模糊地带，以及国别非正式制度匹配的声誉问题、国别非正式制度匹配与国别正式制度匹配的竞合问题。换言之，上市收购企业有可能潜在地增加了国别非正式制度匹配的风险和不确定性，提供了国别非正式制度匹配的替代性方案。虽然企业跨境并购的整体风险和不确定性在下降，但是国别非正式制度匹配层面的风险和不确定性上升，因此国别非正式制度匹配与企业跨境并购效率的正向关系会被削弱。

上市收购企业降低了企业跨境并购的交易成本（Chi，1994）。企业跨境并购的交易过程非常复杂。多个机构的审批流程、支付的组合方式选择等都是由一系列交易构成的。上市收购企业之间交叉持股，在证券交易市场上买卖股票，通过资本市场更便捷地实现跨境并购，规避跨境并购被卡住的极端情况。由于国别制度规定互相冲突的部分，双方企业达成共识但无法克服，只能无奈放弃并购。其中，收购企业是上市企业时，有资源和能力通过合规检查，向监管部门提供国别制度冲突，共同寻求解决方案，规避了企业跨境并购受制于制度复杂性而失败。因此，上市收购企业显著地增强了国别非正式制度匹配与企业跨境并购股权的正向关系。

上市收购企业深刻影响了企业的跨境并购整合过程（Scott 和 Lane，2000；Albert 和 Whetten，1985）。上市的身份认同作用复杂，以经济为第一导向的企业在整合中存在认同高位，即上市企业在心理层面上对不上市的企业具有优势，需要采取特定战略来稳妥推进并购。以社会为第一导向的企业在整合中存在阻碍，不仅造成收购企业在自身认同方面的混乱，而且会造成以社会为第一导向的被收购企业在认同和经营方面的冲突。双方没有达成共赢，反而成为双输的局面——看似资源互补，能力优越，但是企业跨境并购的过程与结果都不尽如人意。这是因为忽视了上市收购企业身份的潜在影响。综上所述，针对上市收购企业的约束条件，本书提出以下假设：

假设12a：上市收购企业显著削弱了国别非正式制度匹配与企业跨境并购效率的正向关系。

假设12b：上市收购企业显著增强了国别非正式制度匹配与企业跨境并购股权的正向关系。

5.7　全　模　型

综合两个主效应与三个调节效应，本书的全模型如图5-3所示。其中，假设1~3描述了主效应一，假设4~6描述了主效应二；假设7~8描述了调节效应一，假设9~10描述了调节效应二，假设11—12描述了调节效应三。通过收集二手数据与手工编码数据，本书尝试检验如图5-3所示的全模型，验证理论模型是否成立。

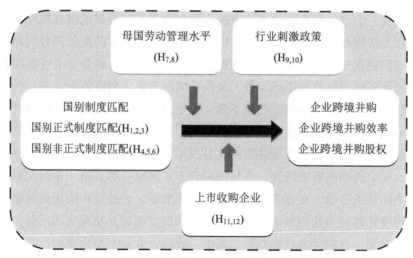

图5-3　国别制度匹配与企业跨境并购的实证模型

5.8　本章小结

本章在制度基础观的指导下，构建了国别制度匹配对企业跨境并购的实证模型，解构了国别正式制度匹配与企业跨境并购、国别非正式制度匹配与企业跨境并购两个主效应，其影响机理包括相似性与差异性的复合、国别正式制度匹配与国别非正式制度匹配的结合、时间维度与空间维度的相合。其中，相似性与差异性的复合与最优区分具有共鸣，国别正式制度匹配与国别非正式制度匹配的结合与组织双元具有共鸣，时间维度和空间维度的相合与动态性、灵活性具有共鸣。本章梳理了母国劳动管理水平、行业刺激政策、上市收购企业三个调节效应，在国家—行业—企业三个层次上分析了主效应的边界条件，最终转化为可以量化、被数据检验的国别制度匹配对企业跨境并购的实证模型。本章完成了从理论模型到实证模型的转换，连接管理理论与企业实践，并在国别制度距离研究的基础上，搭建国别制度匹配的研究框架及实现方式，为建立可行的研究设计奠定基础。

6 研究设计

本章主要讨论的是研究设计，即理论模型与研究假设的数据检验操作方案（Operationalization）。本章主要分为两大部分：第一部分汇报了数据的收集、样本的筛选、模型的估计方法；第二部分汇报了被解释变量、解释变量、调节变量、控制变量的测量变量。

6.1 收集数据

本书整合了国别制度匹配和企业跨境并购数据库，进行二手数据实证分析。本书通过手工收集，补充了遗漏数据，删除了不实数据。根据国别代码和并购年份的连接组合，通过二手数据库和手工补充数据的双重方式，本书检验了国别正式制度匹配、国别非正式制度匹配对企业跨境并购效率、企业跨境并购股权的影响关系。

其一，本书的国别制度匹配数据来自世界银行的企业调查问卷 ［Enterprise Surveys（http：//www.enterprisesurveys.org），The World Bank］。

世界银行企业调查问卷是跨国比较研究数据库的后起之秀。该数据库提供 180 000 家企业的信息和 154 个国家或地区的信息。世界银行企业调查问卷的分析单位是企业，提供的国别制度数据来自企业感知，反映了企业视角的制度得分与主观评价。世界银行企业调查问卷将企业作为数据来源，和霍夫斯泰德文化维度理论将 IBM 企业作为数据来源一样，很好地避免了跨层分析的理论争议和实践短板。与其他主要收集成熟市场的数据库相比，世界银行企业调查问卷覆盖的国家较为广泛，且不断重复调查发展中国家的情况。这不仅有利于本书进行追踪研究，而且更契合"一带一路"企业跨境并购的研究情境。因此，本书选择世界银行企业调查问卷作为核心数据库之一。

其二，本书的企业跨境并购数据来自备受业界和学界认可、历史悠久、经典权威的全球跨境并购数据库——汤森路透证券数据企业跨境并购数据库（Thomson SDC Database）。

Thomson SDC Database 和 Zephyr（BvD）均为企业跨境并购研究的经典数据库，本书选择前者的原因在于：相较于 Zephyr（BvD）数据库而言，Thomson SDC Database 较好地解决了每日更新企业跨境并购数据、精准的并购宣告日期两大核心问题。本书关注国别制度匹配，主要影响一对一的企业跨境并购，Zephyr（BvD）数据库在一对多的企业跨境并购上具有比较优势。Zephyr（BvD）虽然与本书研究主题不适配，但它依然是下一步的研究前景所在（Bollaert 和 Delanghe，2015）。因此，本书选择 Thomson SDC Database 作为核心数据库之一。

其三，对于世界银行企业调查问卷和 Thomson SDC Database 存在数据遗漏的缺失值问题，笔者结合必应搜索等搜索引擎以及各国证监会官方网站、企业官方网站、新闻报道、期刊论文、搜狐财经等多个网站的相关数据进行了多方确认。其间，笔者发现企业跨境并购完成记录缺失的事件为谣言，企业双方并未有并购意图，因此进行了人工标记与删除，进一步提高了总体数据的准确性。

综上所述，本书整合世界银行企业调查问卷和 Thomson SDC Database 两个二手数据库，并且通过手工收集数据进行了交叉验证，有效降低了研究样本数据的同源偏差问题（Podsakoff 等，2003）。世界银行企业调查问卷提升了国别制度匹配研究的数据可得性和可验证性，同时较好地解决了还原论问题，Thomson SDC Database 提升了企业跨境并购效率、企业跨境并购股权研究的数据认可度和接受度。

6.2 筛选样本

在样本时间方面，本书样本区间为 2008—2020 年，即金融危机和新冠疫情之间。以 2008 年为起点，本书研究了在金融危机后，国家、行业、企业的响应对企业跨境并购效率、企业跨境并购股权的约束作用与边界条件；以 2020 年为终点，本书研究了新冠疫情前的企业跨境并购效率与企业跨境并购股权，为后续研究提供新冠疫情事件前的参考数据。"一带一路"倡议促进了发展中国家之间的企业跨境并购发展，也催生了部分发展中国家和发达国家的企业跨境并购，开启了构建人类命运共同体的长期努力。

在样本时间方面，"一带一路"倡议是以经济为主导的长期激励政策，延续了丝绸之路的友好交流，具有因势利导的鲜明特征。企业跨境并购的经济动机得到实证研究支持，政策动机暂未得到实证研究支持。因此，"一带一路"沿线国家的企业跨境并购研究不能忽视前期经济交流形成的积淀。只有加入前期数据，才能更周全地展现"一带一路"沿线国家的企业跨境并购的发展全景。本书聚焦"一带一路"沿线国家的企业跨境并购的长期影响，并不聚焦短期政策效果研究。

在样本行业方面，本书采用标准行业分类（Standard Industrial Classification，SIC），即一种通过四位数代码对行业进行分类的系统。标准行业分类包括农业、林业、渔业、采矿、建筑、制造、交通电力、贸易、零售、金融、保险、房地产、服务、公共管理等政府官方行业分类。

在样本企业方面，本书收集了所有企业跨境并购效率、企业跨境并购股权等相关数据，从未根据企业所有权（Ownership）、企业海外投资者所有权（Foreign Ownerhsip）、企业性质等变量删减样本。本书的样本筛选仅局限于剔除不可得的数据。数据缺失值的删减方案如下：

第一，在缺失值删减方面，本书首先删除 Thomson SDC Database 中没有并购编号（Deal number）的观测行，确保逐年追踪样本企业跨境并购事件的发展；其次，本书根据两个被解释变量——企业跨境并购效率、企业跨境并购股权，逐一排查缺失的数据行，并删除不可补的缺失值。再次，本书删除国别制度匹配的缺失值，删除世界银行企业调查问卷和 Thomson SDC Database 的国别代码不适配的观测行。最后，本书删除控制变量的缺失值后，获得核心面板数据。本书样本不包括反向并购与多次并购的事件，每个并购事件均为独立事件。

第二，在空间方面，本书关注"一带一路"沿线国家的企业跨境并购。已有研究从资源整合、财务改进等视角，解释了发达国家之间的企业跨境并购现象；从弯道超车、模仿创新等视角，解释了发展中国家企业对发达国家企业的上行并购；从制度差异、文化宗教视角，解释了发达国家企业对发展中国家企业的下行并购。少有研究直接聚焦发展中国家之间的企业跨境并购，但是解构资源匮乏的发展中国家企业如何进行跨境并购合作，具有重要性、必要性和新颖性。"一带一路"沿线国家以新兴市场企业为主体，存在部分成熟市场企业，并不适用上述分析框架，需要进行独立分析。

本书选择了企业跨境并购双方的视角来进行筛选，包括以下三种情况：企业跨境并购的东道国和母国均为"一带一路"沿线国家；企业跨境并购的东道国为"一带一路"沿线国家；企业跨境并购的母国为"一带一路"沿线国家。本书扩大了"一带一路"企业跨境并购研究的样本，不仅提高了样本的代表性和科学性，而且进一步践行了构建人类命运共同体的理念。

聚焦"一带一路"企业跨境并购情境，本书没有关注中国企业走出去的经典情境，原因在于使用单一母国情境进行国别制度比较研究存在参照系误差。国际商务领域倡导从单一母国或者单一东道国视角，转化为多母国或者多东道国视角，进一步提升国别制度比较研究的客观性和适用范围（Brouthers 等，2016；Zanakis 等，2016）。国际商务领域开始反思单一母国视角的局限，中国企业走出去也不能完全等同于"一带一路"企业跨境并购，其他新兴市场企业和部分成熟市场企业的参与同样重要。基于企业跨境并购的双向性假设，本书同样没有采用以收购企业或者被收购企业一方作为"一带一路"企业跨境并购的样本筛选标准。

6.3 估计模型

根据国别制度匹配与企业跨境并购的理论模型，结合母国劳动管理水平、行业刺激政策、上市收购企业的权变影响，控制了东道国劳动管理水平、东道国行业刺激政策、上市被收购企业、交叉上市收购企业、政府参与跨境并购、现金支付方式、股票支付方式、现金股票联合支付方式、友好的并购态度、行业相关度和时间效应。根据被解释变量企业跨境并购效率与企业跨境并购股权的分布特征，本书采用最小二乘法（Ordinary Least Squares，OLS）估计国别制度匹配对企业跨境并购的影响。本书采取了稳健标准误来解决异方差问题，控制了年份和行业的影响。OLS 在估计因果关系方面具有专业性、敏感性和不可替代性。回归分析方法不断迭代，每种新方法都因改进 OLS 的某个方面，获得存在合法性；每种新方法都因与 OLS 的差异性，很难形成普遍共识。OLS 一直保持着回归分析的主体地位。因此，本书选择 OLS 来估计国别制度匹配与企业跨境并购的关系。

6.4　测量变量

下文将从被解释变量、解释变量、调节变量和控制变量四个方面，逐一介绍它们的可操作测量，全部内容如表 6-1 所示。

表 6-1

研究变量测量汇总

变量类型	变量名称	测　量	来源数据库
被解释变量	1. 企业跨境并购效率（Deal Duration）	连续变量，企业跨境并购无条件生效日期与首次公开宣布日期之间的天数差。	Thomson SDC Database
	2. 企业跨境并购股权(Deal Percentage Sought)	连续变量，收购企业在跨境并购交易中收购的普通股数量加上先前拥有的所有股票数量，占被收购企业流通股总数的比例。	Thomson SDC Database
解释变量	3. 国别正式制度匹配（Formal Institutional Congruence）	母国正式制度得分和东道国正式制度得分组成，国别正式制度得分的测量是腐败深度（Bribery Depth），即在征集公共服务、执照或许可证期间，预期或要求企业提供礼物或非正式付款的情况的百分比。此变量经过标准化纳入模型。该测量来自每家企业 6 个调查问题的数据： ①"关于电力连接的申请，是否期望或要求提供非正式礼物或付款？" ②"关于供水连接申请，是否期望或要求提供非正式礼物或付款？" ③"关于建筑相关许可证的申请，是否期望或要求提供非正式礼物或付款？" ④"在任何这些检查或会议（与税务官员）中，是否期望或要求提供礼物或非正式付款？" ⑤"关于进口许可证的申请，是否期望或要求提供非正式礼物或付款？" ⑥"关于营业执照的申请，是否期望或要求提供非正式礼物或付款？"	World Bank Enterprise Survey

变量类型	变量名称	测　　　　量	来源数据库
解释变量	4. 国别非正式制度匹配（Informal Institutional Congruence）	母国非正式制度得分和东道国非正式制度得分组成，国别非正式制度的测量是未经正式注册的企业平均年限。此变量经过标准化纳入模型。该测量来自每家企业 3 个调查问题的数据： ① "该企业在哪一年开始运营？" ② "该企业在开始运营时是否已正式注册？" ③ "该企业在哪一年正式注册的？"	World Bank Enterprise Survey
调节变量	5. 母国劳动管理水平（Labor Regulation in the Home Country）	母国将劳工条例视为"主要"或"非常严重"障碍的企业百分比。 该测量的提问方式如下："劳工条例在多大程度上阻碍了该企业的当前运营？"	World Bank Enterprise Survey
	6. 行业刺激政策（Stimulus in the Home Country）	母国企业属于受 2008—2009 年刺激计划直接影响的行业，则取值为 1，否则为 0。行业刺激政策影响的行业包括房地产、水泥、钢铁、建筑、医药、交通、有色金属、电力、机械、节能环保。	Thomson SDC Database
	7. 上市收购企业（Listed Acquirer Enterprise）	若收购方为一家 100%公开交易的企业；大多数普通股在股票交易所交易，并且没有一个实体拥有超过 50%股份的企业，则此变量取值为 1，否则为 0。	Thomson SDC Database
控制变量	8. 东道国劳动管理水平（Labor regulation in the Host Country）	东道国将劳工条例视为"主要"或"非常严重"障碍的企业百分比。 该测量的提问方式如下："劳工条例在多大程度上阻碍了该企业的当前运营？"	World Bank Enterprise Survey
	9. 东道国行业刺激政策（Stimulus in the Host Country）	东道国属于受 2008—2009 年刺激计划直接影响的行业，则取值为 1，否则为 0。行业刺激政策影响的行业包括房地产、水泥、钢铁、建筑、医药、交通、有色金属、电力、机械、节能环保。	Thomson SDC Database
	10. 上市被收购企业（Listed Target Enterprise）	若被收购方为一家 100%公开交易的企业；大多数普通股在股票交易所交易，并且没有一个实体拥有超过 50%股份的企业，则此变量取值为 1，否则为 0。	Thomson SDC Database
	11. 交叉上市收购企业 Crosslisting）	如果收购企业在两个及以上的证券交易所上市，则此变量取值为 1，否则为 0。	Thomson SDC Database

续表

变量类型	变量名称	测量	来源数据库
控制变量	12. 政府参与跨境并购（Government Involvement）	标的企业、收购方、被收购方、出售方、投资者及其五方母公司的直接或间接投资人是政府（由公共中间代码识别），那么此变量取值为1，否则为0。	Thomson SDC Database
	13. 现金支付方式（Cash Payment）	支付考虑结构描述中涉及现金支付，则此变量取值为1，否则为0。	Thomson SDC Database
	14. 股票支付方式（Stock Payment）	支付考虑结构描述中涉及股票支付，则此变量取值为1，否则为0。	Thomson SDC Database
	15. 现金股票支付方式（Cash & Stock Payment）	支付考虑结构描述中涉及现金和股票混合支付，则此变量取值为1，否则为0。	Thomson SDC Database
	16. 友好的并购态度（Friendly M&A）	被收购企业的管理层或董事会对并购交易的态度或建议为友好时，此变量取值为1，否则为0。	Thomson SDC Database
	17. 行业相关度（Industrial Relatedness）	收购企业与被收购企业的行业相关度： 若收购企业的 SIC 行业代码完全不同，则取值为0； 若收购企业的 SIC 行业代码前两位相同，则取值为2； 若收购企业的 SIC 行业代码前三位相同，则取值为4； 若收购企业的 SIC 行业代码完全相同，则取值为6；	Thomson SDC Database

6.4.1 被解释变量

本书的被解释变量是企业跨境并购效率与企业跨境并购股权，前者是并购研究中的经典被解释变量，后者是并购研究中的新兴被解释变量，二者均来自 Thomson SDC Database：

其一，企业跨境并购效率来自时间视角，是企业跨境并购的关键绩效指标（Wang 等，2022；Dikova 等，2010），测量主要针对企业跨境并购的无条件生效日期与首次公开宣布日期之间的天数差，是连续变量。

其二，企业跨境并购股权来自经济视角，是企业跨境并购的核心交易条款（Bu 等，

2022；Kim 和 Song，2017；Hope 等，2011；Dikova 等，2010），是指收购企业在被收购企业里寻求的所有权股份，测量主要针对收购企业在跨境并购交易中收购的普通股数量加上先前拥有的所有股票数量，占被收购企业流通股总数的比例，是连续变量。

6.4.2 解释变量

本书的解释变量是国别制度匹配，包括国别正式制度匹配与国别非正式制度匹配。国别正式制度匹配由东道国和母国的正式制度得分测量，将东道国正式制度得分二次项、东道国正式制度得分一次项、母国正式制度得分二次项、母国正式制度得分一次项、东道国正式制度得分与母国正式制度得分的交互项加入回归模型。国别非正式制度匹配由东道国和母国的非正式制度得分测量，将东道国非正式制度得分二次项、东道国非正式制度得分一次项、母国非正式制度得分二次项、母国非正式制度得分一次项、东道国非正式制度得分与母国非正式制度得分的交互项加入回归模型。国别制度匹配数据均来自世界银行企业调查问卷：

其一，东道国和母国的正式制度得分由腐败深度（Bribery Depth）测量。国别正式制度具有多个维度，营商环境是与企业经营最密切相关的正式制度（牛志伟等，2023；杜运周等，2022；范合君等，2022；国务院发展研究中心课题组马建堂等，2022；潘越等，2022；杜运周等，2020）。营商环境同样是"一带一路"沿线国家最重要的正式制度，对腐败深度的测量和治理尤为重要（Falaster 等，2021；Cuervo-Cazurra 和 Genc，2008）。腐败深度是指在征集公共服务、执照或许可证期间，预期或要求企业提供礼物或非正式付款的百分比。腐败深度测量来自 6 个问题的企业问卷数据：

关于电力连接的申请，是否期望或要求企业提供非正式礼物或付款？

关于供水连接申请，是否期望或要求企业提供非正式礼物或付款？

关于建筑相关许可证的申请，是否期望或要求企业提供非正式礼物或付款？

在任何这些检查或会议（与税务官员）中，是否期望或要求企业提供礼物或非正式付款？

关于进口许可证的申请，是否期望或要求企业提供非正式礼物或付款？

关于营业执照的申请，是否期望或要求企业提供非正式礼物或付款？

其二，东道国和母国的非正式制度得分由未经官方注册的企业平均年限测量。国别非正式制度具有独立性，不仅仅是国别正式制度的补集（雍旻等，2021；胡珺等，2017；陆铭和李爽，2008）。国别非正式制度具有经济属性，别称非正规部门（张峰等，2016）；国别非正式制度同样具有非经济属性，如东道国公众的情绪、新兴市场企业家的关系（Li 等，2022；Yiu 等，2021）。本书选择聚焦国别非正式制度的经济属性，因为前者直接影响企业经营，后者间接影响企业经营，前者的测量来自 3 个问题的企业问卷数据：

该企业在哪一年开始运营？

该企业在开始运营时是否已正式注册？

该企业在哪一年正式注册的？

其中，企业问卷均由被调研企业的经理、董事和高级管理人员填写，而不是由生产或销售工人的直接主管填写。

6.4.3　调节变量

根据制度基础观的战略三脚架模型，本书通过国家—行业—企业三个理论层面，系统性地分析了约束国别制度匹配与企业跨境并购因果关系的边界条件。其中，国家层面的母国劳动管理水平调节变量来自世界银行企业调查问卷，行业层面的行业刺激政策来自 Zhou 和 Park（2020），企业层面的上市收购企业调节变量来自 Thomson SDC Database。

其一，母国劳动管理水平对企业跨境并购具有极大的约束作用：从时间角度来看，母国劳动管理水平的提升有利于促成企业跨境并购，产生协同效应，改善企业并购后的绩效（Alimov，2015）；从空间角度来看，母国劳动管理水平较高的国家吸引了企业跨境并购，降低了企业跨境并购的报价成功率、异常交易和并购后业绩增长（Levine 等，2020）。母国劳动管理水平在"一带一路"企业跨境并购中同样十分重要，时间维度的升级效应和空间维度的竞争效应同时发生，鲜有研究探究母国劳动管理水平对企业跨境并购效率、企业跨境并购股权的约束条件。因此，本书母国劳动管理水平的测量是母国中将劳工条例视为"主要"或"非常严重"障碍的企业百分比（Levine 等，2020；Narula，2019），该测量的提问方式如下：

"请问劳工条例在多大程度上阻碍了该企业的当前运营？"

其二，行业刺激政策不仅影响单一行业的企业跨境并购，而且影响跨行业的企业跨境并购。基于行业相关度，行业刺激政策深刻影响着企业跨境并购。因此，本书行业刺激政策的测量是母国企业属于受 2008—2009 年中国"四万亿"刺激计划直接影响的行业，则取值为 1，否则为 0。行业刺激政策影响的行业包括房地产、水泥、钢铁、建筑、医药、交通、有色金属、电力、机械、节能环保（Zhou 和 Park，2020）。

其三，收购企业的上市属性影响着企业跨境并购效率与企业跨境并购股权。上市收购企业的测量是若收购方为一家 100%公开交易的企业；大多数普通股在股票交易所交易，并且没有一个实体拥有超过 50%股份的企业，则此变量取值为 1，否则为 0（Dikova 等，2010）。

6.4.4 控制变量

本书包括十个控制变量：首先，本书增加了东道国劳动管理水平、东道国行业刺激政策、上市被收购企业三个变量，与母国劳动管理水平、母国行业刺激政策、上市收购企业三个调节变量形成对称，避免遗漏变量问题。其次，本书增加了交叉上市收购企业、政府参与、现金支付方式、股票支付方式、现金股票混合支付方式、友好的并购态度、行业相关度七个潜在影响企业跨境并购的重要变量，控制其他因素的影响。

(1)东道国劳动管理水平：测量是东道国将劳工条例视为"主要"或"非常严重"障碍的企业百分比(Levine 等，2020；Narula，2019)。该测量的提问方式如下：

"劳工条例在多大程度上阻碍了该企业的当前运营?"

该测量来自世界银行企业调查数据。

(2)东道国行业刺激政策：测量是东道国的企业属于受 2008—2009 年中国"四万亿"刺激计划直接影响的行业，则取值为 1，否则为 0。行业刺激政策影响的行业包括房地产、水泥、钢铁、建筑、医药、交通、有色金属、电力、机械、节能环保(Zhou 和 Park，2020)。该测量来自 Thomson SDC Database。

(3)上市被收购企业：测量是若被收购方为一家 100% 公开交易的企业；大多数普通股在股票交易所交易，并且没有一个实体拥有超过 50% 股份的企业，则此变量取值为 1，否则为 0 (Dikova 等，2010)。该测量来自 Thomson SDC Database。

(4)交叉上市收购企业：测量是收购企业在两个及以上的证券交易所上市，则此变量取值为 1，否则为 0。该测量来自 Thomson SDC Database 和手工数据交叉验证的结果。

(5)政府参与：测量是标的企业、收购方、被收购方、出售方、投资者及其五方母公司的直接或间接投资人是政府(由公共中间代码识别)，那么此变量取值为 1，否则为 0。该测量来自 Thomson SDC Database。

(6)现金支付方式：测量是支付考虑结构描述中涉及现金支付，则此变量取值为 1，否则为 0。该测量来自 Thomson SDC Database。

(7)股票支付方式：测量是支付考虑结构描述中涉及股票支付，则此变量取值为 1，否则为 0。该测量来自 Thomson SDC Database。

(8)现金股票混合支付方式：测量是支付考虑结构描述中涉及现金和股票混合支付，则此变量取值为 1，否则为 0。该测量来自 Thomson SDC Database。

(9)友好的并购态度：测量是被收购企业的管理层或董事会对并购交易的态度或建议为友好时，此变量取值为 1，否则为 0。该测量来自 Thomson SDC Database。

(10)行业相关度：测量是收购企业与被收购企业的行业相关度；若收购企业的 SIC 行业代码完全不同，则取值为 0；若收购企业的 SIC 行业代码前两位相同，则取值为 2；若收购企业的 SIC 行业代码前三位相同，则取值为 4；若收购企业的 SIC 行业代码完全相同，则取值为 6。

6.5 本 章 小 结

本章讨论了研究设计的实现过程，即收集数据—筛选样本—估计模型—测量变量四个步骤，为后文的描述性统计、相关性分析和假设检验部分奠定坚实基础。

其一，在收集数据部分，本书整合了世界银行企业问卷调查和 Thomson SDC Database 两个数据库，在"一带一路"情境下，直接搭建起国别制度匹配对企业跨境并购的数据样本框架。

其二，在筛选样本方面，本书严格遵循缺失值删除法则，最大限度地保留了数据观测行，首次实现了世界银行企业问卷调查与 Thomson SDC Database 两个数据库的成功连接。

其三，在估计模型方面，本书选择了最小二乘法（OLS），OLS 的普遍性和经典性提升了检验方法的合法性。

其四，在测量变量方面，本书的被解释变量是企业跨境并购效率与企业跨境并购股权，解释变量是国别正式制度匹配与国别非正式制度匹配，调节变量是母国劳动管理水平、行业刺激政策和上市收购企业，控制变量是东道国劳动管理水平、东道国行业刺激政策、上市被收购企业、交叉上市收购企业、政府参与、现金支付方式、股票支付方式、现金股票支付方式、友好的并购态度和行业相关度。

7 实证结果分析

实证结果分析包括五个部分：第一部分是描述性统计与相关性分析；第二部分是假设检验，包括两个主效应和三个调节效应的数据检验结果；第三部分是实证结果汇总表格；第四部分是稳健性检验结果；第五部分是本章小结。

7.1 描述性统计与相关性分析

本书的描述性统计与相关性分析如表 7-1 所示。

在被解释变量方面，企业跨境并购效率(持续时间)的均值为 53.35 天，标准差为 133，最大值 3250 天，最小值为 0 天。这是因为企业在跨境并购完成后，才宣布跨境并购开始。企业自行规避了公开跨境并购但是最后失败的情况，本书已经在企业跨境并购公告中梳理时间线，进行二次确认。企业跨境并购股权的均值为 76.30%，标准差为 31.65%，最小值为 0%，最大值为 150%。这说明企业跨境并购后的平均持股在 75%以上，标准差较大说明企业通过跨境并购参股和控股。最小值说明企业控制跨境并购不一定通过持股方式，也可通过任命管理层等其他方式进行控制。最大值说明企业通过股份控制跨境并购，不一定局限于普通股份，也有优先股等其他不对外流通的股份。

综上，企业跨境并购效率、企业跨境并购股权均反映了企业跨境并购的不同方面，并不属于同类差异，不是构成型概念。因此，企业跨境并购效率和企业跨境并购股权并不能进行加总计算(陈晓萍和沈伟，2018)。企业跨境并购效率与企业跨境并购股权之间具有极低的相关性，说明两个被解释变量与企业跨境并购之间的效度较高。

其一，在解释变量方面，国别正式制度匹配与国别非正式匹配通过母国正式制度得分、东道国正式制度得分、母国非正式制度得分、东道国非正式制度得分四个变量进行测量。为了降低国别正式制度匹配与国别非正式制度匹配方法中量纲的影响，母国正式制度得分、东道国正式制度得分、母国非正式制度得分、东道国非正式制度得分都做了标准化处理(Zhang 等，2012)。

其二，在调节变量方面，母国劳动管理水平的均值为 32.32%，标准差为 22.91%，最小值为 1%，最大值为 81%。这说明"一带一路"沿线国家的平均劳动管理水平较低，国别劳动管理水平差距极大，两极分化十分明显，阻碍了企业跨境并购效率与企业跨境并购股

描述性统计与相关性分析

表 7-1

变量	N	Mean	S.D.	Min	Max	1	2	3	4	5	6	7	8	9	10	11	12	13	14	15	16	17	18	19
1. 企业跨境并购效率	19352	53.35	133.00	0.00	3250.00	1.000																		
2. 企业跨境并购股权	19352	76.30	31.65	0.00	150.00	0.028**	1.000																	
3. 母国正式制度得分	19352	0.00	1.00	−1.25	1.17	0.128***	−0.040***	1.000																
4. 东道国正式制度得分	19352	0.00	1.00	−1.55	1.11	0.067***	−0.101***	0.531***	1.000															
5. 母国非正式制度得分	19352	−0.00	1.00	−2.93	1.44	−0.001	0.001	0.231***	0.099***	1.000														
6. 东道国非正式制度得分	19352	0.00	1.00	−2.90	1.30	−0.063***	0.005	0.001	0.157***	0.410***	1.000													
7. 母国劳动管理水平	19352	32.32	22.91	1.00	81.00	−0.017*	0.086***	−0.220***	−0.256***	−0.164***	−0.136***	1.000												
8. 东道国劳动管理水平	19352	32.45	23.66	1.00	81.00	−0.018*	0.040***	−0.215***	−0.294***	−0.090***	−0.131***	0.459***	1.000											
9. 母国行业激励政策	19352	0.24	0.43	0.00	1.00	0.038***	0.094***	0.051***	−0.033***	0.020*	−0.046***	0.032***	−0.004	1.000										
10. 上市行业企业	19352	0.34	0.47	0.00	1.00	0.031***	−0.008	0.010	0.007	0.012	−0.017*	−0.021**	−0.030***	0.521***	1.000									
11. 上市国企业	19352	0.19	0.39	0.00	1.00	0.113***	0.036***	0.009	−0.027***	−0.115***	−0.079***	0.117***	0.048***	0.119***	−0.023**	1.000								
12. 交叉上市企业	19352	0.14	0.34	0.00	1.00	0.015*	−0.405***	−0.031***	0.044***	−0.006	0.026***	−0.053***	0.036***	−0.102***	0.030***	−0.050***	1.000							
13. 政府参与跨境并购	19352	0.05	0.21	0.00	1.00	0.046***	0.020*	−0.042***	−0.041***	−0.019*	−0.031***	0.075***	0.030***	0.068***	0.002	0.443***	−0.015*	1.000						
14. 现金支付方式	19352	0.10	0.30	0.00	1.00	0.080***	−0.090***	0.078***	0.036***	0.022*	−0.003	−0.035***	−0.044***	0.055***	0.057***	−0.001	0.054***	0.022*	1.000					
15. 股票支付方式	19352	0.26	0.44	0.00	1.00	0.110***	−0.054***	0.215***	0.137***	−0.014	−0.074***	−0.013	−0.028***	0.006	0.036***	0.042***	0.056***	−0.009	0.024**	1.000				
16. 现金股票混合支付方式	19352	0.01	0.11	0.00	1.00	0.076***	0.036***	0.077***	0.058***	0.004	−0.003	−0.028***	−0.027***	0.017*	−0.005	0.101***	−0.010	0.021**	0.004	−0.068***	1.000			
17. 现金股票支付方式	19352	0.01	0.11	0.00	1.00	0.059***	0.033***	0.068***	0.054***	−0.003	−0.002	−0.022**	−0.033***	0.014*	0.017*	0.078***	−0.029***	0.023**	−0.013	−0.066***	−0.013	1.000		
18. 友好的并购态度	19352	0.93	0.26	0.00	1.00	0.010	0.313***	0.010	−0.071***	0.019*	−0.017*	0.055***	0.033***	0.048***	−0.024**	0.034***	−0.190***	0.005	−0.058***	−0.018*	0.006	0.010	1.000	
19. 行业相关度	19352	2.07	2.70	0.00	6.00	0.025**	0.162***	−0.026***	−0.092***	−0.017*	−0.067***	0.059***	0.033***	0.196***	0.021**	0.076***	−0.123***	0.061***	−0.009	−0.039***	−0.007	0.000	0.064***	1.000

*p < 0.05，**p < 0.01，***p < 0.001；N 是指样本量，Mean 是指样本均值，S.D. 是指样本标准差，Min 是指样本最小值，Max 是指样本最大值。

权。行业刺激政策的均值为 0.24，标准差为 0.43，最小值为 0，最大值为 1。这说明"一带一路"沿线国家的行业激励政策非常节制，政策的直接效应较小，间接效应较大。上市收购企业的均值为 0.19，标准差为 0.39，最小值为 0，最大值为 1。这说明上市企业的跨境并购并不是"一带一路"沿线国家中企业跨境并购的主体。

其三，在控制变量方面，约 20% 的收购企业为上市公司，约 15% 的被收购企业为上市公司，与上市企业数据库（如国泰安 CSMAR 数据库）相比，企业上市与否导致的样本选择偏差并不存在。政府参与企业跨境并购的比例在 10% 左右，符合"一带一路"倡议以经济为导向的客观事实。友好收购的比例在 93% 左右，说明媒体对于中资企业跨境并购受阻的报道，并不属于企业跨境并购的主流现象。现金支付的比例在 25% 左右，股票支付的比例在 1% 左右，现金与股票联合支付的比例在 1% 左右。其他变量的描述性统计均分布在正常范畴，故不多做解释。

本书的相关系数并不大，多重共线性的问题不严重。最大相关系数为 0.531，说明母国正式制度得分和东道国正式制度得分具有中度相关性，符合"一带一路"沿线国家的正式制度管理实践客观现象，远低于相关系数的警戒门槛值 0.7。次大相关系数为 0.521，说明行业刺激政策和东道国行业刺激政策具有中度相关性，不仅符合"一带一路"沿线国家政策传导的产业路径和国别路径，而且也反映了"一带一路"沿线国家行业结构的相似性。综上，多重共线性并不是本书的主要问题。

7.2 假 设 检 验

7.2.1 "主效应一"检验：国别正式制度匹配与企业跨境并购

假设 1a 得到数据支持，即母国与东道国的正式制度得分越一致（即匹配性越高），企业跨境并购效率越高。假设 1a 的验证需要两个条件，据表 7-2 可知：（1）企业的母国正式制度和东道国正式制度构成的三个二阶项[母国正式制度$(AF)^2$、母国正式制度$(AF) \times$东道国正式制度(TF)、东道国正式制度$(TF)^2$]联合显著（$F = 38.18$，$p < 0.001$）；（2）企业的母国与东道国正式制度不匹配线（$AF = -TF$）是凸函数，曲率显著不等于零（curvature = 8.41，$p < 0.01$）。两个条件均满足，因此可假设 1a 成立。结合表 7-2，母国与东道国的正式制度匹配线（$AF = TF$）与不匹配线（$AF = -TF$）的曲率显著不为零，二者为曲度不同的 U 形曲线。两条 U 形曲线的最小值存在，其管理意义为企业跨境并购的持续天数最少，即企业的跨境并购效率最高，因此，偏离母国与东道国正式制度匹配线（$AF = TF$）会显著降低企业跨境并购的效率，在图 7-1 中，假设 1a 的结论十分直观。

表 7-2   国别制度匹配与企业跨境并购的回归结果

	企业跨境并购效率(模型1~4)				企业跨境并购股权(模型5~8)			
	模型1	模型2	模型3	模型4	模型5	模型6	模型7	模型8
常数	23.421**	15.127*	27.792***	13.417	48.596***	51.587***	46.506***	49.206***
	(7.118)	(7.208)	(7.143)	(7.124)	(1.202)	(1.281)	(1.208)	(1.295)
母国劳动管理水平	-0.116**	-0.006	-0.134**	-0.027	0.054***	0.023*	0.042***	0.015
	(0.044)	(0.047)	(0.045)	(0.047)	(0.010)	(0.010)	(0.010)	(0.010)
东道国劳动管理水平	-0.030	0.029	-0.053	0.016	0.033**	0.029**	0.039***	0.030**
	(0.045)	(0.046)	(0.045)	(0.046)	(0.010)	(0.010)	(0.010)	(0.010)
行业刺激政策	1.969	-0.047	-0.099	-0.560	2.659***	2.158***	2.358***	2.000***
	(2.735)	(2.754)	(2.776)	(2.766)	(0.556)	(0.557)	(0.556)	(0.556)
东道国行业刺激政策	5.325*	6.353**	6.000*	6.267**	-0.496	-0.199	-0.093	0.099
	(2.332)	(2.344)	(2.356)	(2.347)	(0.508)	(0.508)	(0.508)	(0.508)
上市收购企业	32.054***	32.419***	31.981***	31.871***	-0.884	-0.699	-1.134	-0.907
	(3.416)	(3.410)	(3.459)	(3.443)	(0.585)	(0.586)	(0.591)	(0.592)
上市被收购企业	6.643*	7.785**	8.265**	8.295**	-31.163***	-30.804***	-30.938***	-30.666***
	(2.706)	(2.715)	(2.700)	(2.703)	(0.701)	(0.700)	(0.700)	(0.699)
交叉上市收购企业	-1.213	1.925	-0.375	2.807	1.569	1.467	2.359*	2.045
	(6.203)	(6.194)	(6.190)	(6.179)	(1.089)	(1.086)	(1.084)	(1.082)
政府参与跨境并购	32.864***	30.737***	32.405***	31.179***	-5.826***	-5.612***	-6.039***	-5.801***
	(4.106)	(4.111)	(4.077)	(4.103)	(0.744)	(0.742)	(0.740)	(0.738)
现金支付方式	36.156***	29.156***	33.411***	26.791***	-2.000***	-1.471**	-1.537**	-0.794
	(2.265)	(2.436)	(2.301)	(2.461)	(0.482)	(0.494)	(0.484)	(0.498)
股票支付方式	88.108***	77.313***	85.675***	75.300***	9.266***	9.938***	9.534***	10.526***
	(11.239)	(11.440)	(11.155)	(11.374)	(1.645)	(1.635)	(1.644)	(1.634)
现金股票混合支付	72.868***	62.588***	70.501***	60.607***	6.168***	6.941***	6.410***	7.478***
	(9.120)	(9.216)	(9.119)	(9.244)	(1.521)	(1.539)	(1.524)	(1.545)
友好的并购态度	9.677*	8.500	8.405	8.403	27.813***	27.363***	27.733***	27.330***
	(4.456)	(4.437)	(4.455)	(4.427)	(0.876)	(0.873)	(0.872)	(0.871)
行业相关度	1.157**	1.270**	0.863*	1.087**	1.126***	1.030***	1.113***	1.026***
	(0.360)	(0.365)	(0.358)	(0.363)	(0.074)	(0.074)	(0.073)	(0.074)
年份	控制	控制	控制	控制	控制	控制	控制	控制

续表

	企业跨境并购效率(模型1~4)				企业跨境并购股权(模型5~8)			
	模型1	模型2	模型3	模型4	模型5	模型6	模型7	模型8
母国正式制度得分(AF)		12.289 ***		9.857 ***		-1.363 ***		-1.441 ***
		(1.170)		(1.383)		(0.259)		(0.276)
东道国正式制度得分(TF)		-0.487		2.143		-0.008		-0.367
		(1.362)		(1.446)		(0.288)		(0.296)
AF²		3.582		6.007 **		-4.156 ***		-3.396 ***
		(2.162)		(2.147)		(0.462)		(0.474)
AF×TF		2.976 **		2.349		1.670 ***		1.370 ***
		(1.080)		(1.205)		(0.252)		(0.263)
TF²		1.406		4.752 **		1.699 ***		1.421 ***
		(1.671)		(1.689)		(0.390)		(0.395)
母国非正式制度得分(AIF)			10.781 ***	4.309			2.164 ***	2.332 ***
			(1.772)	(2.272)			(0.377)	(0.405)
东道国非正式制度得分(TIF)			-16.141 ***	-13.587 ***			2.563 ***	2.525 ***
			(1.792)	(2.057)			(0.401)	(0.417)
AIF²			3.207 ***	1.511			1.472 ***	1.402 ***
			(0.856)	(1.013)			(0.184)	(0.190)
AIF×TIF			2.611 **	2.203 *			0.465 **	0.316 *
			(0.861)	(0.889)			(0.146)	(0.153)
TIF²			-5.365 ***	-3.700 ***			0.741 ***	0.851 ***
			(0.933)	(1.024)			(0.202)	(0.207)
正式制度匹配线(AF=TF)								
斜率		11.802 ***		**12.001 *****		-1.370 ***		**-1.808 *****
曲率		7.964 **		13.107 ***		-0.787		-0.605
正式制度不匹配线(AF=-TF)								

续表

	企业跨境并购效率(模型1~4)				企业跨境并购股权(模型5~8)			
	模型1	模型2	模型3	模型4	模型5	模型6	模型7	模型8
斜率		12.776***		7.714**		−1.355**		−1.074*
曲率		2.012		8.409**		−4.127***		−3.345***
非正式制度匹配线(AIF=TIF)								
斜率			−5.360**	−9.278***			4.727***	4.857***
曲率			0.453	0.014			2.677***	2.568***
非正式制度不匹配线(AIF=−TIF)								
斜率			26.922***	17.897***			−0.399	−0.193
曲率			−4.769**	−4.393**			1.747***	1.937***
样本量	19352	19352	19352	19352	19352	19352	19352	19352
F值	35.26***	40.49***	32.52***	38.18***	243.43***	215.99***	218.41***	197.70***
拟合优度R^2	0.0443	0.0525	0.0497	0.0565	0.2446	0.2516	0.2518	0.2579

注：* $p < 0.05$，** $p < 0.01$，*** $p < 0.001$；加粗的数字为判断研究假设是否成立的关键标准。

假设 1b 得到数据支持，即母国与东道国的正式制度得分越一致（即匹配性越高），企业跨境并购股权越高。假设 1b 的验证需要两个条件，据表 7-2 可知：（1）企业的母国正式制度和东道国正式制度构成的三个二阶项 [母国正式制度（AF）^{2}、母国正式制度（AF）×东道国正式制度（TF）、东道国正式制度（TF）^{2}] 联合显著（$F = 197.70$，$p < 0.001$）；（2）企业的母国与东道国正式制度不匹配线（AF=−TF）是凹函数，曲率显著不等于零（curvature=−3.35，$p < 0.001$）。两个条件均满足，因此可假设 1b 成立。结合表 7-1，企业的母国与东道国正式制度匹配线（AF=TF）不是倒 U 形曲线，母国与东道国正式制度的不匹配线（AF=−TF）为倒 U 形曲线，倒 U 形曲线的最大值存在，其管理意义为企业跨境并购的股权最大，因此，偏离母国与东道国的正式程度匹配线（AF=TF）会显著降低企业跨境并购的股权，在图 7-2 中，假设 1b 的结论十分直观。

假设 1 反映了企业的母国与东道国正式制度匹配的不对称性（如图 7-1 和图 7-2 所示）。为了更加直观地研究制度因素的影响，本书采取了标准化的方法来解决量纲影响国别比较的问题。企业的母国正式制度与东道国正式制度并不是完全同步的发展过程，在研究区间内，母国正式制度的完善要快于东道国正式制度的完善，因此在企业跨境并购效率和股权的曲面图中，均可以看到母国正式制度的坐标轴取值整体高于东道国正式制度的坐

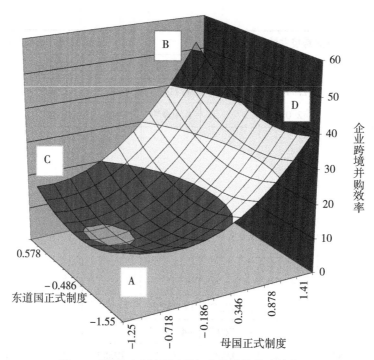

图 7-1 国别正式制度匹配与企业跨境并购效率

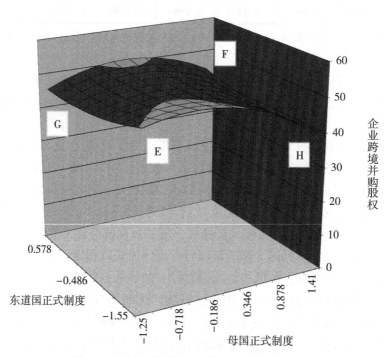

图 7-2 国别正式制度匹配与企业跨境并购股权

标轴取值。在图 7-1 中，母国正式制度在企业跨境并购效率图中占据大部分空间，起到了主导作用；在图 7-2 中，母国正式制度与东道国正式制度在企业跨境并购股权图中平分秋色。综上所述，企业在跨境并购中有必要处理好母国正式制度与东道国正式制度匹配的不对称性，依据主导的一方选择恰当的跨境并购进程与股权谈判策略，原有研究中将母国正式制度与东道国正式制度完全等同的假设会误导企业做出错误的跨境并购决策，采取更符合实际的研究假设与定量分析工具可以弥补原有研究与结论的不足，提供更为科学的指导建议。

假设 2a 得到数据支持，即与母国和东道国正式制度得分较高的情况相比（High,High），母国与东道国正式制度得分较低时（Low, Low），企业跨境并购效率越高。假设 2a 的验证需要三个条件，前两个条件已在假设 1a 中得到验证，第三个条件是指企业的母国与东道国正式制度匹配线（AF = TF）的斜率显著为正（slope coefficient = 12.001，$p <$ 0.001），三个条件均满足，因此假设 2a 成立。如图 7-1 所示，企业的母国与东道国正式制度匹配较低（Low, Low）的情况为 A 点，企业的母国与东道国正式制度匹配较高（High, High）的情况为 B 点，从图 7-1 可知，A 点低于 B 点，意味着 A 点企业跨境并购的持续天数小于 B 点企业跨境并购的持续天数，即 A 点的企业跨境并购效率高于 B 点的企业跨境并购效率。综上所述，假设 2a 得到数据支持与图形支持。

假设 2b 得到数据支持，即与母国和东道国正式制度得分较高的情况相比（High,High），母国与东道国正式制度得分较低时（Low, Low），企业跨境并购股权越高。假设 2b 的验证需要三个条件，前两个条件已在假设 2b 中得到验证，第三个条件是指企业的母国与东道国正式制度匹配线（AF = TF）的斜率显著为负（slope coefficient = −1.808，$p <$ 0.001），三个条件均满足，因此假设 2b 成立。如图 7-2 所示，企业的母国与东道国正式制度匹配较低（Low, Low）的情况为 E 点，企业的母国与东道国正式制度匹配较高（High, High）的情况为 F 点，从图 7-2 可知，E 点高于 F 点，意味着 E 点企业跨境并购的股权大于 F 点企业跨境并购的股权。综上所述，假设 2b 得到数据支持与图形支持。

假设 3a 得到数据支持，即与母国正式制度得分高于东道国正式制度得分的情况相比（High, Low）（下行并购），母国正式制度得分低于东道国正式制度得分时（Low, High）（上行并购），企业跨境并购效率越高。假设 3a 的验证需要一个条件，即企业的母国与东道国正式制度不匹配线（AF = −TF）的斜率显著为正（slope coefficient = 7.714，$p <$ 0.01）。以上条件满足，因此假设 3a 成立。如图 7-1 所示，企业的母国正式制度得分大于东道国正式制度得分的情况为 C 点，企业的母国正式制度得分低于东道国正式制度得分的情况为 D 点，从图 7-1 可知，C 点低于 D 点，意味着 C 点企业跨境并购天数少于 D 点，即 C 点企业的跨境并购效率高于 D 点。综上所述，假设 3a 得到数据支持与图形支持。

假设 3b 得到数据支持，即与母国正式制度得分高于东道国正式制度得分的情况相比（High, Low）（下行并购），母国正式制度得分低于东道国正式制度得分时（Low, High）（上行并购），企业跨境并购股权越高。假设 3b 的验证需要一个条件，即企业的母国与东道国正式制度不匹配线（AF = −TF）的斜率显著为负（slope coefficient = −1.074，$p <$

0.05）。以上条件满足，因此假设 3b 成立。如图 7-2 所示，企业的母国正式制度得分高于东道国正式制度得分的情况为 H 点，企业的母国正式制度得分低于东道国正式制度得分的情况为 G 点，从图 7-2 可知，H 点显著低于 G 点，意味着 H 点企业的跨境并购股权低于 G 点。综上所述，假设 3b 得到数据支持与图形支持。

7.2.2　"主效应二"检验：国别非正式制度匹配与企业跨境并购

假设 4a 得到数据支持，即母国与东道国的非正式制度得分越一致（即匹配性越高），企业跨境并购效率越低。假设 4a 的验证需要两个条件，据表 7-2 可知：①企业的母国非正式制度和东道国非正式制度构成的三个二阶项 $\{$母国非正式制度(AIF)^2、母国非正式制度(AIF)×东道国非正式制度(TIF)、东道国非正式制度(TIF)$^2\}$ 联合显著（$F = 38.18$，$p < 0.001$）；②企业的母国与东道国非正式制度不匹配线（AIF＝−TIF）是凹函数，曲率显著不等于零（curvature＝−4.39，$p < 0.01$）。两个条件均满足，因此假设 4a 成立。结合表 7-2，企业的母国与东道国非正式制度匹配线（AIF＝TIF）不是 U 形曲线，母国与东道国的非正式制度不匹配线（AIF＝−TIF）为 U 形曲线，U 形曲线的最大值存在，其管理意义为企业跨境并购效率的最高点，因此，偏离母国与东道国非正式制度匹配线（AIF＝TIF）会显著提升企业跨境并购的效率，在图 7-3 中，假设 4a 的结论十分直观。

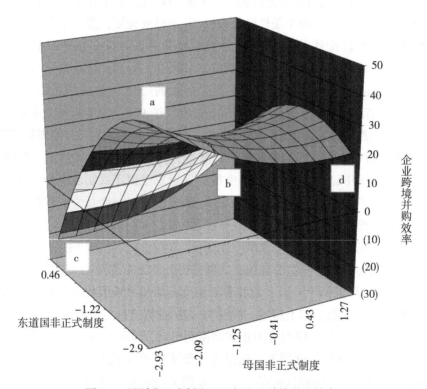

图 7-3　国别非正式制度匹配与企业跨境并购效率

假设 4b 得到支持，即母国与东道国的非正式制度得分越一致（即匹配性越高），企业跨境并购股权越低。假设 4b 的验证需要两个条件，据表 7-2 可知：①企业的母国非正式制度和东道国非正式制度构成的三个二阶项 [母国非正式制度$(AIF)^2$、母国非正式制度$(AIF) \times$东道国非正式制度(TIF)、东道国非正式制度$(TIF)^2$] 联合显著（$F = 197.70$，$p < 0.001$）；②企业的母国与东道国非正式制度不匹配线 （$AIF = -TIF$）是凸函数，曲率显著不等于零（$curvature = 1.94$，$p < 0.001$）。两个条件均满足，因此假设 4b 成立。结合表 7-2，母国与东道国的非正式制度匹配线 （$AIF = TIF$） 与不匹配线 （$AIF = -TIF$） 的曲度显著不为零，二者为曲度不同的 U 形曲线。两条 U 形曲线的最小值存在，其管理意义为企业跨境并购的股权最少，因此，偏离母国与东道国非正式程度匹配线 （$AIF = TIF$） 会显著增加企业跨境并购的股权，在图 7-4 中，假设 4b 的结论十分直观。

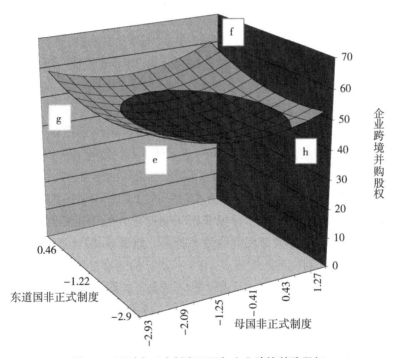

图 7-4　国别非正式制度匹配与企业跨境并购股权

假设 4 反映了企业的母国与东道国非正式制度匹配的不对称性（如图 7-3 和 7-4 所示）。与假设 1 反映的企业母国与东道国非正式制度匹配的不对称性相比，企业的母国与东道国非正式制度匹配的不对称性较低，即非正式制度的国别影响差异要小于正式制度的国别影响差异。正式制度与非正式制度的关系一直是研究的焦点话题，本书的实证结果表明，非正式制度扮演着正式制度的重要补充角色，非正式制度受国别影响的变化小，比正式制度更为稳定。非正式制度对正式制度的替代作用尚未在本书中体现，考虑到制度研究的测量误差问题，非正式制度对正式制度的替代作用还需要进一步的实证检验，因此，下文采取了替代测量的稳健性检验来解决测量误差产生的内生性问题。

假设 5a 得到数据支持，即与母国和东道国非正式制度得分较高的情况相比（High，High），母国与东道国的非正式制度得分较低时（Low，Low），企业跨境并购效率越低。假设 5a 的验证条件需要三个条件，前两个条件已在假设 4a 中得到验证，第三个条件是指企业的母国与东道国非正式制度匹配线（AIF＝TIF）的斜率显著为负（slope coefficient＝ －9. 278，$p<0.001$），三个条件均满足，因此假设 5a 成立。如图 7-3 所示，企业的母国与东道国非正式制度匹配较低（Low，Low）的情况为 a 点，企业的母国与东道国非正式制度匹配较高（High，High）的情况为 b 点，从图 7-3 可知，a 点高于 b 点，意味着 a 点企业跨境并购的持续天数大于 b 点企业跨境并购的持续天数，即 a 点的企业跨境并购效率低于 b 点的企业跨境并购效率。综上所述，假设 5a 得到数据支持与图形支持。

假设 5b 得到数据支持，即与母国和东道国非正式制度得分较高的情况相比（High，High），母国与东道国非正式制度得分较低时（Low，Low），企业跨境并购股权越低。假设 5b 的验证条件需要三个条件，前两个条件已在假设 4b 中得到验证，第三个条件是指企业的母国与东道国非正式制度匹配线（AIF＝TIF）的斜率显著为正（slope coefficient＝4. 857，$p<0.001$），三个条件均满足，因此假设 5b 成立。如图 7-4 所示，企业的母国与东道国正式制度匹配较低（Low，Low）的情况为 e 点，企业的母国与东道国正式制度匹配较高（High，High）的情况为 f 点，从图 7-4 可知 e 点低于 f 点，意味着 e 点企业跨境并购的股权小于 f 点企业跨境并购的股权。综上所述，假设 5b 得到数据支持与图形支持。

假设 6a 得到数据支持，即与母国非正式制度得分高于东道国非正式制度得分的情况相比（High，Low）（下行并购），母国非正式制度得分低于东道国非正式制度得分时（Low，High）（上行并购），企业跨境并购效率越高。假设 6a 的验证需要一个条件，即企业的母国与东道国非正式制度不匹配线（AIF＝－TIF）的斜率显著为正（slope coefficient＝ 17. 897，$p<0.001$）。以上条件满足，因此假设 6a 成立。如图 7-3 所示，企业的母国非正式制度得分高于东道国非正式制度得分的情况为 c 点，企业的母国非正式制度得分低于东道国非正式制度得分的情况为 d 点，从图 7-3 可知 c 点低于 d 点，意味着 c 点企业跨境并购天数少于 d 点，即 c 点企业的跨境并购效率高于 d 点。综上所述，假设 6a 得到数据支持与图形支持。

假设 6b 没有得到数据支持，即与母国非正式制度得分高于东道国非正式制度得分的情况相比（High，Low）（下行并购），母国非正式制度得分低于东道国非正式制度得分时（Low，High）（上行并购），企业跨境并购股权越高。假设 6b 的验证需要一个条件，即企业的母国与东道国非正式制度不匹配线（AIF＝－TIF）的斜率显著为负（slope coefficient＝－0. 193，$p>0.05$）。以上条件不满足，即企业的母国与东道国非正式制度不匹配线的斜率没有显著差异，因此假设 6b 部分成立。如图 7-4 所示，企业的母国非正式制度得分高于东道国非正式制度得分的情况为 h 点，企业的母国非正式制度得分低于东道国非正式制度得分的情况为 g 点，从图 7-4 可知 h 点显著低于 g 点，意味着 h 点企业的跨境并购股权低于 g 点。综上所述，假设 6b 没有得到数据支持，但是得到了图形支持。

综上所述，本书主效应共计包括 6 个核心假设：假设 1 和假设 4 描述了制度总体匹配与企业跨境并购效率、股权的关系，假设 2 和假设 5、假设 3 和假设 6 分别从一致匹配与不一致匹配两个视角深入探究了制度匹配类型与企业跨境并购效率、股权的特定关系。在12 个子假设中，11 个子假设同时得到数据和图形的双重支持，仅有 1 个假设（假设 6b）仅得到图形支持，但没有得到数据支持。假设 6b 没有得到数据支持的原因，其一在于被解释变量——企业跨境并购股权的分布，该变量分布高度集中，变化不大，因此现有回归技术进行数据拟合时未能捕捉到显著差异；其二，国别非正式制度的匹配较为微妙，不易捕捉，现有的代理变量与真实的国别非正式制度匹配之间存在较大差异，解开以上测量误差的来源，使用新的代理变量有望增加假设 6b 的数据支持力度；其三，国别非正式制度匹配方向对企业跨境并购股权的影响本身就没有差异，因此本书不能通过数据验证国别不一致非正式匹配对企业跨境并购的显著影响。

在制度总体匹配方面，正式制度与非正式制度对企业跨境并购的影响是截然不同的（假设 1 和假设 4）。在效率方面，正式制度匹配提升了企业跨境并购的效率而非正式制度匹配降低了企业跨境并购的效率。这是由正式制度与非正式制度的核心特质决定的，正式制度的明文规定使得双方企业步调一致，在并购谈判时有的放矢，极大地降低了双方的无效博弈；非正式制度相对隐形，每个人的理解千差万别，且这类理解差异很难被双方识别，非正式制度匹配高也许会给双方带来一些心照不宣的默契，但是并购的推进和落实的关键是切实可行的明确路径，双方对非正式制度的理解不一致非常容易拖慢并购的过程，提高了沟通成本和磨合成本。在股权方面，正式制度匹配提升了企业跨境并购的股权而非正式制度降低了企业跨境并购的股权。这是由正式制度和非正式制度的不同角色决定的，正式制度为股权控制提供了极为有利的外部保障，股权控制作为一种经济有效的并购方式被广泛采用；非正式制度并不能为股权控制提供保障，相反地，非正式制度匹配意味着以股权控制为代表的经济手段失灵，阻碍并购达成的关键实现路径在于非经济因素，一味地购买股权并不能解决跨境并购中的组织认同问题、员工离职问题、组织结构重构问题，以及长期发展目标与短期经济利益的矛盾等问题，因此企业会自觉降低股权控制的比例。总体而言，正式制度匹配对企业跨境并购有正面影响而非正式制度匹配对企业跨境并购有负面影响，这个发现非常符合主流管理理论对于正式制度和非正式制度的认知，同时也敦促企业实施跨境并购时要善于发挥正式制度匹配的引导作用，规避非正式制度匹配的负面影响，采用不同的态度对待跨境并购过程中的制度因素，尽量避免一刀切的制度应对方案。

在制度特定匹配方面，一致匹配对企业跨境并购的影响与总体匹配高度一致（假设 2 和假设 5），即正式制度低匹配提升了企业跨境并购的效率和股权（相对正式制度高匹配），而非正式制度低匹配降低了企业跨境并购的效率和股权（相对非正式制度高匹配）。

在效率方面，正式制度低匹配要优于高匹配，这反映了并购市场的异质性：当不确定性是影响跨境并购交易的关键制约因素时，正式制度降低了不确定性，提高了双方企业成功并购的可能性；当不确定性不再是制约跨境并购的关键制约要素时，正式制度的缺点反而成为制约跨境并购的关键制约因素，正式制度并不是完美的。例如，正式制度高匹配缺乏灵活性，即使双方企业有强烈的意愿与合作推进跨境并购，往往卡在正式制度的某个错误程序的修正上。正式制度的修正往往是一个漫长的过程，因此，当正式制度是低匹配时，灵活性优势提高了企业跨境并购的效率。在效率方面，非正式制度的低匹配要弱于高匹配，这样就放大了非正式制度潜在的劣势：非正式制度的相对隐形与多重理解影响了企业跨境并购共识的形成，当非正式制度之间的匹配较低时，相对隐形与多重理解严重干扰了双方企业形成共识，但是当非正式制度之间存在高度匹配时，心有灵犀的默契成为推动双方企业克服并购难题的重要驱动力量，在经济因素之上通过非经济因素实现并购合作，因此提高了企业跨境并购的效率。在股权方面，正式制度的低匹配要优于高匹配，外部制度因素的契合不足可以采用经济利益的内在捆绑来补足，正式制度的高匹配是股权冲突的重要来源。例如，双方企业的正式制度默认超过股权一半的企业为跨境并购的主动方，当双方企业势均力敌时，关于股权的谈判会极其激烈，双方陷入僵局。双方的正式制度低匹配的状态不仅发挥了正式制度的积极作用，而且规避了高匹配为企业双方带来的潜在问题。在股权方面，非正式制度的低匹配使得双方企业很难融合，跨境并购的整合难度很大，通过股权的经济方式强行整合会失败；但是非正式制度的高匹配为双方企业提供了融合的文化基础，如双方员工对于美好生活的向往，促成了企业股权的经济合作，股权合作只是在经济层面反映了双方企业的高度融合。总体而言，一致匹配是正式制度与非正式制度各自维度的内部比较，低匹配的正式制度对企业跨境并购有正面影响，而低匹配的非正式制度对企业跨境并购有负面影响。这样丰富了主流管理理论对正式制度、非正式制度匹配倡导方向的理解，从提高企业跨境并购的视角出发，追求正式制度的低匹配与非正式制度的高匹配是提升企业跨境并购的可行性方案。一般来说，经理人看到正式制度的优势往往会追求高匹配的正式制度，看到非正式制度的劣势往往会完全禁止非正式制度对企业的影响，而本书的研究结果不仅有利于经理人推翻不恰当的常识推理、规避正式制度高匹配带来的经济损失，而且有利于经理人选择非正式制度的高匹配状态，提升企业跨境并购。

在制度特定匹配方面，不一致匹配对企业跨境并购的影响不存在正式制度与非正式制度的差异（假设 3 和假设 6），即与母国正式制度（非正式制度）强于东道国正式制度（非正式制度）的情况相比，母国正式制度（非正式制度）弱于东道国正式制度（非正式制度）的不匹配提升了企业跨境并购的股权和效率。母国与东道国制度的不匹配被视为制度距离的来源，衍生出来源国劣势（Liability of Origin）、局外人劣势（Liability of Outsiderhsip）、认同劣势（Liability of Identity）等多种解释机制，虽然母国与东道国的制度在短时间内无法改变，鲜少有研究深入探讨母国与东道国的制度差异。在效率方面，本研究发现母国制度弱于东道国制度时，企业跨境并购效率显著提升，企业跨境并购的股权显著上升，这与来源国劣势的解释途径显然不同。因此，面对国别制度差异会建立三种截然不同的前提理论假设：第一，国别制度差异会带来歧视，企业的总部位于制度评分高的国家，作为跨境并购的主动发起方会有天然的整合优势，可以复制输出企业的核心竞争力；作为跨境并购的接受方会受到认知冲击，抵触收购后的整合活动，造成跨境并购的失败。第二，国别制度差异会带来学习和融合的机会，企业的总部位于制度评分低的国家，作为跨境并购的主动发起方会有天然的学习优势，挑选合适的学习标杆，通过并购进行进一步深入学习；作为跨境并购的接收方不会受到认知冲击，对收购后的整合活动配合度较高，提升跨境并购的成功概率。第三，国别制度差异会带来平行的组织体系，不会发生融合，并购双方保持松散耦合的合作关系，最大化企业未来生存的可能性。第一种理论假设衍生出外来者劣势的核心路径，如何克服外来者劣势成为追赶企业的必修功课，成为主流的管理经典理论。第二种理论假设衍生出组织学习的核心路径，跨国企业的学习过程成为关注焦点，如何提高跨国企业的学习能力成为核心话题，是管理新兴理论之一。第三种理论假设衍生出的比较制度主义学派，强调母国与东道国的制度本身，强调尊重与解构，并不强调学习与改变。本书立足于第三种理论假设，关注母国制度弱于东道国制度时的套利机会，即制度套利，但并不强调提升母国制度，而是尊重母国与东道国制度的内在特质，不强行融合。以上制度不匹配带来的跨境并购优势既可以天然形成，也可以后天培养。总体而言，正式制度不匹配与非正式制度不匹配均有可能成为并购优势的来源，当母国制度弱于东道国制度时，制度不匹配直接转化成为企业的竞争优势，因此，本书补充了管理经典理论对待跨境并购的整合观点，和而不同也有潜力成为企业生存的路径之一，高度整合的组织并不适合当今不确定性极高的经营环境，并购后整合的相关研究后续有可能与松散耦合研究进行进一步相关对话。

制度匹配，探索的是母国与东道国两个维度、正式制度与非正式制度两个维度的三维关系，强调母国正式制度、母国非正式制度、东道国正式制度、东道国非正式制度自身的属性，并探讨了四者之间的同质组合对企业跨境并购的积极影响。制度距离学派强调国别差异对企业跨境并购带来的阻碍作用，相反地，本书强调制度匹配对企业跨境并购的积极作用，研究的底层逻辑完成了从"分"到"合"的转换。制度距离学派对制度质量的评估引起了很大争议，在平面几何中计算出的你优我劣或者你劣我优，并没有实质意义，反而会引起管理实践中的混乱和困难，现有计算方式的指标能否穷尽是能否解决测量误差的未知数。制度匹配完成了从二维到三维的升级，具有内在的一致性，不仅跳脱了原本零和博弈的框架，而且建立了跨境并购的内在逻辑联系。除此之外，制度匹配与一系列企业战略之间的关系还可以进行研究，如企业联盟战略、松散耦合战略、合资战略、平台战略、移民创业。总体而言，制度匹配对企业的跨境并购战略具有积极作用，且这种积极作用的边界条件还有待进一步研究。

7.2.3 "调节效应一"检验：母国劳动管理水平

企业执行与落实战略决策的组织基础是员工。在国际化战略中，本土员工的外派有效地帮助企业推进并购、促进整合。因此,企业所在母国的劳动管理水平成为企业跨境并购的外部制约因素之一,下文将汇报母国劳动管理水平调节效应的检验结果。

7.2.3.1　母国劳动管理水平对"主效应一"的调节作用

假设 7a 得到数据支持,即母国劳动管理水平显著削弱了国别正式制度匹配对企业跨境并购效率的正向作用。如表 7-3 中的模型 14 所示,母国劳动管理水平与国别正式制度匹配的交互项系数为−0.018,p 值小于 0.001,全模型 14 与分模型 11 保持高度一致,因此,母国劳动管理水平有效地降低了国别正式制度匹配对企业跨境并购效率的提升作用,并且以上降低作用是十分稳健的。

表 7-3　　　　国别制度匹配与企业跨境并购效率的调节效应回归结果

| | 企业跨境并购效率(模型 9~14) | | | | | |
	模型 9	模型 10	模型 11	模型 12	模型 13	模型 14
常数	23.421 **	13.417 *	10.460	14.278 *	15.048 *	12.146 +
	(7.118)	(6.785)	(6.796)	(6.920)	(6.828)	(6.938)
母国劳动管理水平	−0.116 **	−0.027	0.082	−0.020	−0.022	0.114 *
	(0.044)	(0.044)	(0.055)	(0.044)	(0.044)	(0.055)
东道国劳动管理水平	−0.030	0.016	0.037	0.018	0.011	0.038
	(0.045)	(0.045)	(0.045)	(0.045)	(0.045)	(0.045)
行业刺激政策	1.969	−0.560	−0.950	−8.845 **	−0.788	−9.298 **
	(2.735)	(2.721)	(2.726)	(3.137)	(2.720)	(3.176)
东道国行业刺激政策	5.325 *	6.267 **	6.470 **	6.707 **	6.382 **	7.034 **
	(2.332)	(2.319)	(2.314)	(2.339)	(2.320)	(2.336)
上市收购企业	32.054 ***	31.871 ***	31.865 ***	31.878 ***	23.230 ***	23.332 ***
	(3.416)	(3.395)	(3.402)	(3.391)	(4.003)	(4.026)
上市被收购企业	6.643 *	8.295 **	9.203 **	8.043 **	8.074 **	8.801 **
	(2.706)	(2.696)	(2.674)	(2.702)	(2.695)	(2.678)
交叉上市收购企业	−1.213	2.807	1.475	3.928	5.223	4.804
	(6.203)	(6.179)	(6.199)	(6.162)	(6.168)	(6.177)
政府参与跨境并购	32.864 ***	31.179 ***	30.638 ***	31.469 ***	31.293 ***	31.000 ***
	(4.106)	(4.094)	(4.092)	(4.082)	(4.090)	(4.079)
现金支付方式	36.156 ***	26.791 ***	26.282 ***	26.982 ***	27.625 ***	27.234 ***
	(2.265)	(2.439)	(2.441)	(2.429)	(2.462)	(2.457)

	企业跨境并购效率（模型 9~14）					
	模型 9	模型 10	模型 11	模型 12	模型 13	模型 14
股票支付方式	88.108***	75.300***	74.198***	75.396***	73.433***	72.290***
	(11.239)	(11.339)	(11.306)	(11.316)	(11.368)	(11.311)
现金股票混合支付	72.868***	60.607***	60.531***	60.803***	60.044***	60.093***
	(9.120)	(9.210)	(9.235)	(9.207)	(9.198)	(9.227)
友好的并购态度	9.677*	8.403+	8.048+	8.821*	8.563+	8.624+
	(4.456)	(4.423)	(4.424)	(4.397)	(4.420)	(4.395)
行业相关度	1.157**	1.087**	1.077**	1.095**	1.126**	1.129**
	(0.360)	(0.359)	(0.363)	(0.359)	(0.358)	(0.362)
年份	控制	控制	控制	控制	控制	控制
国别正式制度匹配		1.000***	1.397***	0.859***	0.871***	1.205***
		(0.088)	(0.132)	(0.089)	(0.092)	(0.129)
国别非正式制度匹配		1.000***	1.639***	0.901***	1.017***	1.579***
		(0.117)	(0.217)	(0.135)	(0.135)	(0.229)
国别正式制度匹配×母国劳动管理水平			−0.015***			−0.018***
			(0.004)			(0.004)
国别非正式制度匹配×母国劳动管理水平			−0.017***			−0.018***
			(0.004)			(0.004)
国别正式制度匹配×行业刺激政策				0.661**		0.646**
				(0.203)		(0.206)
国别非正式制度匹配×行业刺激政策				0.515		0.581*
				(0.267)		(0.269)
国别正式制度匹配×上市收购企业					0.727**	0.724**
					(0.236)	(0.240)
国别非正式制度匹配×上市收购企业					−0.042+	−0.010
					(0.277)	(0.278)
样本量	19352	19352	19352	19352	19352	19352
F 值	35.26***	46.44***	45.80***	43.31***	45.54***	41.87***
拟合优度 R^2	0.0443	0.0565	0.0579	0.0574	0.0572	0.0597

注：+ $p<0.1$，* $p < 0.05$，** $p < 0.01$，*** $p < 0.001$。

如图 7-5 所示，企业来自劳动管理水平较高的母国，相较来自劳动管理水平较低的母国，前者进行跨境并购的效率更高。从动态视角来看单一国家，母国劳动管理水平的提高稳健地提升了企业跨境并购效率。母国的劳动管理水平越高，越能帮助企业形成合规的雇佣关系。企业进行跨境并购时，根据跨国企业联合守则，在母国与东道国的标准不一致时，企业应该采取较高的标准。因此，企业落实较高的母国劳动管理水平下的雇佣关系，不仅有利于企业招聘当地员工、实现员工本土化，而且有利于降低跨境并购中的员工流失情况。

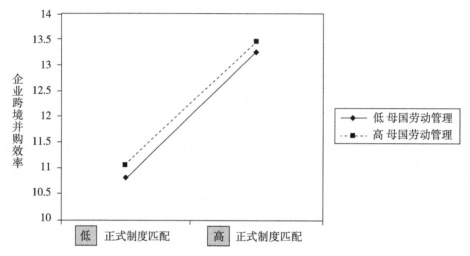

图 7-5　母国劳动管理水平对国别正式制度匹配与企业跨境并购效率的调节作用

假设 7b 得到数据支持，即母国劳动管理水平显著削弱了国别正式制度匹配对企业跨境并购股权的正向作用。如表 7-4 中的模型 20 所示，母国劳动管理水平与国别正式制度匹配的交互项系数为 -0.016，p 值小于 0.001，全模型 20 与分模型 17 保持高度一致，因此，母国劳动管理水平有效地降低了国别正式制度匹配对企业跨境并购股权的提升作用，并且以上降低作用是十分稳健的。

如图 7-6 所示，企业来自劳动管理水平较高的母国，相较来自劳动管理水平较低的母国，前者要求跨境并购的股权略高。随着国别正式制度匹配的提升，拥有较高国别正式制度匹配的企业在跨境股权方面重合，即母国劳动管理水平高低对跨境并购股权的影响是一样的。在高正式制度匹配下，母国劳动管理水平并不会显著增加对股权这类经济因素的控制要求；在低正式制度匹配下，母国的劳动政策落实需要掌握略微较多的股权。因此，总体而言，较高的母国劳动管理水平引起的企业跨境股权提升较为微弱，并不会引起剧烈变动。

综上所述，母国劳动管理水平削弱了国别正式制度匹配对企业跨境并购的正向影响，企业在利用国别正式制度匹配优势时应注意管控母国劳动管理水平带来的消极影响。但是

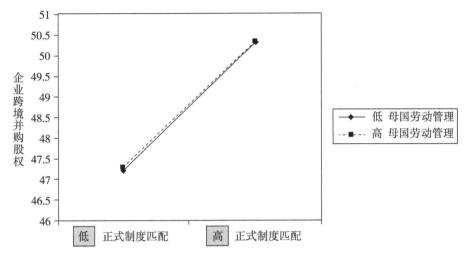

图 7-6　母国劳动管理水平对国别正式制度匹配与企业跨境并购股权的调节作用

母国劳动管理水平较高的企业进行跨境并购的效率更高，股权提升的幅度较小，其经济成本较低。因此，虽然企业认为母国的劳动管理水平是经营的最大障碍，但是母国的劳动管理水平规范了企业的员工管理与雇佣关系，极大地降低了企业并购中的法律风险，并为企业解决并购过程中的员工流失与并购后的文化整合奠定了良好基础。因此，母国劳动管理水平对企业并购的约束条件需要做战略性考虑，但并不需要取消的限制条件。

7.2.3.2　母国劳动管理水平对"主效应二"的调节作用

假设 8a 得到数据支持，即母国劳动管理水平显著削弱了国别非正式制度匹配对企业跨境并购效率的正向作用。如表 7-3 中的模型 14 所示，母国劳动管理水平与国别非正式制度匹配的交互项系数为−0.018，p 值小于 0.001，全模型 14 与分模型 11 保持高度一致，因此母国劳动管理水平有效地降低了国别非正式制度匹配对企业跨境并购效率的提升作用，并且以上降低作用是十分稳健的。

如图 7-7 所示，企业来自劳动管理水平较高的母国，相较来自劳动管理水平较低的母国，前者进行跨境并购的效率更高。从动态视角来看单一国家，母国劳动管理水平的提高稳健地提升了企业跨境并购效率。母国的劳动管理水平越高，越能约束企业不雇佣当地不符合法律法规、不接受政府监管的地下经济从业者，国别非正式制度匹配为企业带来的并购优势受到部分约束，反而进一步确保了企业跨境并购的成功。

假设 8b 得到数据支持，即母国劳动管理水平显著削弱了国别非正式制度匹配对企业跨境并购股权的正向作用。如表 7-4 中的模型 20 所示，母国劳动管理水平与国别非正式制度匹配的交互项系数为−0.010，p 值小于 0.001，分模型 17 中的交互项系数为−0.010，p 值小于 0.01，全模型 20 与分模型 17 保持高度一致，因此母国劳动管理水平有效地降低了

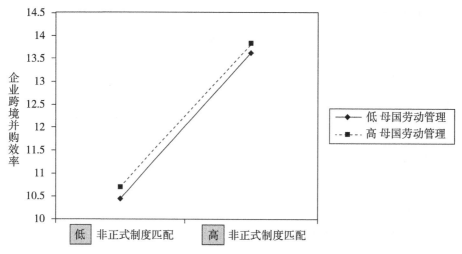

图7-7   母国劳动管理水平对国别非正式制度匹配与企业跨境并购效率的调节作用

国别非正式制度匹配对企业跨境并购股权的提升作用，并且以上降低作用是十分稳健的。较高的母国劳动管理水平有助于企业降低跨境并购中的股权手段，降低了企业完成跨境并购的经济成本。

如图7-8所示，虽然母国劳动管理水平显著降低了国别非正式制度匹配对企业跨境并购股权的提升作用，但是母国劳动管理水平的高低变化约束的国别非正式制度匹配与企业跨境并购股权的变化十分微小，在较高的国别非正式制度匹配的情境下重合。因此，母国劳动管理水平的影响确实存在，但是并不会引起企业跨境并购股权的大幅变动。

综上所述，本书发现了国别正式制度匹配与国别非正式制度匹配对企业跨境并购影响的边界条件——母国劳动管理水平。在此边界条件下，国别正式制度匹配与国别非正式制度匹配对企业跨境并购效率与股权的影响具有相似性。母国劳动管理水平越高，国别正式制度匹配、国别非正式制度匹配带来的企业跨境并购优势越显著，即企业跨境并购效率显著提升，企业跨境并购股权微弱提升（以上结论是由相对于母国劳动管理水平较低的情况比较得出的）。母国劳动管理水平解决的核心问题是企业执行层面的员工问题，涉及企业如何处理国别正式制度匹配与国别非正式制度匹配的动态关系，如何对待依靠地下经济（如童工）获取竞争优势的竞争者，如何在落实母国劳动管理水平的同时确保企业自身的竞争优势，等等。本书的研究成果表明，母国劳动管理水平看似提高了企业跨境并购的难度，但是实际上规避了潜在的雇佣风险，促成了被并购企业的员工吸纳工作，在"黑天鹅""灰犀牛"等极端事件发生时，帮助企业迅速激发组织韧性。母国劳动管理水平较高的企业跨境并购效率显著提升，缩短了因双方不信任而增加的谈判时间；企业跨境并购股权的提升不多，降低了双方为争夺主动权进行的经济博弈，总体上促进了企业跨境并购的迅速推进。

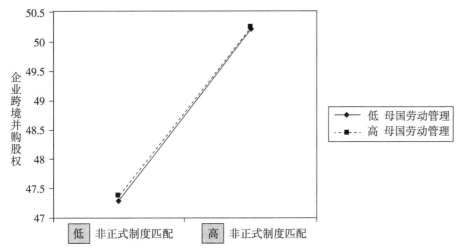

图 7-8　母国劳动管理水平对国别非正式制度匹配与企业跨境并购股权的调节作用

7.2.4 "调节效应二"检验：行业刺激政策

跨境并购决策是涉及企业双方及其国家的综合决策。任一国家的政策调整都有可能引发企业跨境并购的链式反应。因此，面对突发事件，行业刺激政策不仅影响了本国企业的跨境并购事件，而且通过供应链、产业链、生态圈等多种方式影响了他国企业的跨境并购事件。行业刺激政策相关研究蓬勃兴起，下文将汇报行业刺激政策调节效应的检验结果。

7.2.4.1 行业刺激政策对"主效应一"的调节作用检验

假设 9a 得到数据支持，即行业刺激政策显著增强了国别正式制度匹配与企业跨境并购效率的正向关系。如表 7-3 中的模型 14 所示，行业刺激政策与国别正式制度匹配的交互项系数为 0.646，p 值小于 0.01，全模型 14 与分模型 12 保持高度一致，因此行业刺激政策有效地增强了国别正式制度匹配对企业跨境并购效率的提升作用，并且以上增强作用是十分稳健的。

如图 7-9 所示，行业刺激政策影响较大的行业在低国别正式制度匹配的企业跨境并购效率，高于行业刺激政策影响较小的行业；在高国别正式制度匹配的企业跨境并购效率，低于行业刺激政策影响较小的行业。母国的行业刺激政策具有积极意义，在国别正式制度匹配低时，帮助企业提升了跨境并购效率，帮助企业应对组织危机；但是对于国别正式制度匹配高的企业来说，反而拖慢了企业跨境并购效率。在行业刺激政策的影响下，受到母国政策影响较大的行业在企业跨境并购效率方面变动也更大，体现了政策对企业跨境并购影响的滞后性。

假设 9b 得到数据支持，即行业刺激政策显著增强了国别正式制度匹配与企业跨境并

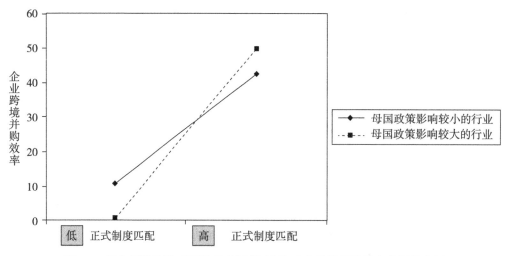

图 7-9　行业刺激政策对国别正式制度匹配与企业跨境并购效率的调节作用

购股权的正向关系。如表 7-4 中的模型 20 所示，行业刺激政策与国别正式制度匹配的交互项系数为 0.512，p 值小于 0.01，分模型 18 中行业刺激政策与国别正式制度匹配的交互项系数为 0.409，p 值小于 0.05，全模型 20 与分模型 18 保持高度一致，因此行业刺激政策有效地增强了国别正式制度匹配对企业跨境并购股权的提升作用，并且以上增强作用是十分稳健的。

如图 7-10 所示，受行业刺激政策影响较大，企业跨境并购效率低于受行业刺激政策较小行业内的企业。在低国别正式制度匹配时，上述差异较小；在高国别正式制度匹配时，上述差异较大。行业刺激政策显著提高了企业跨境并购股权，短期政策的出台引起了跨境并购市场的波动，企业通过增加以股权为代表的经济手段来抗衡外部政策的影响，本身具有资源的企业需要通过更高的交易成本实现目的，企业跨境并购中重新分配了短期政策的利好预期，政策传导效应进一步扩大。

综上所述，行业刺激政策作为外部突发的重要变化，企业处于政策调控的行业内，不仅接受政策利好，而且同步接受政策波动带来的成本。受到政策影响后，企业跨境并购效率随着国别正式制度匹配的提升而下降，审查的要求进一步延长了企业跨境并购的周期；与此同时，企业跨境并购的股权显著提升，国别正式制度匹配越高，跨境并购股权的提升越明显。企业跨境并购效率和企业跨境并购股权变化反映了行业刺激政策的传导影响。

7.2.4.2　行业刺激政策对"主效应二"的调节作用检验

假设 10a 得到部分数据支持，即行业刺激政策显著增强了国别非正式制度匹配与企业跨境并购效率的正向关系。如表 7-3 中的模型 14 所示，行业刺激政策与国别非正式制度匹配的交互项系数为 0.581，p 值小于 0.05，但是分模型 12 中行业刺激政策与国别非正式制

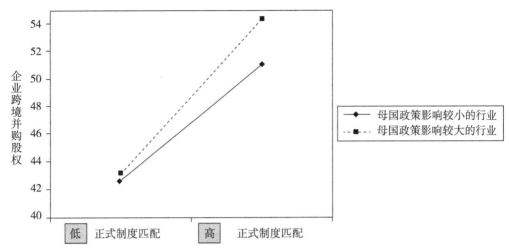

图 7-10　行业刺激政策对国别正式制度匹配与企业跨境并购股权的调节作用

度匹配的交互项系数为 0.515，p 值大于 0.05。因此，行业刺激政策增强了国别非正式制度匹配对企业跨境并购效率的提升作用，但是以上增强作用不是十分稳健的，需要考虑其他因素的复合作用。

如图 7-11 所示，受行业刺激政策影响较大，企业跨境并购效率显著高于受行业刺激政策影响较小的行业。在低国别非正式制度匹配时，二者之间的差异较大；在高国别非正式制度匹配时，二者之间的差异较小。其中，在低国别非正式制度匹配时，受到行业刺激政策影响大的企业出现了日期倒挂现象，即跨境并购的宣布日期晚于跨境并购的完成日期，说明在行业刺激政策的情境下，企业跨境并购的策略是先落实整合，再进行公开宣告，最大程度上避免了意外事件的发生。这种宣传策略的变化在受行业刺激政策影响较小的行业中也存在，但并不普遍，日期倒挂的程度也更轻微。

假设 10b 没有得到数据支持，即行业刺激政策没有显著增强国别非正式制度匹配与企业跨境并购股权的正向关系。如表 7-4 中的模型 20 所示，行业刺激政策与国别正式制度匹配的交互项系数为-0.061，p 值大于 0.05，分模型 18 中行业刺激政策与国别非正式制度匹配的交互项系数为-0.095，p 值大于 0.05，全模型 20 与分模型 18 保持高度一致，因此行业刺激政策没有显著增强了国别非正式制度匹配对企业跨境并购股权的提升作用。图 7-12 说明母国危机响应策略对国别非正式制度匹配与企业跨境并购股权之间没有调节作用。

综上所述，行业刺激政策对国别非正式制度匹配与企业跨境并购效率有增强作用，对国别非正式制度匹配与企业跨境并购股权之间的关系没有影响。母国的行业刺激政策催生了大量的市场机会，企业为了抓住机遇，利用国别非正式制度匹配对企业跨境并购效率的提升作用，能够同时使用国别正式制度匹配与国别非正式制度匹配双重优势的企业可以极大地提升企业跨境并购的效率，从而建立并维护企业的竞争优势。

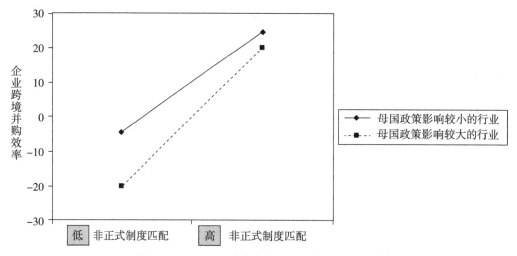

图 7-11 行业刺激政策对国别非正式制度匹配与企业跨境并购效率的调节作用

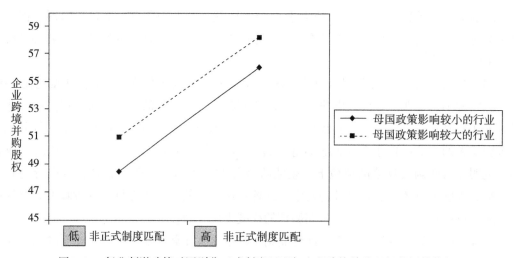

图 7-12 行业刺激政策对国别非正式制度匹配与企业跨境并购股权的调节作用

假设 10a 得到部分支持的原因在于国别非正式制度匹配与国别正式制度匹配有潜在的协同优势，这种协同优势在行业刺激政策的存在下被放大。分模型与全模型的不一致是因为两种制度优势的配合是不确定的，其成功配合需要多种约束条件，即"此一时彼一时"。因此，分模型的不存在并不代表着总模型的存在关系没有意义，只是在应用决策中需要根据约束条件的变化进行调整。

假设 10b 没有得到支持的原因在于企业跨境并购股权本身对行业刺激政策的不敏感性。股权是企业跨境并购谈判中的重中之重，关系着双方的切身经济利益和非经济权利，因此行业刺激政策很难直接影响股权谈判，国家级行业刺激政策很难改变单个企业的战略决策，也很难转换成单个企业的经济利益，环境的突变并不能使企业放弃经济逐利的目标。

7.2.5　"调节效应三"检验：上市收购企业

除了国家层和行业层的边界条件，企业层同样包括影响国别正式制度匹配、国别非正式制度匹配与企业跨境并购效率、企业跨境并购股权的边界条件。作为主动发起跨境并购的一方，收购企业的特征对跨境并购具有更显著的影响。收购企业具有上市企业的资质时，提高了跨境并购的可信度，对于跨境并购中支付方式的谈判具有重要意义。因此，下文将汇报上市收购企业调节效应的检验结果。

7.2.5.1　上市收购企业对"主效应一"的调节作用检验

假设 11a 得到数据支持，即上市收购企业显著增强了国别正式制度匹配与企业跨境并购效率的正向关系。如表 7-3 中的模型 14 所示，上市收购企业与国别正式制度匹配的交互项系数为 0.724，p 值小于 0.01，全模型 14 与分模型 13 保持高度一致，因此上市收购企业有效地增强了国别正式制度匹配对企业跨境并购效率的提升作用，并且以上增强作用是十分稳健的。

如图 7-13 所示，收购企业为上市企业时，企业跨境并购需要的天数更长，企业跨境并购效率降低。在低国别正式制度匹配时，收购企业是上市企业与收购企业不是上市企业之间的跨境并购效率差异较小；在高国别正式制度匹配时，收购企业是上市企业与收购企业不是上市企业之间的跨境并购效率差异变大。综上所述，上市收购企业显著增强了国别正式制度匹配与企业跨境并购效率之间的正向关系，降低了企业跨境并购的效率。

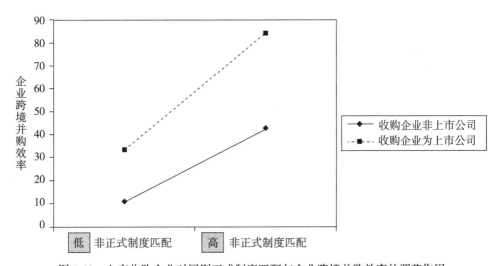

图 7-13　上市收购企业对国别正式制度匹配与企业跨境并购效率的调节作用

假设 11b 得到数据支持，即上市收购企业显著削弱了国别正式制度匹配与企业跨境并购股权的正向关系。如表 7-4 中的模型 20 所示，上市收购企业与国别正式制度匹配的交互项系数为 -0.590，p 值小于 0.01，分模型 19 中上市收购企业与国别正式制度匹配的交互项系数为 -0.581，p 值小于 0.01，全模型 20 与分模型 19 保持高度一致，因此上市收购企业有效地削弱了国别正式制度匹配对企业跨境并购股权的提升作用，并且以上削弱作用是十分稳健的。

如图 7-14 所示，在低国别正式制度匹配时，收购企业为上市企业时，其跨境并购股权高于收购企业不是上市企业的跨境并购股权；在高国别正式制度匹配时，收购企业为上市企业时，其跨境并购股权远远低于收购企业不是上市企业的跨境并购股权。收购企业是上市企业，不仅有效降低了跨境并购中对高股权的谈判争夺，而且在低国别正式制度匹配时，通过提高跨境并购的股权，为跨境并购的成功推进提供替代性的支付方案，以上替代作用在低国别正式制度匹配的情境下发生。

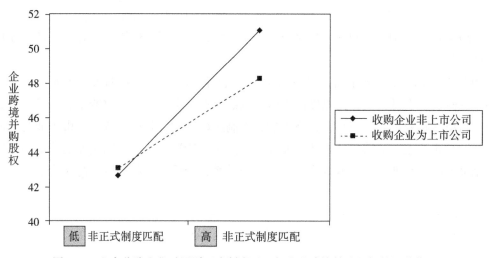

图 7-14 上市收购企业对国别正式制度匹配与企业跨境并购股权的调节作用

综上所述，上市收购企业对国别正式制度匹配与企业跨境并购的关系影响具有异质性：上市收购企业增强了国别正式制度匹配与企业跨境并购效率的正向关系，但是削弱了国别正式制度匹配与企业跨境并购股权的正向关系。总体而言，上市收购企业虽然降低了企业跨境并购的效率，但同时也降低了企业跨境并购股权的需求，降低了企业跨境并购的经济成本。

7.2.5.2 上市收购企业对"主效应二"的调节作用检验

假设 12a 没有得到数据支持，即上市收购企业对国别非正式制度匹配与企业跨境并购效率的关系没有影响。如表 7-3 所示，全模型 14 中上市收购企业与国别非正式制度匹配的交互项系数为-0.010，p 值大于 0.05，因此，上市收购企业对国别非正式制度匹配与企业跨境并购的效率关系没有约束作用。

假设 12b 没有得到数据支持，即上市收购企业对国别非正式制度匹配与企业跨境并购股权的关系没有影响。如表 7-4 所示，全模型 20 中上市收购企业与国别非正式制度匹配的交互项系数为 0.103，p 值大于 0.05，因此，上市收购企业对国别非正式制度匹配与企业跨境并购股权的交互项系数为 0.103，p 值大于 0.05，因此，上市收购企业对国别非正式制度匹配与企业跨境并购的股权关系没有约束作用。

理论预测与数据结果的冲突是对理论推导的重大修正：上市收购企业的约束作用更多地体现在国别正式制度匹配的跨境并购渠道，对国别非正式制度匹配的跨境并购渠道没有显著影响。国别正式制度匹配与国别非正式制度匹配具有相似性与差异性，面对上市收购企业的边界条件，国别正式制度匹配的反应相对来说更敏感，对于官方信息的响应更迅速；国别非正式制度匹配的运作机制本身就是非官方的，核心机制在于信任，因为信任被辜负而付出的成本再高也可以接受，收购企业上市与否不影响国别非正式制度匹配识别。更重要的是，收购企业上市有资源属于可以被替换的利益，但是上市也很容易招致外部官方机构的调查和不必要的关注，这对于国别非正式制度匹配来说也是不可能解决的麻烦问题。因此，收购企业上市对于国别非正式制度匹配来讲是个可有可无的约束条件，并不影响主效应的大局。从客观角度来讲，收购企业为上市企业时，受到的监管和约束非常严格，供应商很难选择国别非正式制度匹配下的备选项，即使成功合作也不能作为企业的竞争优势加以宣传。上市的收购企业与国别非正式制度匹配保持稳定合作的关系本身就罕见，因为上市带来的资源和能力非常丰富，而国别非正式制度匹配是资源极度匮乏下的无奈之举，资源冗余和资源匮乏的结合需要更多的外部条件和内部需求组合才能实现，因此本数据无法捕捉到理论预测是正常的大概率事件，后续研究可以考虑通过其他数据源进行再次验证。

综上所述，本书选择了母国劳动管理水平、行业刺激政策与上市收购企业三个调节变量，从国家——行业——企业三个层面全方位探索了国别正式制度匹配、国别非正式制度匹配与企业跨境并购效率、企业跨境并购股权的边界条件，进一步厘清了每个层面的约束条件对主效应的具体影响。国家层面的约束条件——母国劳动管理水平均削弱了主效应并得到数据支持，行业层面的约束条件——行业刺激政策增强了主效应并得到大部分的数据支持，企业层面的约束条件——上市收购企业对主效应的影响具有异质性，依据主效应的不同对象作用不同，得到部分数据支持。企业实践国别正式制度匹配与国别非正式制度匹配优势时，最重要的是考虑国别层面的约束条件——母国劳动管理水平的作用，该边界条件稳健且可预测；其次考虑行业层面的行业刺激政策，即短期政策红利或者干预的影响；最后考虑企业层面的约束条件，仔细权衡考量具体情境对具体因素的影响。

表7-4   **国别制度匹配与企业跨境并购股权的调节效应回归结果**

	企业跨境并购股权（模型15~20）					
	模型15	模型16	模型17	模型18	模型19	模型20
常数	48.596 ***	49.206 ***	48.897 ***	48.953 ***	49.480 ***	48.789 ***
	(1.202)	(1.216)	(1.257)	(1.222)	(1.219)	(1.265)
母国劳动管理水平	0.054 ***	0.015	0.023 +	0.015	0.015	0.026 *
	(0.010)	(0.010)	(0.013)	(0.010)	(0.010)	(0.013)
东道国劳动管理水平	0.033 **	0.030 **	0.038 ***	0.030 **	0.028 **	0.037 ***
	(0.010)	(0.010)	(0.010)	(0.010)	(0.010)	(0.010)
行业刺激政策	2.659 ***	2.000 ***	1.843 **	2.694 ***	1.947 ***	2.507 ***
	(0.556)	(0.552)	(0.552)	(0.711)	(0.552)	(0.713)
东道国行业刺激政策	−0.496	0.099	0.163	0.022	0.121	0.092
	(0.508)	(0.505)	(0.506)	(0.506)	(0.506)	(0.506)
上市收购企业	−0.884	−0.907	−1.005 +	−0.857	−1.804 *	−1.919 *
	(0.585)	(0.582)	(0.582)	(0.582)	(0.809)	(0.812)
上市被收购企业	−31.163 ***	−30.666 ***	−30.670 ***	−30.679 ***	−30.626 ***	−30.647 ***
	(0.701)	(0.696)	(0.695)	(0.696)	(0.696)	(0.695)
交叉上市收购企业	1.569	2.045 +	1.956 +	1.959 +	2.223 *	2.017 +
	(1.089)	(1.077)	(1.075)	(1.077)	(1.087)	(1.084)
政府参与跨境并购	−5.826 ***	−5.801 ***	−5.722 ***	−5.765 ***	−5.784 ***	−5.663 ***
	(0.744)	(0.736)	(0.736)	(0.736)	(0.736)	(0.735)
现金支付方式	−2.000 ***	−0.794	−0.633	−0.786	−0.726	−0.554
	(0.482)	(0.483)	(0.483)	(0.483)	(0.484)	(0.485)
股票支付方式	9.266 ***	10.526 ***	10.874 ***	10.544 ***	10.406 ***	10.778 ***
	(1.645)	(1.625)	(1.625)	(1.624)	(1.623)	(1.622)
现金股票混合支付	6.168 ***	7.478 ***	7.724 ***	7.488 ***	7.411 ***	7.671 ***
	(1.521)	(1.533)	(1.539)	(1.532)	(1.534)	(1.538)
友好的并购态度	27.813 ***	27.330 ***	27.193 ***	27.348 ***	27.316 ***	27.208 ***
	(0.876)	(0.869)	(0.869)	(0.869)	(0.868)	(0.868)
行业相关度	1.126 ***	1.026 ***	0.989 ***	1.028 ***	1.018 ***	0.986 ***
	(0.074)	(0.073)	(0.073)	(0.073)	(0.073)	(0.074)
年份	控制	控制	控制	控制	控制	控制

	企业跨境并购股权（模型 15~20）					
	模型 15	模型 16	模型 17	模型 18	模型 19	模型 20
国别正式制度匹配		1.000 ***	1.585 ***	0.895 ***	1.122 ***	1.544 ***
		(0.077)	(0.137)	(0.089)	(0.086)	(0.146)
国别非正式制度匹配		1.000 ***	1.414 ***	1.029 ***	0.993 ***	1.446 ***
		(0.072)	(0.133)	(0.084)	(0.080)	(0.143)
国别正式制度匹配×母国劳动管理水平				−0.018 ***		−0.016 ***
				(0.003)		(0.003)
国别非正式制度匹配×母国劳动管理水平				−0.010 **		−0.010 ***
				(0.003)		(0.003)
国别正式制度匹配×行业刺激政策					0.409 *	0.512 **
					(0.160)	(0.161)
国别非正式制度匹配×行业刺激政策					−0.095	−0.061
					(0.159)	(0.159)
国别正式制度匹配×上市收购企业						−0.581 **	−0.590 **
国别非正式制度匹配×上市收购企业						0.074	0.103
						(0.187)	(0.186)
样本量	19352	19352	19352	19352	19352	19352
F 值	243.43 ***	255.54 ***	238.92 ***	238.76 ***	240.10 ***	212.96 ***
拟合优度 R^2	0.2446	0.2579	0.2594	0.2582	0.2583	0.2601

注：+ $p<0.1$ ，* $p < 0.05$ ，** $p < 0.01$ ，*** $p < 0.001$ 。

7.3 实证研究结果汇总

为了更好地展示所有实证研究结果，本书进一步提炼总结研究结果，如表 7-5 所示：

表 7-5 　　　　　　　　　　　　实证结果汇总表

假设序号	假 设 内 容	检验结果
1a	母国与东道国的正式制度得分越一致（即匹配性越高），企业跨境并购效率越高。	支持
1b	母国与东道国的正式制度得分越一致（即匹配性越高），企业跨境并购股权越高。	支持

续表

假设序号	假 设 内 容	检验结果
2a	与母国和东道国正式制度得分较高的情况相比（High，High），母国与东道国正式制度得分较低时（Low，Low），企业跨境并购效率越高。	支持
2b	与母国和东道国正式制度得分较高的情况相比（High，High），母国与东道国正式制度得分较低时（Low，Low），企业跨境并购股权越高。	支持
3a	与母国正式制度得分高于东道国正式制度得分的情况相比（High，Low）（即下行并购），母国正式制度得分低于东道国正式制度得分时（Low，High）（即上行并购），企业跨境并购效率越高。	支持
3b	与母国正式制度得分高于东道国正式制度得分的情况相比（High，Low）（即下行并购），母国正式制度得分低于东道国正式制度得分时（Low，High）（即上行并购），企业跨境并购股权越高。	支持
4a	母国与东道国的非正式制度得分越一致（即匹配性越高），企业跨境并购效率越低。	支持
4b	母国与东道国的非正式制度得分越一致（即匹配性越高），企业跨境并购股权越低。	支持
5a	与母国和东道国非正式制度得分较高的情况相比（High，High），母国与东道国的非正式制度得分较低时（Low，Low），企业跨境并购效率越低。	支持
5b	与母国和东道国非正式制度得分较高的情况相比（High，High），母国与东道国非正式制度得分较低时（Low，Low），企业跨境并购股权越低。	支持
6a	与母国非正式制度得分高于东道国非正式制度得分的情况相比（High，Low）（下行并购），母国非正式制度得分低于东道国非正式制度得分时（Low，High）（上行并购），企业跨境并购效率越高。	支持
6b	与母国非正式制度得分高于东道国非正式制度得分的情况相比（High，Low）（下行并购），母国非正式制度得分低于东道国非正式制度得分时（Low，High）（上行并购），企业跨境并购股权越高。	部分支持
7a	母国劳动管理水平削弱了国别正式制度匹配对企业跨境并购效率的正向作用。	支持
7b	母国劳动管理水平削弱了国别正式制度匹配对企业跨境并购股权的正向作用。	支持
8a	母国劳动管理水平削弱了国别非正式制度匹配对企业跨境并购效率的正向作用。	支持
8b	母国劳动管理水平削弱了国别非正式制度匹配对企业跨境并购股权的正向作用。	支持
9a	行业刺激政策显著增强了国别正式制度匹配与企业跨境并购效率的正向关系。	支持
9b	行业刺激政策显著增强了国别正式制度匹配与企业跨境并购股权的正向关系。	支持
10a	行业刺激政策显著增强了国别非正式制度匹配与企业跨境并购效率的正向关系。	部分支持
10b	行业刺激政策显著增强了国别非正式制度匹配与企业跨境并购股权的正向关系。	不支持
11a	上市收购企业显著增强了国别正式制度匹配与企业跨境并购效率的正向关系。	支持

续表

假设序号	假 设 内 容	检验结果
11b	上市收购企业显著削弱了国别正式制度匹配与企业跨境并购股权的正向关系。	支持
12a	上市收购企业显著削弱了国别非正式制度匹配与企业跨境并购效率的正向关系。	不支持
12b	上市收购企业显著增强了国别非正式制度匹配与企业跨境并购股权的正向关系。	不支持

7.4 稳健性检验

互为因果导致的内生性问题在本书中并不严重，这是由研究设计和国际商务研究范式共同决定的。从理论上看，国别制度环境的改变是漫长且滞后的进程，跨境并购作为企业层面的全球整合活动，有效地改变国别制度环境需要几十年甚至几个世纪，这一点从资本主义与传统宗教的漫长斗争中可以得到佐证；本书立足制度基础观，强调企业要遵从国别制度环境，在具备能力和动机的情况下才能尝试操纵国别制度环境（Lake 和 Powell，1999）。从实践上看，"一带一路"倡议下国家投资指南出版，强调企业要适应东道国的制度环境，而不是输出价值观，即入乡随俗而不是移风易俗。从实证数据层级上看，国别制度环境采用的是国别数据库，企业跨境并购采用的是企业数据库，二者并不属于同一层级、并不存在互相混杂影响的关系，而是天然具有传导顺序的归并数据；但是，国别制度环境的数据又是有企业感知的视角统计而来，与跨境并购的企业层数据相互呼应，分析单位具有内在联系。从测量上看，国别正式制度匹配与国别非正式制度的匹配具有多维性，若强行作为被解释变量，则会面临多对多的非函数关系，这样不仅不符合被解释变量的定义，而且很难找到估计模型与方法。

测量误差造成的内生性问题在本书中存在，这是由国别制度研究的特殊性决定的。国别制度研究具有多样性。国别制度构念是一个多维复杂构念，具有不同的分类维度，每个维度下还有子维度。不同层次的维度测量，甚至相同层次的子维度之间都有可能得到截然相反的结论，但是，国别制度因素对企业战略决策的重要性被反复证明，具体制度因素对企业具体战略决策的具体影响有大量的研究去做论证（Child，1997）。因此，本书选择了国别正式制度匹配与国别非正式制度匹配的替代测量来进行稳健性检验，不是为了证明至少有两种相似的国别制度因素对企业跨境并购效率和企业跨境并购股权具有相似的影响力，而是尽可能从不同的国别制度维度，深入探究国别制度因素与企业跨境并购效率与企业跨境并购股权的真实关系。这也符合国别制度研究的核心前提，即客观认识国别制度的差异性，不能过于强调国别制度的优劣，而是进一步提出改进国别制度的政策建议。国别制度学派已经对现有研究范式的缺陷进行反思，通过强化组织制度主义、制度经济学派、比较制度主义三种子流派的核心假设和研究范式，部分解决了国别制度研究和实证研究的薄弱之处。具体的替代测量详见表 7-6 所示，替代测量的主效应回归结果详见表 7-7 所示。

表 7-6 主效应核心变量的替代测量

变量	测量	替代测量
国别正式制度匹配(Formal Institutional Congruence)	母国正式制度得分和东道国正式制度得分两个维度组成，正式制度得分来自腐败深度（Bribery Depth），即在征集公共服务、执照或许可证期间，预期或要求企业提供礼物或非正式付款的情况的百分比。该测量来自 6 个调查问题： "关于电力连接的申请，是否期望或要求企业提供非正式礼物或付款？" "关于供水连接申请，是否期望或要求企业提供非正式礼物或付款？" "关于建筑相关许可证的申请，是否期望或要求企业提供非正式礼物或付款？" "在任何这些检查或会议（与税务官员）中，是否期望或要求企业提供礼物或非正式付款？" "关于进口许可证的申请，是否期望或要求企业提供非正式礼物或付款？" "关于营业执照的申请，是否期望或要求企业提供非正式礼物或付款？"。	母国正式制度得分和东道国正式制度得分两个维度组成，正式制度来自认为具有与其相似特征的企业正在向公职人员提供非正式付款或礼品以确保获得政府合同的机构的百分比。该测量来自 2 个调查问题： "在过去一年中，该企业是否已获得或试图获得政府合同？" "当像这样的企业与政府做生意时，合同价值的百分之多少通常会以非正式付款或礼物的形式支付以确保合同？"
国别非正式制度匹配(Informal Institutional Congruence)	母国非正式制度得分和东道国非正式制度得分两个维度组成，非正式制度来自未经正式注册的企业平均年限。该测量来自企业 3 个调查问题： "该企业在哪一年开始运营？" "该企业在开始运营时是否已正式注册？" "该企业在哪一年正式注册的？"	将非正规部门竞争者的做法确定为企业当前运营主要制约因素的企业所占的比例。该测量是"非正规部门竞争对手的做法在多大程度上阻碍了该企业的当前运营？" 选项分别为没有障碍、次要障碍、中等障碍、重大障碍。

表 7-7 国别制度匹配与企业跨境并购的回归结果（替代测量）

	企业跨境并购效率（模型 21~24）				企业跨境并购股权（模型 25~28）			
	模型21	模型22	模型23	模型24	模型25	模型26	模型27	模型28
常数	23.421**	25.033**	7.045	9.593	48.596***	50.759***	49.787***	51.321***
	(7.118)	(7.309)	(6.770)	(7.018)	(1.202)	(1.240)	(1.246)	(1.318)
母国劳动管理水平	-0.116**	-0.119**	0.062	0.017	0.054***	0.040***	0.014	0.007
	(0.044)	(0.046)	(0.046)	(0.047)	(0.010)	(0.010)	(0.010)	(0.010)
东道国劳动管理水平	-0.030	0.045	0.032	0.054	0.033**	0.022*	0.037***	0.031**
	(0.045)	(0.044)	(0.045)	(0.046)	(0.010)	(0.010)	(0.010)	(0.010)

	企业跨境并购效率（模型21~24）				企业跨境并购股权（模型25~28）			
	模型21	模型22	模型23	模型24	模型25	模型26	模型27	模型28
行业刺激政策	1.969	−1.826	2.237	−0.093	2.659***	2.358***	1.987***	1.759**
	(2.735)	(2.754)	(2.744)	(2.783)	(0.556)	(0.559)	(0.553)	(0.559)
东道国行业刺激政策	5.325*	7.298**	4.959*	6.268**	−0.496	−0.283	−0.180	0.013
	(2.332)	(2.352)	(2.314)	(2.339)	(0.508)	(0.510)	(0.506)	(0.509)
上市收购企业	32.054***	31.983***	32.487***	32.026***	−0.884	−1.012	−0.751	−0.934
	(3.416)	(3.407)	(3.366)	(3.370)	(0.585)	(0.585)	(0.589)	(0.589)
上市被收购企业	6.643*	9.474***	8.053**	9.412***	−31.163***	−31.090***	−30.721***	−30.606***
	(2.706)	(2.702)	(2.688)	(2.706)	(0.701)	(0.701)	(0.696)	(0.698)
交叉上市收购企业	−1.213	0.381	2.728	3.357	1.569	1.688	0.895	0.989
	(6.203)	(6.204)	(6.171)	(6.173)	(1.089)	(1.087)	(1.079)	(1.080)
政府参与跨境并购	32.864***	29.784***	29.777***	28.301***	−5.826***	−5.567***	−5.318***	−5.300***
	(4.106)	(4.091)	(4.088)	(4.074)	(0.744)	(0.744)	(0.740)	(0.741)
现金支付方式	36.156***	29.285***	24.929***	22.917***	−2.000***	−1.487**	−0.668	−0.622
	(2.265)	(2.388)	(2.525)	(2.536)	(0.482)	(0.491)	(0.499)	(0.501)
股票支付方式	88.108***	79.162***	71.500***	69.717***	9.266***	10.005***	10.922***	11.112***
	(11.239)	(11.324)	(11.520)	(11.519)	(1.645)	(1.645)	(1.638)	(1.638)
现金股票混合支付	72.868***	65.161***	57.063***	55.553***	6.168***	6.802***	7.891***	8.022***
	(9.120)	(9.182)	(9.255)	(9.260)	(1.521)	(1.549)	(1.536)	(1.550)
友好的并购态度	9.677*	8.110	8.716*	7.922	27.813***	27.307***	27.382***	26.994***
	(4.456)	(4.447)	(4.429)	(4.432)	(0.876)	(0.874)	(0.866)	(0.867)
行业相关度	1.157**	1.002**	1.392***	1.224**	1.126***	1.033***	1.016***	0.956***
	(0.360)	(0.364)	(0.360)	(0.365)	(0.074)	(0.074)	(0.073)	(0.073)
年份	控制	控制	控制	控制	控制	控制	控制	控制
母国正式制度得分（AF）		11.433***		7.453***		−1.293***		−0.574*
		(1.084)		(1.133)		(0.246)		(0.254)
东道国正式制度得分（TF）		1.231		0.030		−0.728**		−0.490
		(1.109)		(1.146)		(0.253)		(0.255)
AF²		−2.964*		−0.267		−2.060***		−1.669***
		(1.249)		(1.280)		(0.295)		(0.305)
AF×TF		4.464***		4.134***		1.442***		0.935***
		(0.956)		(0.987)		(0.218)		(0.226)

续表

	企业跨境并购效率（模型21~24）				企业跨境并购股权（模型25~28）			
	模型21	模型22	模型23	模型24	模型25	模型26	模型27	模型28
TF^2		−0.537		−0.245	1.049***			1.106***
		(0.961)		(0.968)	(0.231)			(0.234)
母国非正式制度得分（AIF）			10.732***	9.103***			−3.384***	−3.124***
			(1.306)	(1.336)			(0.279)	(0.288)
东道国非正式制度得分（TIF）			3.798**	2.822*			0.342	0.541*
			(1.170)	(1.213)			(0.271)	(0.276)
AIF^2			13.872***	12.689***			0.657	0.353
			(1.794)	(1.825)			(0.390)	(0.390)
AIF×TIF			1.655	0.245			1.970***	1.650***
			(1.196)	(1.237)			(0.268)	(0.278)
TIF^2			−1.957	−2.110			−1.661***	−1.365**
			(1.817)	(1.869)			(0.403)	(0.408)
国别正式制度匹配线（AF＝TF）								
斜率		12.664***		**7.482*****		−2.021***		**−1.065*****
曲率		0.963		3.622*		0.431		0.372
国别正式制度不匹配线（AF＝−TF）								
斜率		10.202***		**7.423*****		−0.565		**−0.084**
曲率		−7.964***		**−4.647***		−2.453***		**−1.498****
国别非正式制度匹配线（AIF＝TIF）								
斜率			14.530***	**11.925*****			−3.042***	**−2583*****
曲率			13.570***	10.824***			0.965**	0.638
国别非正式制度不匹配线（AIF＝−TIF）								
斜率			6.934**	**6.281****			−3.726***	**−3.666*****
曲率			10.261***	**10.335*****			−2.974***	**−2.663*****

续表

	企业跨境并购效率（模型 21~24）				企业跨境并购股权（模型 25~28）			
	模型 21	模型 22	模型 23	模型 24	模型 25	模型 26	模型 27	模型 28
样本量	19352	19352	19352	19352	19352	19352	19352	19352
F 值	35.26***	41.26***	39.20***	39.33***	243.43***	219.82***	226.46***	202.69***
拟合优度 R^2	0.0443	0.0536	0.0578	0.0612	0.2446	0.2519	0.2564	0.2600

注：* $p < 0.05$，** $p < 0.01$，*** $p < 0.001$。

在国别正式制度的替代测量方面，本书选择的代理变量更接近国别正式制度的微观基础，即政府部门。原代理变量的核心假设是将政府部门作为市场经济的监管者，从六个维度综合考察了政府部门的监管效率；现代理变量的核心假设是将政府部门作为市场经济的参与者，从两个维度考察了政府部门的运营效率。在国别非正式制度的替代测量方面，本书选择的代理变量更接近国别非正式制度的微观基础，即竞争对手。原代理变量的核心假设是客观的，反映了国别非正式制度存在监管盲区；现代理变量的核心假设是主观的，从竞争对手的角度反映了国别非正式制度对营商环境造成的冲击。本书涉及的四个核心变量测量均来自世界银行企业调查数据库，调查的企业样本较为固定，企业对国别制度的认知短时间内不会变化。这虽然增强了研究数据的可比性，但是具有一定的共同来源偏差，后续研究可从其他数据库调取数据，进行交叉验证。

表 7-6 汇报了本书解决测量误差的替代性检验思路。替代性检验的作用是探究国别制度因素的不同维度对企业跨境并购的影响，也包括国别正式制度匹配与国别非正式制度匹配研究思路的可复制性分析，还有对主效应稳定性的探讨。

总体而言，经过对比表 7-2 和表 7-7 可知，国别正式制度匹配与国别非正式制度匹配的研究思路是可行的，只是曲面的凹凸性出现了部分改变。国别正式制度匹配的测量误差远远小于国别非正式制度匹配的测量误差，并且在替代测量与初始测量的估计结果总体上保持了高度一致性：①被解释变量为企业跨境并购效率时，国别正式制度不匹配线（AF = −TF）曲率的显著性保证了主效应的成立，曲率的符号由负转正，并不影响主效应的判定；②被解释变量为企业跨境并购股权时，国别正式制度不匹配线（AF = −TF）的斜率不显著，但符号依然为负，假设 3b 得到部分支持；③除此之外的假设重复验证成功。国别非正式制度匹配的替代测量与初始测量的估计结果的一致性较低：①假设 4a 和 4b 依然成立，但是曲率的符号由负转正，代表着图像的凹凸性发生了部分转变；②假设 5a 和 5b 不成立，体现了替代测量和初始测量不同的作用方向；③假设 6b 得到替代测量的支持，虽然没有得到初始测量的数据支持。

虽然国别制度研究中的测量误差普遍很大，但是国别正式制度匹配的稳健性要远远高于国别非正式制度匹配的稳健性，原因有二：第一，国别正式制度的稳定性要高于国别非正式制度，国别正式制度作为明文规定的规则，其一致性与逻辑性自然高于约定俗成的国别非正式制度，国别非正式制度一直作为国别正式制度的补集存在，解释国别正式制度解释不了的难题，填补国别正式制度的空白，还没有建立清晰的概念内涵与外延。第二，国别非正式制度的研究一直处在概念比较与案例分析中，国别非正式制度测量的发展较慢，一直没有形成公信力高到足以纳入成熟数据库的程度，只有部分国际组织看到了国别非正式制度对经济活动的影响，开始在问卷调查中加入相关题项，其追踪年份虽然很长，但是依然十分缺乏交叉验证的其他可靠来源。

主效应的稳健性检验说明国别正式制度匹配与国别非正式制度匹配是一对新兴的构念，但是组织行为与人力资源管理领域（OBHR）常用的、建立新构念的匹配方法有重要的前提，即匹配的维度要具有稳健的测量表现。稳健性检验充分说明了国别非正式制度研究的测量短板，国别非正式制度测量的复杂性和匹配的复杂性交叠，限制了本书研究的可拓展性。匹配方法的不足之处在于不能处理双元新构念的问题，国别正式制度匹配与国别非正式制度匹配作为一对新兴构念，本身就是一种潜在的匹配，它们从概念界定到测量方式方面具有很多相似之处，但是匹配方法目前还未建立构建一对整合之后的新构念，还有进一步的发展空间。

如表7-8与表7-9所示，在母国劳动管理水平方面，假设7b在替代测量方面没有得到数据支持。在行业刺激政策方面，假设9得到了初始测量的数据支持，但是没有得到替代测量的支持；假设10虽然没有得到初始测量的数据支持，但是得到了替代测量的数据支持。在上市收购企业方面，假设11和12分别得到了初始测量和替代测量不同程度上的数据支持，进一步证明了测量对企业层面的约束条件具有较大影响。

表7-8　　　　国别制度匹配与企业跨境并购效率的调节效应回归结果（替代测量）

	企业跨境并购效率（模型29~34）					
	模型29	模型30	模型31	模型32	模型33	模型34
常数	23.421**	9.593	7.376	11.579+	11.504+	10.696
	(7.118)	(6.811)	(6.779)	(6.918)	(6.809)	(6.880)
母国劳动管理水平	−0.116**	0.017	0.112*	0.020	0.036	0.138**
	(0.044)	(0.045)	(0.050)	(0.045)	(0.045)	(0.050)
东道国劳动管理水平	−0.030	0.054	0.057	0.051	0.044	0.046
	(0.045)	(0.044)	(0.044)	(0.044)	(0.044)	(0.044)
行业刺激政策	1.969	−0.093	−0.113	−9.787***	−0.459	−9.029**
	(2.735)	(2.746)	(2.747)	(2.739)	(2.746)	(2.771)
东道国行业刺激政策	5.325*	6.268***	6.319**	7.051**	6.611**	7.316**
	(2.332)	(2.327)	(2.327)	(2.337)	(2.327)	(2.336)

续表

	企业跨境并购效率（模型29~34）					
	模型29	模型30	模型31	模型32	模型33	模型34
上市收购企业	32.054***	32.026***	32.381***	31.724***	18.713***	19.585***
	(3.416)	(3.372)	(3.366)	(3.369)	(3.542)	(3.556)
上市被收购企业	6.643*	9.412***	9.809***	9.520***	9.477***	9.946***
	(2.706)	(2.689)	(2.683)	(2.690)	(2.690)	(2.686)
交叉上市收购企业	-1.213	3.357	2.703	4.918	7.685	8.202
	(6.203)	(6.152)	(6.148)	(6.143)	(6.084)	(6.070)
政府参与跨境并购	32.864***	28.301***	27.801***	27.922***	28.484***	27.616***
	(4.106)	(4.087)	(4.100)	(4.088)	(4.082)	(4.099)
现金支付方式	36.156***	22.917***	22.326***	23.024***	24.085***	23.529***
	(2.265)	(2.527)	(2.533)	(2.523)	(2.532)	(2.539)
股票支付方式	88.108***	69.717***	68.491***	69.465***	66.483***	65.155***
	(11.239)	(11.437)	(11.435)	(11.469)	(11.442)	(11.466)
现金股票混合支付	72.868***	55.553***	54.694***	55.752***	54.621***	53.987***
	(9.120)	(9.243)	(9.222)	(9.195)	(9.259)	(9.194)
友好的并购态度	9.677*	7.922*	7.349+	8.290+	8.288+	8.013+
	(4.456)	(4.412)	(4.421)	(4.368)	(4.406)	(4.376)
行业相关度	1.157**	1.224***	1.215**	1.197**	1.242**	1.217**
	(0.360)	(0.358)	(0.361)	(0.358)	(0.357)	(0.359)
年份	控制	控制	控制	控制	控制	控制
国别正式制度匹配		1.000***	1.448***	1.084***	1.045***	1.570***
		(0.111)	(0.202)	(0.128)	(0.118)	(0.213)
国别非正式制度匹配		1.000***	1.482***	0.770***	0.793***	1.115***
		(0.089)	(0.157)	(0.094)	(0.093)	(0.160)
国别正式制度匹配×母国劳动管理水平			-0.016**			-0.017**
			(0.005)			(0.005)
国别非正式制度匹配×母国劳动管理水平			-0.021***			-0.022***
			(0.005)			(0.005)
国别正式制度匹配×行业刺激政策				-0.168		-0.135
				(0.273)		(0.276)

续表

	企业跨境并购效率（模型 29~34）					
	模型 29	模型 30	模型 31	模型 32	模型 33	模型 34
国别非正式制度匹配×行业刺激政策				0.910***		0.803***
				(0.204)		(0.206)
国别正式制度匹配×上市收购企业					−0.101	0.008
					(0.337)	(0.338)
国别非正式制度匹配×上市收购企业					1.227***	1.136***
					(0.242)	(0.244)
样本量	19352	19352	19352	19352	19352	19352
F 值	35.26***	49.89***	47.93***	46.96***	47.64***	43.25***
拟合优度 R^2	0.0443	0.0612	0.0628	0.0628	0.0635	0.0664

注：$+p<0.1$，$*\ p<0.05$，$**\ p<0.01$，$***\ p<0.001$。

表 7-9　　国别制度匹配与企业跨境并购股权的调节效应回归结果（替代测量）

	企业跨境并购股权（模型 35~40）					
	模型 35	模型 36	模型 37	模型 38	模型 39	模型 40
常数	48.596***	51.321***	51.051***	51.257***	51.374***	51.030***
	(1.202)	(1.197)	(1.199)	(1.197)	(1.196)	(1.198)
母国劳动管理水平	0.054***	0.007	0.021*	0.009	0.006	0.022*
	(0.010)	(0.010)	(0.011)	(0.010)	(0.010)	(0.011)
东道国劳动管理水平	0.033**	0.031**	0.035***	0.030**	0.031**	0.034***
	(0.010)	(0.010)	(0.010)	(0.010)	(0.010)	(0.010)
行业刺激政策	2.659***	1.759**	1.597**	1.630**	1.654**	1.371*
	(0.556)	(0.553)	(0.556)	(0.561)	(0.553)	(0.564)
东道国行业刺激政策	−0.496	0.013	0.087	−0.050	0.061	0.045
	(0.508)	(0.506)	(0.507)	(0.507)	(0.506)	(0.508)
上市收购企业	−0.884	−0.934	−1.065+	−0.847	−0.903	−0.932
	(0.585)	(0.582)	(0.582)	(0.583)	(0.581)	(0.583)
上市被收购企业	−31.163***	−30.606***	−30.581***	−30.628***	−30.519***	−30.530***
	(0.701)	(0.694)	(0.693)	(0.695)	(0.694)	(0.694)

续表

	企业跨境并购股权（模型35~40）					
	模型35	模型36	模型37	模型38	模型39	模型40
交叉上市收购企业	1.569	0.989	1.082	0.785	0.994	0.901
	(1.089)	(1.076)	(1.075)	(1.077)	(1.083)	(1.083)
政府参与跨境并购	−5.826***	−5.300***	−5.212***	−5.217***	−5.266***	−5.081***
	(0.744)	(0.739)	(0.738)	(0.739)	(0.738)	(0.738)
现金支付方式	−2.000***	−0.622	−0.478	−0.582	−0.591	−0.390
	(0.482)	(0.484)	(0.485)	(0.485)	(0.484)	(0.486)
股票支付方式	9.266***	11.112***	11.378***	11.147***	10.907***	11.207***
	(1.645)	(1.628)	(1.631)	(1.629)	(1.623)	(1.627)
现金股票混合支付	6.168***	8.022***	8.258***	8.099***	7.866***	8.183***
	(1.521)	(1.537)	(1.535)	(1.533)	(1.530)	(1.524)
友好的并购态度	27.813***	26.994***	26.955***	26.994***	26.966***	26.945***
	(0.876)	(0.864)	(0.865)	(0.864)	(0.863)	(0.865)
行业相关度	1.126***	0.956***	0.930***	0.963***	0.939***	0.923***
	(0.074)	(0.073)	(0.073)	(0.073)	(0.073)	(0.073)
年份	控制	控制	控制	控制	控制	控制
国别正式制度匹配		1.000***	0.865***	1.029***	1.246***	1.057***
		(0.102)	(0.196)	(0.117)	(0.114)	(0.204)
国别非正式制度匹配		1.000***	1.465***	0.890***	0.996***	1.350***
		(0.067)	(0.122)	(0.078)	(0.075)	(0.131)
国别正式制度匹配×母国劳动管理水平			0.003			0.004
			(0.004)			(0.004)
国别非正式制度匹配×母国劳动管理水平			−0.015***			−0.015***
			(0.003)			(0.003)
国别正式制度匹配×行业刺激政策				−0.113		0.054
				(0.229)		(0.232)
国别非正式制度匹配×行业刺激政策				0.452**		0.450**
				(0.147)		(0.147)

	企业跨境并购股权（模型 35~40）					
	模型 35	模型 36	模型 37	模型 38	模型 39	模型 40
国别正式制度匹配×上市收购企业					-1.272***	-1.301***
					(0.252)	(0.256)
国别非正式制度匹配×上市收购企业					-0.057	-0.066
					(0.162)	(0.162)
样本量	19352	19352	19352	19352	19352	19352
F 值	243.43***	261.96***	244.96***	245.70***	247.42***	220.48***
拟合优度 R^2	0.2446	0.2600	0.2609	0.2604	0.2611	0.2623

注：$+p<0.1$，$* \; p < 0.05$，$** \; p < 0.01$，$*** \; p < 0.001$。

为了控制遗漏变量引发的内生性问题，本书进行了 ITCV 检验（Hill 等，2019；Oliver 等，2018；Westphal 和 Zhu，2018；Busenbark 等，2017；Hubbard 等，2017）。检验结果显示，本书结果受到遗漏变量影响的可能性较低。同时，本书的控制变量选择参考了以往企业跨境并购相关论文，并且进一步地保留了母国与东道国的双重视角，从而在研究设计方面最大限度地控制了遗漏变量带来的影响。

7.5　本章小结

本章的主要内容是国别制度匹配与企业跨境并购的实证结果分析。

首先，国别制度匹配越高，企业跨境并购的效率越高、股权选择比例越高，这在国别正式制度匹配与国别非正式匹配程度两个维度均显著成立。

其次，当跨国企业的母国和东道国在制度环境方面属于相似的国家时，即国别正式制度得分均较高时，企业跨境并购的持续时间越长、股权选择比例越高；国别非正式制度得分较高时，企业跨境并购的持续时间越长、股权选择比例越高，经过数据检验均显著成立。

再次，当跨国企业的母国和东道国在制度环境方面差异较大，不属于同层级的国家时，存在上行并购和下行并购的区分。在国别正式制度方面，上行并购的持续时间要显著少于下行并购；上行并购的股权选择比例高于下行并购的股权选择比例得到部分支持。在国别非正式制度方面，上行并购的持续时间要显著小于下行并购的持续时间；下行并购的股权选择比例低于上行并购得到部分支持。

最后，国别制度匹配与企业跨境并购的关系受到母国劳动管理水平、行业刺激政策和上市收购企业的三重约束作用。母国劳动管理水平稳健地削弱了国别正式制度匹配与企业跨境并购、国别非正式制度匹配与企业跨境并购的关系。行业刺激政策增强了国别正式制度匹配与企业跨境并购的关系，部分增强了国别非正式制度匹配与企业跨境并购效率的关系，不影响国别非正式制度匹配与企业跨境并购股权的关系。上市收购企业显著增强了国别正式制度匹配与企业跨境并购效率的关系，显著削弱了国别正式制度匹配与企业跨境并购股权的关系，不影响国别非正式制度匹配与企业跨境并购效率的关系。

8　研究结论与启示

上一章汇报了主效应和调节效应的假设检验结果，初步分析了数据不支持理论假设的潜在解释。本章将进一步提炼假设检验结果背后的管理意义，深入讨论实证分析的统计结果，为企业、行业、国家提供可行的具体方案，总结本书的理论贡献与实践贡献，阐述本书的研究局限和未来方向，以及进一步讨论。

8.1　研究结论及讨论

遵循第 5 章的假设检验顺序，下文将进行深度梳理与分析，采用诠释主义的方式，通俗易懂地解读实证分析结果，进而站在理论高度来解读统计数字背后的管理意义，增强研究结论的可读性。

8.1.1　主效应一：国别正式制度匹配对企业跨境并购的直接作用

1. 主要研究结论

国别正式制度匹配对企业跨境并购具有正向的显著影响。其中，国别正式制度匹配对企业跨境并购效率的回归系数为 1.205（替代测量的结果为 1.570），对企业跨境并购股权的回归系数为 1.544（替代测量的结果为 1.057），上述所有系数的 p 值均在 0.001 的概率下显著。国别正式制度匹配有效地促进了企业跨境并购：它不仅提高了企业跨境并购的效率，而且提升了企业跨境并购的股权。上述促进作用是稳健的。

2. 对研究结论的讨论

国别正式制度匹配对企业跨境并购的稳健促进作用，代表了企业跨境并购研究中新的理论视角（Kostova 等，2020）。在企业跨境并购的研究中，主流的制度距离流派强调了制度差异性为企业跨境并购带来的壁垒，新兴的战略选择流派强调了企业跨越国界障碍的学习能力。国别正式制度匹配兼容两派之长，从制度基础观的角度阐述了企业战略的制度视角。它将国别正式制度匹配作为一种战略资源，从而纳入企业跨境并购的战略决策。国别正式制度匹配并不是制度套利的方式之一，而是企业的自然禀赋与后天战略结合的结果。国别正式制度匹配与国别非正式制度匹配是企业先有相关意识，才能善加利用的战略资源。国别正式制度匹配的后果是帮助企业落实跨境并购战略，与其他跨境战略产生协同，而不是直接将制度空白转化为企业的盈利。国别正式制度匹配解决的核心问题是：为什么企业坚持推进跨境并购？因此，国别正式制度匹配从动力的视角，补充了以阻力为核心视角的企业跨境并购研究。

国别正式制度匹配通过复合、结合、相合的理论机制稳健地促进了企业跨境并购（陆亚东等，2015）。企业跨境并购作为顺势而为的战略选择，国别正式制度匹配代表了"合"的大势所在。经典的制度距离学派从跨国企业的制度套利出发，衍生出一系列套利相关的问题；国别正式制度匹配从跨国企业的制度优势出发，衍生出一系列趋势相关的问题。国别正式制度匹配之所以可以代表"合"的趋势，是因为国别正式制度匹配强调"各美其美，美人之美，美美与共，天下大同"。国别正式制度匹配从本源上去除了跨境并购中企业的不平等前提，保证了企业跨境并购不会成为经济殖民的手段，确保了跨国企业既不会成为经济侵略的执行者，又不会成为当地秩序的破坏者。正是因为国别正式制度匹配与国别非正式制度匹配的存在，企业跨境并购才能历经波折但踔厉奋发。虽然南北合作暂时萧条了，但是南南合作依然蓬勃发展。国别正式制度匹配以"合"聚势，不仅给企业跨境并购提供了强大动力，而且塑造了企业跨境并购的韧性。

国别正式制度匹配对企业跨境并购效率的提升作用，增加了正向的谈判筹码（Lawrence 和 Shah，2020）。在锱铢必较的企业跨境并购谈判中，双方企业的负责人往往使尽浑身解数，为自身企业争取更大的利益，中途谈崩或者搁置的并购案例数不胜数。"合"还是"分"？是双方企业时时刻刻都在考虑的关键战略决策。国别正式制度匹配来源于制度层面，往往作为常识知识存在。如果没有相关培训，企业的跨境并购负责人极有可能忽略国别正式制度匹配的重要因素，丧失了推动企业跨境并购成功的关键力量。重视国别正式制度匹配对企业跨境并购效率的推动作用，不仅扩展了企业跨境并购研究的新制度视角，而且促进了更多的新兴市场企业获得跨境并购的成功。国别正式制度匹配进入企业跨境并购的谈判桌，提升企业跨境并购效率成为可能，为企业跨境并购融入更高层次的制度型开放。

国别正式制度匹配对企业跨境并购股权的提升作用，促进了信任、沟通、协同与吸引（Ertug 等，2022）。股权是企业跨境并购能否成功的核心问题，股权设计与谈判是企业跨境并购过程中最为耗时耗力的环节。国别正式制度匹配对企业跨境并购股权的提升作用促进了双方的信任与吸引。只有跨境并购的双方或者多方企业同时确认信任与吸引的存在，保持沟通与动态协同，在股权的问题上才有可能进退有度、实现双赢。收购企业不一味地提高被收购企业的股权持有量，降低跨境并购的收购成本，而是将工作重点转移到推进过程及后续整合上；收购企业不一味地降低被收购企业的股权比例，不剥削被收购企业的经济价值，保障被收购企业利益相关者的经济利益和精神尊严，处理好底层员工的裁员问题。跨境并购的双方企业不将股权作为争夺主动权的战场。国别正式制度匹配正是推动上述企业跨境并购新现象发生的关键因素。

此外，国别正式制度匹配"和而不同"的本质规避了同质性带来的创新危机

（McPherson 等，2001）。相似导致连接，差异促进学习，但这两个独立维度未必不能兼得，国别正式制度匹配在相似维度和差异维度同样具有上佳表现。尊重每个国家的正式制度本身，才能搭建国别正式制度匹配的桥梁，才能使企业跨境并购整合成功。国别正式制度匹配不判断每个国家的正式制度好坏，不评价每个国家正式制度的高低，不改变每个国家正式制度的演化。国别正式制度匹配是基于差异性的相似性，而不是基于相似性的差异性。因此，国别正式制度匹配是相对客观中立的构念。"和而不同"的国别正式制度匹配，引导企业跨境并购的探索式创新与利用式创新。收购企业与被收购企业在平等的基础上进行整合创新或者独立创新。企业跨境并购要"和而不同"，而不是强制整合。

8.1.2　主效应二：国别非正式制度匹配对企业跨境并购的直接作用

1. 主要研究结论

国别非正式制度匹配对企业跨境并购具有正向的显著影响。其中，国别非正式制度匹配对企业跨境并购效率的提升系数为 1.579（替代测量的结果为 1.115），对企业跨境并购股权的提升系数为 1.446（替代测量的结果为 1.350），上述所有系数的 p 值均在 0.001 的概率下显著。国别非正式制度匹配促进了企业跨境并购。它不仅提高了企业跨境并购的效率，而且提升了企业跨境并购的股权。上述促进作用是稳健的。

2. 对研究结论的讨论

国别非正式制度匹配对企业跨境并购具有促进作用，建立了企业跨境并购研究中的新制度二元视角（Kostova 等，2020）。国别非正式制度匹配是国别正式制度匹配的有益补充，并不是国别正式制度匹配缺失时的产物，也不会对抗国别正式制度匹配的作用，而是与国别正式制度匹配一起发挥对企业跨境并购的促进作用。国别非正式制度匹配与国别正式制度匹配的和谐共存，在企业跨境并购中是可能的，也是可行的。二者之间不是替代关系，而是互补关系。国别非正式制度匹配有潜力成长为与国别正式制度匹配并驾齐驱的研究流派。从国别正式制度匹配的补集来定义国别非正式制度匹配，是无法推动国别非正式制度匹配独立发展的。国别非正式制度匹配的独立发展具有重要意义，将国别非正式制度匹配的战略资源纳入资源基础观的传统框架，扩展了资源基础观的理论前沿，为企业扩宽了可用资源的范围，增加了企业跨境并购的类型，进一步拓展了企业跨境战略的战略工具箱。因此，企业跨境并购研究中的新制度二元视角的发展还有极大的空间。

国别非正式制度匹配通过复合、结合、相合的理论机制，对企业跨境并购起到正向的促进作用（陆亚东等，2015）。国别非正式制度相对隐形，企业跨境并购中遇到的谈判困难、整合困难经常被归结为：收购企业或者被收购企业的非正式制度存在问题。事实上，真正出问题的是国别非正式制度匹配。国别非正式制度匹配在企业跨境并购中表现得好时，它更接近默契（Inception）。双方在文化、情绪、目标等方面的一致性非常高，促进了国别正式制度匹配的作用发挥，消解了国别正式制度不匹配的负面作用，缓和并推进了陷入僵局的企业跨境并购谈判，推动达成最终的企业跨境并购合同，保障企业跨境并购合同的执行落实。国别非正式制度匹配在企业跨境并购中表现不好时，往往体现为双方的对抗情绪、冲突文化、矛盾目标等一系列僵局，甚至体现为双方故意对官方文件往来设置障碍，但是双方并不会直接沟通国别非正式制度不匹配的相关问题。隐形的国别非正式制度匹配表现最突出的就是文化导致企业跨境并购整合的失败，表现为企业跨境并购低效率的整合、低生存率的新实体。

国别非正式制度匹配对企业跨境并购效率的提升作用，同样体现在首席整合官（Chief Restructuring Officer）的选择标准（Johnson 和 Byrne，2021；Gething 等，2020）。国别非正式制度匹配的隐形优势比国别正式制度匹配的显性优势更难以察觉。双方企业的负责人往往经历过多轮谈判后，抑或企业跨境并购完成很久后，才在战略复盘中突然发现：无形的国别非正式制度匹配优势推动了企业跨境并购的成功。国别非正式制度匹配体现在企业跨境并购中的首席整合官人选，具有相同的价值观、求学经历、母国、文化等，均有可能成为首席整合官的关键任职标准，同时也会控制首席整合官与被收购企业之间潜在的利益关系。首席整合官对国别非正式制度匹配的敏感度，可以促进他们对企业跨境并购过程中的细微机会的敏感度，利用自身的职业能力将整合能力发挥到最大。新兴市场企业通过人员任命的方式，提高了跨境并购成功的效率。国别非正式制度不匹配极有可能成为企业跨境并购失败的最大原因，能察觉到国别非正式制度不匹配，是采用针对性管理措施的第一步。

国别非正式制度匹配对企业跨境并购股权的提升作用，同样促进了默契（Engert 等，2019）。国别非正式制度匹配可以带来双方企业的默契，这比信任的建立更加艰难与稀缺。信任是企业双方确认可以合作的关系，默契是企业双方具有相似的价值观与行事方式。国别非正式制度匹配是默契的直接来源，默契增加了双方心理上的契合度，极为有力地对抗了企业跨境并购的摩擦和潜在问题。国别非正式制度匹配是天然的融合剂，比国别正式制度匹配的融合性更强。它将高管团队、中层管理者、基层员工等利益相关者紧紧地联系在一起。国别非正式制度匹配带来的默契是企业整合的无形资产，影响了企业跨境并购股权的经济整合方式。在友好的整体氛围下，企业更容易解决跨境并购中的棘手问题，规避两不退让的僵局。国别非正式制度匹配带来的默契同样具有风险预防作用，降低了企业跨境并购的违约概率，削弱了其他竞争合同的吸引力，是推动企业跨境并购成功并且长期存续的关键制度力量。国别非正式制度匹配对企业跨境并购的保驾护航作用非常显著。

此外，国别非正式制度匹配在管理实践中的存在性，尚未得到主流管理研究的认可。国别非正式制度匹配相关的实证研究在管理研究中处于边缘地位。虽然相关的定性研究刚刚走到管理研究中的国际顶级期刊，但是大样本的定量研究尚未跨越测量效度与信度的检验。因此，国别非正式制度匹配在以麦肯锡为代表的业界期刊中非常流行。本书提供了检验国别非正式制度匹配的数据结果，从管理研究的视角捕捉到国别非正式制度匹配对企业跨境并购的正向影响，进一步推动了国别非正式制度匹配的相关研究，试图阐明企业跨境并购中很难用语言表述清楚的模糊问题。国别非正式制度匹配的正向作用是第二个亟待建立的共识。国别非正式制度匹配很难用纸面合同或者口头沟通表达，往往被某些利益集团用来抹黑国别正式制度匹配的崩溃。但是，国别非正式制度匹配的存在性和正向性是全球范围的，特定情境的抹黑无助于理解国别非正式制度匹配本身的知识。因此，国别非正式制度匹配的相关研究存在潜在空间。发挥国别非正式制度匹配的正向作用，有利于企业跨境并购的进一步开展。

8.1.3　调节效应一：母国劳动管理水平对"主效应一"的调节作用

8.1.3.1　主要研究结论

母国劳动管理水平对国别正式制度匹配与企业跨境并购效率、企业跨境并购股权的关系具有显著的负向调节作用。其中，母国劳动管理水平对国别正式制度匹配与企业跨境并购效率的削弱系数为-0.018，对企业跨境并购股权的削弱系数为-0.016，上述所有系数的 p 值均在 0.001 的概率下显著。因此，母国劳动管理水平显著地负向调节了国别正式制度匹配与企业跨境并购效率、企业跨境并购股权的关系。在稳健性检验中，母国劳动管理水平对国别正式制度匹配与企业跨境并购效率的削弱系数为-0.017，该系数的 p 值在 0.01 的概率下显著；母国劳动管理水平对国别正式制度匹配与企业跨境并购股权的削弱系数为 0.004，该系数的 p 值大于 0.05。总体来说，母国劳动管理水平的调节作用是相对稳健的。

8.1.3.2　对研究结论的讨论

母国劳动管理水平对国别正式制度匹配驱动企业跨境并购效率、企业跨境并购股权的调节作用具有差异性。母国劳动管理水平是企业感知、执行、改进和尝试操纵的外部劳工条例约束。母国劳动管理水平直接影响企业的全体员工，不仅包括母公司和子公司的所有员工，而且包括收购企业与被收购企业的所有员工。因此，企业跨境并购对员工的重组编排，直接受到母国劳动管理水平的约束。提高母国劳动管理水平，企业做到了妥善安置员工，企业的跨境并购战略就有希望落实；不提高或者选择性地提高母国劳动管理水平，企业对于员工的安置缺乏考虑，大量裁撤底层员工，置换中层领导，赶走高层管理者，完全忽视以人为本的价值观，企业跨境并购战略受挫也是意料之中的结果。母国劳动管理水平保护企业员工的利益，是企业跨境并购的关键边界条件。

在企业跨境并购效率方面，母国劳动管理水平的负向调节作用是显著且稳健的。母国劳动管理水平越高，企业员工的安置问题越重要，企业跨境并购效率越低。企业只有处理好员工安置问题，才能克服母国劳动管理水平的负向约束作用。员工是企业的人力资本，也是实体经济的活力所在。企业跨境并购的本质依然是对员工的编排重组，以期激发原有团队的活力。企业跨境并购过度看重资产重组的回报，过度压缩对员工的安置成本，不仅导致跨境并购后的新企业缺乏活力，而且企业已经违规，容易受到母国的处罚。随着情境变化，部分员工成为企业的冗余资源，企业之间的共享员工现象已经出现。母国的劳动管理同样需要研判变革，进一步保护员工的经济利益与社会利益，阻止企业外包员工中不负责任的经营行为。

在企业跨境并购股权方面，母国劳动管理水平的负向调节作用是显著的，但不是稳健的。母国劳动管理水平越高，收购企业通过控股权来掌握管理权的难度越大，收购企业不能完全控制所有员工方面的决策。收购企业的主要目标开始转换为降低控股成本和兼顾管理控制。母国劳动管理水平越高，被收购企业的员工形成利益共同体，即使收购企业在资本市场挫败了被收购企业的员工联盟，也无法实现对被收购企业的完全控制，对于大量员工"用脚投票"的离职行为很难处理。因此，母国劳动管理水平高时，收购企业倾向降低跨境并购后持有的总股权，避免和被收购企业的管理权发生正面冲突。控股权和管理权在企业跨境并购中的博弈既具有复杂性，又具有动态性。因此，母国劳动管理水平对国别正式制度匹配与企业跨境并购的负向调节关系具有不稳定性，需要更精确的测量，做进一步探究。

8.1.4　调节效应一：母国劳动管理水平对"主效应二"的调节作用

8.1.4.1　主要研究结论

母国劳动管理水平对国别非正式制度匹配与企业跨境并购效率、企业跨境并购股权的关系具有显著的负向调节作用。其中，母国劳动管理水平对国别非正式制度匹配与企业跨境并购效率的削弱系数为-0.018（替代测量的结果为-0.022），对企业跨境并购股权的削弱系数为-0.010（替代测量的结果为-0.015），上述所有系数的 p 值均在 0.001 的概率下显著。因此，母国劳动管理水平显著地负向调节了国别非正式制度匹配与企业跨境并购效率、企业跨境并购股权的关系，上述调节作用是非常稳健的。

8.1.4.2　对研究结论的讨论

母国劳动管理水平对国别非正式制度匹配驱动的企业跨境并购效率、企业跨境并购股权的负向调节作用，具有稳健性。母国劳动管理水平越高，国别非正式制度匹配的作用越受到限制，企业跨境并购效率与企业跨境并购股权均会下降，母国劳动管理水平的约束作用十分显著。上述现象的本质体现了国别正式制度匹配对国别非正式制度匹配的约束力——国别正式制度匹配对母国劳动管理水平具有少量免疫力，国别非正式制度匹配对母国劳动管理是不具备免疫力的。因此，收购企业在全球范围内落实母国劳动管理，不仅避免了在母国的企业违规问题，而且保护了企业跨境并购的核心利益，降低了首席并购官的套利行为。母国劳动管理水平对收购企业的跨境并购起到了保驾护航的作用，促进了国别非正式制度匹配的作用发挥，削弱了地下经济发展和非法雇佣员工的灰色空间。

在企业跨境并购效率方面，母国劳动管理水平显著降低了国别非正式制度匹配与企业跨境并购效率的正向关系，稳健地发挥了边界条件的作用。母国劳动管理水平约束了企业在利用国别非正式制度匹配优势时的不合规行为,确保企业员工的利益不被首席并购官侵害。母国劳动管理水平的调节作用是正面的,确保了国别非正式制度匹配的优势不违规,对于提升企业跨境并购效率来说至关重要。企业适度降低跨境并购效率,追求跨境并购质量,同样也是正确的战略选择。母国劳动管理的落实是相对长期的过程,可能从母国扩展到东道国,可能从东道国逆向回流到母国。因此,企业在母国与东道国均遵循较高的劳动管理水平是十分必要的,避免因国别差别待遇引发舆论危机。综上,母国劳动管理水平成为"一带一路"倡议下避免强迫劳动的保障。

在企业跨境并购股权方面,母国劳动管理水平显著降低了国别非正式制度匹配与企业跨境并购股权的正向关系,稳健地发挥了边界条件的作用。母国劳动管理水平越高,员工的权益保护越好。推行全员持股的企业在被收购后,收购企业所占的股份也不会太高。母国劳动管理水平影响了企业层面的股权分配,让企业跨境并购的经济利益分配更符合规则的约束,避免盲目逐利造成失败。母国劳动管理水平有效地降低了收购企业在被收购企业的持股比例,有利于降低收购企业的经济成本,有利于提升收购企业的管理技能,有利于促进双方的多重整合。母国劳动管理水平有效地规避了强迫劳动、强制分配给企业员工造成的冲击,有力地保障了企业跨境并购的民意基础。

8.1.5 调节效应二:行业刺激政策对"主效应一"的调节作用

8.1.5.1 主要研究结论

行业刺激政策对国别正式制度匹配与企业跨境并购效率、企业跨境并购股权的关系具有显著的正向调节作用。其中,行业刺激政策对国别正式制度匹配与企业跨境并购效率的增强系数为 0.646,该系数的 p 值在 0.01 的概率下显著;对企业跨境并购股权的增强系数为 0.512,该系数的 p 值在 0.001 的概率下显著。在稳健性检验中,行业刺激政策对国别正式制度匹配与企业跨境并购效率的增强系数为 -0.135,对企业跨境并购股权的增强系数为 0.054,上述所有系数的 p 值均不显著。因此,行业刺激政策显著地正向调节了国别正式制度匹配与企业跨境并购效率、企业跨境并购股权的关系,上述调节作用是不稳健的。

8.1.5.2 对研究结论的讨论

行业刺激政策对国别正式制度匹配驱动的企业跨境并购效率、企业跨境并购股权的正向调节作用,不具有稳健性。行业刺激政策作为短期的行业政策之一,显著促进了国别正式制度匹配对企业跨境并购效率、企业跨境并购股权的正向影响,不稳健的特征也反映了行业政策本身的局限性和周期性。在"一带一路"倡议的情境下,中国作为发起国,部分国内行业政策存在溢出效应,影响了"一带一路"倡议沿线国家的行业竞争格局。为了应对 2008 年金融危机,中国采取了以支持基建行业为代表的"四万亿"计划,有效地推动中国基建企业走出去,推动了"一带一路"倡议沿线国家基础建设的发展。"四万亿"计划不仅优化了中国国内的产能分配，而且提升了"一带一路"倡议沿线国家的新产能。虽然行业刺激政策只是暂时的，但是行业刺激政策已经有效地改变了新兴市场企业的国际化布局。

在企业跨境并购效率方面，行业刺激政策显著提升了国别正式制度匹配与企业跨境并购效率的正向关系。行业刺激政策不仅提供了特定行业发展所需的资金，而且提供了强有力的政策支持。例如，行业刺激政策下，企业响应"一带一路"倡议的国际化布局可能获得额外福利，海关提供"一带一路"倡议覆盖国家的通关便利，航司提供"一带一路"倡议覆盖国家的包机福利，发改委等部门提高"一带一路"倡议覆盖国家企业跨境并购的审批速度、简化企业跨境并购的审批流程。因此，企业跨境并购效率有了显著提升。行业刺激政策进一步激发了国别正式制度匹配的正面作用，放大了"一带一路"倡议沿线国家之间的吸引力，削弱了来源国劣势对新兴市场企业经营决策的负面约束，提升了企业跨境并购效率。

在企业跨境并购股权方面，行业刺激政策显著提升了国别正式制度匹配与企业跨境并购股权的正向关系。行业刺激政策增加了收购企业的冗余资源。其中，资金可以在资本市场上直接购买被收购企业的股权，企业跨境并购股权上升。行业刺激政策促进了收购企业与被收购企业之间的资本连接，为部分没有资金的收购企业补充了资金，催生了收购企业新的国际化版图，在"一带一路"倡议覆盖国家形成助力。行业刺激政策的资金支持具有稀缺性，新冠肺炎疫情改变了全球投资人的资金预期，突出了行业刺激政策的宝贵性。行业刺激政策的国内属性降低了"一带一路"倡议覆盖地区对于资金来源及回报的担忧，顺利分享中国经济发展的机遇。

8.1.6 调节效应二：行业刺激政策对"主效应二"的调节作用

8.1.6.1 主要研究结论

行业刺激政策对国别非正式制度匹配与企业跨境并购效率、企业跨境并购股权的关系具有显著的正向调节作用。其中，行业刺激政策对国别非正式制度匹配与企业跨境并购效率的增强系数为 0.581，该系数的 p 值在 0.05 的概率下显著；对企业跨境并购股权的增强系数为 -0.061，该系数的 p 值在 0.05 的概率下不显著。在稳健性检验中，行业刺激政策对国别非正式制度匹配与企业跨境并购效率的增强系数为 0.803，该系数的 p 值在 0.001 的概率下显著；对企业跨境并购股权的增强系数为 0.450，该系数的 p 值在 0.01 的概率下显著。因此，行业刺激政策显著地正向调节了国别非正式制度匹配与企业跨境并购效率、企业跨境并购股权的关系。上述调节作用是部分不稳健的。

8.1.6.2 对研究结论的讨论

行业刺激政策对国别非正式制度匹配驱动的企业跨境并购效率、企业跨境并购股权的正向调节作用，具有部分稳健性。行业刺激政策反映了国别正式制度变革的暂时性，反映了国别正式制度的动态调整，为国别非正式制度的发展营造了机会窗口。因此，行业刺激政策促进了国别非正式制度匹配发挥优势。新兴市场企业利用所有可得的资源，叠加有效的能力，将国别非正式制度匹配的优势降维为企业层面的竞争优势，促进了企业跨境并购的成功。行业刺激政策具有强大的信号作用，消解了全球利益相关者对于企业跨境并购在政策审批方面的担忧，创造了全球投资者对"一带一路"倡议覆盖国家地区间的企业跨境并购的乐观预期，并通过明确的信号推进企业跨境并购。作为正面信号的行业刺激政策、作为负面信号的母国劳动管理水平，分别从短期和长期的不同视角，强有力地保障了企业跨境并购的可持续发展。

在企业跨境并购效率方面，行业刺激政策显著提升了国别非正式制度匹配与企业跨境并购效率的正向关系，上述调节作用具有稳健性。行业刺激政策的实质作用就是扫清企业跨境并购的种种障碍，法无禁止即可行。因此，企业跨境并购时有希望借力国别非正式制度匹配的高维优势。行业刺激政策的信号作用，就是扫清全球投资者对"一带一路"倡议投资的种种担忧。模糊宣传"一带一路"倡议加入国家的做法，同样提升了包容性。因此，企业跨境并购时会首选"一带一路"倡议覆盖国家的企业，在资产整合、员工整合、机会整合等多个方面具有重要的战略机遇，为全球资本提供充足的避险空间。综上，行业刺激政策发挥着实质作用和信号作用的双重影响，促进了国别非正式制度匹配的优势发挥，卓有成效地提升了企业跨境并购效率。

在企业跨境并购股权方面，行业刺激政策显著提升了国别非正式制度匹配与企业跨境并购股权的正向关系，上述调节作用具有部分稳健性。行业刺激政策在原模型中没有得到数据支持，在稳健性检验中得到了数据支持，由此表明行业刺激政策从未对企业跨境并购股权产生负面影响，企业并没有依托行业刺激政策的资金支持而大幅购入被收购企业的股权。行业刺激政策对国别非正式制度匹配与企业跨境并购股权的调节作用不稳健，可能是因为国别非正式制度匹配的测量误差较大，干扰了行业刺激政策的呈现。经过数据检验，行业刺激政策对企业跨境并购股权的负面影响并不存在。行业刺激政策在某种程度上加速了行业结构升级。上述加速度来自全球资源的重组布局，而不是技术导向的行业升级。

8.1.7 调节效应三：上市收购企业对"主效应一"的调节作用

8.1.7.1 主要研究结论

上市收购企业对国别正式制度匹配与企业跨境并购效率、企业跨境并购股权的关系具有显著的增强作用。其中，上市收购企业对国别正式制度匹配与企业跨境并购效率的增强系数为 0.724，对企业跨境并购股权的削弱系数为 -0.590，上述所有系数的 p 值均在 0.01 的概率下显著。在稳健性检验中，上市收购企业对国别正式制度匹配与企业跨境并购效率的增强系数为 0.008，该系数的 p 值不显著；对企业跨境并购股权的削弱系数为 -1.301，该系数的 p 值在 0.001 的概率下显著。因此，上市收购企业正向调节了国别正式制度匹配与企业跨境并购效率的关系，但上述调节作用是不稳健的；上市收购企业负向调节了国别正式制度匹配与企业跨境并购股权的关系，但上述调节作用是稳健的。

8.1.7.2 对研究结论的讨论

上市收购企业对国别正式制度匹配驱动的企业跨境并购效率、企业跨境并购股权的调节作用，具有极大的差异性。上市收购企业作为公司层面的调节变量，对企业跨境并购相关决策的约束力更强；母国劳动管理水平与行业刺激政策作为国别层面的调节变量，对国别正式制度匹配与国别非正式制度匹配的影响力更强。相较于国别层面的调节变量，公司层面的调节变量具有更大的差异性。上市收购企业看重提升跨境并购效率，同时强调降低跨境并购股权持有。前者欠缺稳健性，后者的稳健性极佳。上市收购企业的调节作用体现在对跨境并购核心指标的控制上，即在效率等可以让步的指标方面顺势而为；在股权等不可让步的指标方面死守到底。一张一弛，张弛有度。上市收购企业在跨境并购方面具有强大的竞争能力。因此，上市企业的跨境并购战略倾向和战术执行一直是跨境并购研究的重点。

在企业跨境并购效率方面，上市收购企业对国别正式制度匹配与企业跨境并购效率的正向调节作用，是不稳健的。上市收购企业对企业跨境并购中的某些问题，形成了一套规范的处理流程。通过处理流程的反复应用，上市收购企业高效率地推进跨境并购进程。当企业跨境并购中的问题超过上市收购企业的战术准备时，上市收购企业的再学习过程就比较漫长。因此，上市收购企业不能总是提升企业跨境并购效率。流程化既是上市收购企业的优势所在，又是上市收购企业的弱势所在，在市场失灵的情况下尤其如此。上市收购企业将企业跨境并购效率视为非核心指标，能高效率地完成跨境并购自然很好；如果不能高效率地完成跨境并购，也可以接受，上市收购企业尚未将效率作为跨境并购的第一指标。因此，上市收购企业在国别正式制度匹配与企业跨境并购效率的调节作用，表现出不稳健性。

在企业跨境并购股权方面，上市收购企业对国别正式制度匹配与企业跨境并购股权的负向调节作用，是十分稳健的。上市收购企业非常重视被收购企业的经济控制，非常谨慎地决定被收购企业的最终股权持有比例。上市收购企业在资本市场发行了大量散股，很难阻挡高持股比例的被收购企业联合中小股东，通过资本市场进行反收购，反而会威胁收购企业的生存、影响高管的去留。因此，保持被收购企业中较低的持股比例，不仅可以降低收购企业的反收购概率，而且可以降低收购企业在资本市场的被狙风险。相较于企业跨境并购效率来说，上市收购企业更看重企业跨境并购股权。上市收购企业准备对股权持有比例的风险方案是最重要的步骤。通俗来讲，上市收购企业的跨境并购效率不一定高，但是跨境并购股权控制一定很强。

8.1.8 调节效应三：上市收购企业对"主效应二"的调节作用

8.1.8.1 主要研究结论

上市收购企业对国别非正式制度匹配与企业跨境并购效率、企业跨境并购股权没有调节作用。其中，上市收购企业对国别非正式制度匹配与企业跨境并购效率的削弱系数为−0.010，对企业跨境并购股权的增强系数为0.103，上述所有系数的 p 值均不显著。在稳健性检验中，上市收购企业对国别非正式制度匹配与企业跨境并购效率的削弱系数为1.136，该系数的 p 值在0.001的概率下显著；对企业跨境并购股权的增强系数为−0.066，该系数的 p 值不显著。因此，上市收购企业对国别非正式制度匹配与企业跨境并购效率、企业跨境并购股权的关系来说，没有调节作用。

8.1.8.2 对研究结论的讨论

上市收购企业对国别非正式制度匹配与企业跨境并购效率、企业跨境并购股权的关系，不具有调节作用。上市收购企业无法利用国别非正式制度匹配优势，因为外部监管、内部审计和信息披露等全方位监管手段，限制了上市收购企业的不合规行为。上市收购企业受到国别正式制度匹配的限制。上市收购企业利用国别非正式制度匹配的套利行为一旦披露，这些丑闻足以使上市收购企业在资本市场铩羽而归。因此，上市收购企业即使饱受地下经济、灰色经济的不正当竞争之苦，也不能采用正面竞争的战略选择，只能寄希望于整体市场环境的改善，政府部门、行业部门监管工作的到位。因此，上市收购企业对国别非正式制度匹配与企业跨境并购之间没有任何调节作用，也是可以理解的。强有力的监管和高强度的信息披露，确保了上市收购企业的合规行为。

8.2 进一步扩展

下文将在新并购、新趋势、新格局三个方面，从最新理论和最新实践两个角度，进一步讨论本书的研究结论。

8.2.1 落实新并购

下文将从支付方式、同行并购、政府参与三个视角，进一步解析企业跨境并购的相关研究结论。

8.2.1.1 支付方式

支付方式是企业跨境并购的核心问题。支付方式的选择不仅决定了企业跨境并购各方的话语权，而且决定了企业跨境并购的整体方向。目前企业跨境并购的三种主流支付方式是现金支付、股票支付、现金与股票联合支付。在现金支付方面，企业跨境并购效率提升，企业跨境并购股权下降。现金支付在短期内推进并购进度，在长期内的深度绑定较弱。在股票支付方面，企业跨境并购效率与企业跨境并购股权同时提升。股票支付既代表了短期的利益捆绑，又代表了长期的战略承诺。在现金与股票联合支付方面，股票支付处于主导地位，现金支付处于辅助地位，联合支付同样显著提升了企业跨境并购效率与企业跨境并购股权。联合支付具有多样化的组合方式降低了企业跨境并购各方的资源门槛，增加了企业跨境并购各方的战略共赢和协商空间。

新的支付方式正在重塑企业跨境并购。首先，货币多样化对现有支付方式的补充不能忽视。人民币的国际化提供了新的现金支付方式，同样提供了新的现金股票联合支付方式。卢布的国际化亦是如此，提供了法律规定的现金支付方式和现金股票联合支付方式。其次，国家资本市场的发展对现有股票支付的补充不能忽视。新兴国家的资本市场逐渐完善，股票支付的应用范围延伸，股票交易所的全球排名为股票支付背书。最后，新的虚拟货币对现有支付方式的补充不能忽视。以比特币为代表的虚拟货币、以元宇宙为代表的虚拟资产正在兴起，从事相关行业的新企业正在壮大，传统企业对新企业的学习和合作趋势正在形成。企业跨境并购有潜力成为新企业和传统企业的首选合作方式，在保护双方企业主体的前提下，实现双方企业的互利共赢。

8.2.1.2 同行并购

行业相关度是企业跨境并购的核心目标。相关并购显著提升了企业跨境并购的经济效益，这在以供应链为代表的纵向整合、以行业链为代表的横向整合中得到反复验证；不相关并购显著降低了企业跨境并购的经济效益，这与实践中反复强调做强主业的经验一致。同行并购对企业跨境并购的提升作用同样在本书得到验证：行业相关度越高，企业跨境并购效率与企业跨境并购股权越高。同行并购的优势在于行业相似性，在企业层面的跨境并购具有显著影响：跨境并购前降低了信息成本、提高了筛选能力；跨境并购中降低了整合难度、提高了共同利益；跨境并购后降低了矛盾冲突，提高了主体认同。同行并购的优势还在于降低了低效率的市场竞争，形成了高盈利的垄断优势，升级了原先的行业格局，整合了分散的人力资本，提高了企业的竞争优势。

同行并购并不是企业跨境并购的主体。行业相关度的范围为 [0，6]，本书的行业相关度均值仅有 2.7，体现了企业并没有完全遵循同行并购的盈利准则，跨界并购才是企业跨境并购的主体组成部分。企业跨境并购的战略导向发生了显著变化：以往的企业跨境并购战略选择以经济为第一标准，现在的企业跨境并购战略选择以未来为第一标准。企业跨境并购从短期经济逐利向长期战略储备转型。企业跨界并购确实具有低经济效益，但是具有高未来导向。企业跨界并购提供的资源与能力具有异质性，是企业无法内部自行生成的。资源与能力的异质性储备非常重要，增加了企业未来生存的概率，规避了跨界竞争导致的行业灭绝，体现了不确定性对企业日常经营的绝对影响。同行并购相关研究极有可能转向跨界并购相关研究，帮助企业完成从个案分析到应用规律的战略转型。

8.2.1.3 政府参与

政府参与对企业跨境并购的影响具有差异性。政府参与显著提高了企业跨境并购效率，同时显著降低了企业跨境并购股权。政府参与企业跨境并购是非常普遍的现象，广泛分布在发达经济体与发展中经济体。法律规定政府具有监督职能，这是基于各国法律形成的正常现象。企业跨境并购必须符合政府的监管要求，符合多方的经济利益，企业不能越过政府的行政审查。因此，政府可以通过提高审查效率，提高企业跨境并购效率。政府参与代表着行政组织，与以企业为代表的经济组织具有不同的逻辑和目标。企业的控制权受到政府的监督与管理，因此，以股权为代表的经济手段不能保证企业想要的控制权，企业跨境并购后的新组织管理权需要重新分配。简而言之，企业跨境并购中，政府的参与是一把双刃剑，放大优势、降低劣势是企业着重考虑的战术准则。

政府参与对企业跨境并购的影响具有相对隐形的特征。企业跨境并购具有多主体的特征，包括目标企业、收购企业、担保企业、出资企业、咨询企业以及上述所有企业的母公司与子公司。政府参与企业跨境并购的主体企业一直是复杂的问题，所有权、管理权、决策权等问题尚未在实证研究中解决。考虑到政府本身也是多层次的组织，不同层级的政府之间也存在利益导向不一致的问题。因此，治理经济视角（Political Economy Perspective）相关研究蓬勃兴起，聚焦政府、企业两个多层次主体，在制度复杂性情境下，捕捉企业跨境并购的重要问题。在管理实践中，政企分开形成了部分共识，厘清政企关系也形成了部分共识，两种部分共识要解决的核心问题是如何发挥政府对企业的积极作用、如何控制政府对企业的消极作用，实践与理论的再一次对话正在进行。

8.2.2 理解新趋势

下文将从后疫情时代的治理趋势、经济趋势、技术趋势三个视角，进一步深化本书相关的研究结论。

8.2.2.1 后疫情时代的治理趋势

俄乌冲突是后疫情时代最突出的变化之一。俄罗斯和乌克兰同属"一带一路"倡议沿线国家，中国作为"一带一路"倡议的发起国，从未发表过支持任何一方的言论。这不仅体现了"一带一路"倡议的经济属性，而且体现了国际关系的不确定性。后疫情时代的变化趋势并不确定，对企业跨境并购等相关经营活动形成不可预测的冲击。目前，企业通过全球风险地图无法预判战争的爆发地和持续时间，直接业务损失惨重，间接成本显著提升。巴以冲突同样如此。后疫情时代的治理变化正在加速成为企业战略决策的重要前提。

伊朗和沙特同意恢复外交关系同样也是后疫情时代最突出的变化之一。伊朗和沙特同属"一带一路"倡议沿线国家,中国作为斡旋国,在北京发表三国联合声明,加强国际地区和平与安全。2015年6月28日,伊朗政府主导通过股权交易,跨境并购沙特阿拉伯的伊斯兰发展银行子公司——国际伊斯兰贸易企业。2016年,两国断交,该企业跨境并购转为未知状态。2023年3月10日,两国恢复外交往来,该企业跨境并购未知状态能否结束尚未可知。后疫情时代的"分""合"趋势并存,成为企业跨境并购的风向标。

国别制度匹配同样受到以俄乌冲突、伊朗沙特恢复建交为代表的突发事件影响。突发事件的规模、时间、影响无法预测,因此,后疫情时代的新趋势新判断十分重要。国别正式制度匹配成为重要的预测指标,国别非正式制度匹配的预测力度减弱,企业跨境并购效率和企业跨境并购股权需要重新权衡。俄乌冲突、伊朗沙特恢复建交是国别正式制度匹配中的一个特殊点,虽然这个特殊点没有推翻全局,但是如何预测下一个特殊点,帮助企业进行下一次布局,需要国别正式制度匹配的相关研究继续深入企业层面,提升企业跨境并购等相关组织战略。

8.2.2.2 后疫情时代的经济趋势

后疫情时代的经济趋势体现为层出不穷的贸易集团,国家之间的经济合作通过不同的贸易集团实现。国家利益决定了新建、加入、退出贸易集团的策略,每个贸易集团都反映了相关国家共同的经济诉求。为了抓住国家间合作的机遇,"一带一路"倡议应运而生、不断发展,其他多种多样的贸易合作形式也在蓬勃兴起。党的二十大报告指出:"推动共建'一带一路'高质量发展"。"一带一路"倡议的高质量发展,需要越来越多的新兴市场企业积极响应、快速成长和回馈当地。新兴市场企业先天欠缺资源,后天能力匮乏。有了"一带一路"倡议的助力东风,新兴市场企业获取资金资源、培养相关人才的概率大幅提升,新兴市场企业由无到有、由小到大、由大到强。新兴市场企业的崛起,才能增加新兴市场的活力,带动新兴国家的发展。新兴市场企业的强大,为后续社会责任履行和可持续发展奠定坚实基础。

党的二十大报告指出,"一带一路"倡议成为深受欢迎的国际公共产品和国际合作平台。从正外部性角度来看,"一带一路"倡议不仅改善了公共产品缺乏的现状,而且促进了未来的公共产品诞生。从平台角度来看,"一带一路"倡议通过连接用户和互补者,形成了跨越国界的、松散耦合的、开放包容的组织,有效地带动了新兴市场企业的崛起、新兴市场的发展和国际格局的稳定。从金字塔角度来看,位于底层的顾客、企业、国家均具有经济盈利的潜在空间,具有社会治理的广泛基础。新兴市场企业的发展不是一蹴而就的简单跃升,在此过程中,管理理论的革新、管理实践的进化以及二者之间的对话交流至关重要。从国别制度距离到国别制度匹配,从高耸的国界到贴近的心灵,跨界整合终将改变新兴市场企业的命运,改变新兴市场的未来,改变国际商务的格局。"一带一路"倡议的东风犹在,新时代的新兴市场企业国际化已经起航。

8.2.2.3　后疫情时代的技术趋势

数字技术深刻推动了企业跨境并购的长远发展，创造了企业跨境并购的巨大需求，降低了企业跨境并购的技术门槛。首先，数字技术的诞生和发展是崭新的市场，在原有市场的基础上，重新构建出企业跨境并购的蓝海。数字技术不仅需要新的企业，而且需要新的转型。其次，数字技术的发展需要不断成立新企业，不断重组旧企业，企业跨境并购是合作与整合的首选方式。人工智能技术重塑了企业对员工的需求，数字资本和人力资本的复合已经成为企业经营的常态，机器人和普通人的生产生活高度结合。元宇宙技术改变了企业对资产的要求，虚拟资产和实物资产的结合已经成为企业配置的资源，虚拟形象和实际形象完全脱节。云技术重置了企业对储存的要求，数字资源和地理位置的分开直接提高了企业的利润，降低了环境的损害，加强了全球的整合。大数据技术为企业经营提供了便利，同样受到法律和公众的监督，杀熟等不良现象正在慢慢改变。数字技术的负面影响同样引起企业的消亡。因此，我国提出《全球人工智能治理倡议》，欧盟制定全球首个《人工智能监管法案》，加大技术治理的力度，加速技术治理的进程。最后，后疫情时代的技术趋势还在发展，技术的复苏与转向同样值得企业关注。

8.2.3　构建新格局

新兴市场企业是国际商务领域的重要角色。新兴市场企业的崛起，不仅改善了新兴市场的营商环境，而且改变了国际商务的竞争格局。在理论方面，新兴市场企业具有先天不足：新兴市场企业被归类为天生国际化的企业，与主流国际商务理论存在脱节；新兴市场企业被误认为存在来源国劣势，与主流国际商务理论存在合法性冲突；新兴市场企业被认为缺乏核心竞争力，与国际商务领域讨论的跨国企业存在本质差异；新兴市场企业的国际市场与国内市场难以兼容，存在"二选一"的冲突问题。滞后的理论制约了新兴市场企业的实践。

党的二十大报告指出："加快构建以国内大循环为主体、国内国际双循环相互促进的新发展格局"。在国内大循环方面，党的二十大报告指出要增强内生动力和可靠性；在国际大循环方面，党的二十大报告指出要提升质量和水平。在新兴市场企业的分析层次，只有整合和适应国内市场与国际市场，国内供应链、产业链与国际供应链、产业链，国内产业链与国际产业链，建立和提升企业自身的跨国韧性，回避和规避两分法发展逻辑的陷阱，才能促进新兴市场企业的良性发展，提升新兴市场的理论合法性。

党的二十大报告指出："推进高水平对外开放，稳步扩大规则、规制、管理、标准等制度型开放，加快建设贸易强国，推动共建'一带一路'高质量发展，维护多元稳定的国际经济格局和经贸关系。"制度型开放是新的概念，包括规则、规制、管理、标准等多个内涵，从企业层面到制度层面的转变，体现了新兴市场企业不断深化的国际化实践。本书整合了国别正式制度匹配、国别非正式制度匹配新构念与国别制度距离旧构念，深度连接了新兴市场企业与主流国际商务理论，揭示了"制度型开放"的本质特征，体现了对新兴市场和传统市场的理论注意力。

8.3 研究启示

下文将从企业—行业—国家三个分析层次出发，进一步讨论研究结论，总结研究启示。

8.3.1 企业

企业跨境并购中，最重要的问题并不是完成的结果，而是如何完成的过程。并购完成（Deal Completion）一直是企业跨境并购关注的核心问题，跨境并购的短期超额收益率（CAR）同样一直是企业跨境并购追求的核心结果。并购完成与短期超额收益率都反映出短视主义。企业辛辛苦苦做一次跨境并购，迫不及待地期望最好立刻就在资本市场上看到结果。如果在资本市场上看不到企业的股价上涨，那么就是资本市场不够灵敏、不够健全。短视主义主导的企业跨境并购相关研究，聚焦的时间越来越短，外生冲击的影响越来越大，同质化程度越来越高。短视主义主导的企业跨境并购相关实践，越来越粗糙，失败率越来越高。企业跨境并购不仅造成了收购方的经济负担，而且衍生了动荡且负面的社会后果。事实上，只要对企业跨境并购的焦点问题适当转换，研究与实践的双重窘境就有可能解决。

企业跨境并购的核心问题是效率与股权。企业跨境并购效率背后的视角，不仅是时间，而且是企业资源编排的能力和节奏。企业跨境并购往往是由一把手及其团队负责推进。首席并购官的出现，开始将企业跨境并购从定制化决策降维到常规流程。首席并购官及其部门的形成，有利于企业以专人专职来管理跨境并购。企业跨境并购不再占用过多的高层决策资源，而是成为新部门的常规事务。企业跨境并购股权背后的视角，不仅是经济，而且是企业控制与反控制的能力。股权代表了收购企业、被收购企业与其他企业在资本市场的交锋。收购企业一旦无法控制跨境并购的前进方向，极有可能被目标企业反收购，威胁到收购企业自身的存在性。事实上，从长期主义视角出发，企业跨境并购的效率与股权研究别有天地。

未来的企业跨境并购可能会形成短期主义与长期主义并存的格局。在 VUCA（Volatility、Uncertainty、Complexity、Ambiguity）时代，外生冲击越来越频繁，很多企业利用外生冲击攫取了超额利润，很多研究互为因果的内生性问题需要寻找外生冲击。企业跨境并购自然也会受到短期主义与长期主义的双重影响。新兴市场企业快速在全球寻找跨境并购的目标企业，达成跨境并购的目标，联通全球资本市场，获取短期即时经济回报。VUCA 时代同样强调战略定力与韧性，很多企业选择内生成长的方式，稳扎稳打。在获得爆发式的增长之前,新兴市场企业先要在一次次的外生冲击中生存下来。企业跨境并购自然也避不开长期主义的影响。企业逐渐放松对跨境并购效率的控制,逐渐掌握长期股权的设计与防范,确保收购企业相对长期的主动权和选择权。企业跨境并购的市场足够庞大,可以兼容奉行短期主义与长期主义的企业——短期内,拥有亮眼的交易规模和成交金额;长期内,拥有健康的跨境并购交易系统。

8.3.2 行业

行业的内生性体现在相关度和竞争性。行业相关度是企业跨境并购的重要指标,行业内的竞争对手影响着企业跨境并购的布局。在行业相关度方面,企业通过跨境并购有可能实现相关多元化,相关多元化的协同优势会带来长期利润。企业通过跨境并购同样有可能实现不相关多元化,不相关多元化的协同劣势会拖累本身的业绩。在同行业的竞争对手方面,企业跨境并购往往会表现出一种跟随趋势。企业跨境并购的区域与目标选择,很快也会被同行业的竞争对手模仿。行业的模仿性存在,使得企业跨境并购并不是独特的战略。只有被收购企业处于国际顶级的、独一无二的竞争地位时,企业跨境并购才具有一定的独特性。因此,行业内生性直接影响了企业跨境并购。其中,相关度决定了企业跨境并购的盈利,竞争性决定了企业跨境并购的布局。

行业的外生性体现在政策的不定期跨国界扰动。随着凯恩斯主义的不断发展,行业逐渐成为政策操纵的重要载体。从长期维度来看,母国劳动管理水平针对的是企业不合规的用工行为。这不仅自上而下地塑造了行业整体的用工环境,而且间接改进了全球的用工环境。从短期维度来看,行业刺激政策针对的是特定行业。通过复制输出核心竞争力,特定行业的企业抱团出海,将行业刺激政策的范围扩展到国界以外,出现了新一轮的产能转移现象。政策性和外溢性特征并不具备时间敏感性。企业横向的伙伴表现为行业,企业纵向的伙伴表现为供应链和产业链。行业具有政策性与外溢性的双重特征,供应链和产业链同样具有企业自治性和外溢性的双重特征。从当前发展趋势来看,逐渐消失的行业与崛起的供应链、产业链逐渐成为趋势。

行业的边界逐渐模糊,跨行业逐渐成为企业跨境并购的必然选择。例如,2022 年 7月,吉利跨行业收购魅族科技,为用户提供多终端、全场景、沉浸式融合体验的新产品。吉利占股 79.09%,魅族科技也保证了自身的独立性。在行业内生性方面,行业相关度不再重要,企业之间的合作以产品为唯一导向;同行竞争性逐渐下降,跨界竞争成为新常态,企业跨境并购的可能性与多样性大大增加。在行业外生性方面,长期政策的监管趋于严格,短期政策的不可预测性显著上升。企业跨境并购的跨界整合特征逐渐显现,衡量跨界整合的新指标出现,更好地预测了企业跨境并购。行业边界不断模糊,短期政策的激励从行业视角切换到供应链和产业链视角,才能满足精准施策的目标。

8.3.3 国家

国别制度是国际商务领域的核心话题。国别制度的相似性与差异性是国际商务学者孜孜不倦的讨论核心。经典国际商务研究以解释实践问题为导向，建立了国别制度距离这一构念，讨论了东道国制度与母国制度的差异性对企业跨国经营的排斥力，成为企业跨境并购领域的主流视角。为了避免直接对一个国家的制度质量进行评价，国际商务学者从绝对值视角转向相对值视角；为了解构国别制度比较的真实含义，国际商务学者从相对值视角转回绝对值视角。国际商务领域当下的绝对值视角与相对值视角并行不悖。国际商务领域不断涌现新问题，以国际制度距离相关理论很难解释：为什么国别制度距离极大的情况下，企业跨境并购蓬勃发展？国际制度距离对企业跨境并购的影响机制，是代表阻力的合法性机制？还是代表动力的学习机制呢？截然相反的理论机制，导致了不一致的决策实践，约束了相关研究的进一步发展。

为了突破上述瓶颈，国别制度匹配将组织行为与人力资源管理领域的新构念合成法则引入国际商务领域，创建国际商务领域的新构念，补充国别制度距离的相关研究。国别正式制度匹配测量了东道国正式制度与母国正式制度的相似性，国别非正式制度匹配测量了东道国非正式制度与母国非正式制度的相似性，核心机制是国别制度之间的吸引力对企业跨国经营的正面影响，解释了企业跨境并购生生不息的动力所在。国别正式制度不匹配与国别非正式制度不匹配，一方面测量了东道国正式制度与母国正式制度、东道国非正式制度与母国非正式制度的差异性，反映的是国别正式制度或者国别非正式制度之间的排斥力对企业跨国经营的负面影响，解释了企业跨境并购波动反复的阻力所在。国别正式制度匹配、国别非正式制度匹配对企业跨境并购效率、企业跨境并购股权的影响机制，既有东方管理学视角下的"合"理论，又有西方管理学视角下的最优区分理论。国别制度匹配不仅促进了东方管理学与西方管理学的学术交流，而且推进了东西方企业跨境并购的管理实践。

国别制度的排斥力和吸引力同时存在。因此，国别制度距离与国别制度匹配同样展现了两种力量的共存形态。在南北合作方面，国别制度距离具有极佳的解释力，发展中国家的企业跨境并购发达国家的企业，确实受困于身份认同的差异，发展中国家的企业通过在东道国购买、设立新的子公司来规避来源国劣势。发达国家的企业跨境并购发展中国家的企业，确实受困于文化认同的差异，发达国家的企业很难获取东道国人民的认可，存在资本入侵与经济兼并等一系列问题。在南南合作方面，国别制度匹配具有更好的解释力。国别正式制度匹配与企业跨境并购的正向关系，帮助"一带一路"倡议下官方机构、民间机构的合作交流。国别制度匹配不仅涵盖经典的正式制度视角研究，而且包括新兴的非正式制度视角研究，打开了制度型开放的黑箱。

综上所述，从企业跨境并购的核心问题到行业的边界问题，从行业的边界问题到国别制度的比较问题，本书从企业—行业—国家三个分析层次深化了国别正式制度匹配、国别非正式制度匹配与企业跨境并购效率、企业跨境并购股权的研究启示。

8.4　研 究 贡 献

下文将从理论与实践两个维度出发，讨论本书的研究贡献所在。

8.4.1　理论贡献

首先，本书首次提出国别制度匹配新构念，发现国别正式制度匹配和国别非正式制度匹配二维构型。国别制度匹配是东道国制度和母国制度的相似性，国别正式制度匹配是东道国正式制度和母国正式制度的相似性，国别非正式制度匹配是东道国非正式制度和母国非正式制度的相似性。国别制度匹配是理论融合研究成果，将组织行为与人力资源管理领域的匹配方法引入国际商务领域，解决东道国制度与母国制度的问题。国别制度匹配体现了国家之间内在逻辑与经济导向的一致性，而不是制度的全球统一。国别制度匹配从管理学的角度响应了构建人类命运共同体的号召。

其次，本书构建了国别制度匹配的前因后果理论框架。国别制度匹配的前因研究包括推力因素和阻力因素，全球化和逆全球化同时存在，数字化和数字孤岛并行不悖。国别制度匹配响应了全球化与数字化的趋势，主要表达了和平与发展的长期趋势。国别制度不匹配作为额外补充，回应了逆全球化与数字孤岛的"回头浪"。国别制度匹配的后果研究主要包括横向后果和纵向后果，横向后果指企业与企业的关系，如并购、联盟、跨界整合、生态系统；纵向后果指企业与时间的关系，如韧性。通过组织行为与人力资源管理的区块变量方法，国别制度匹配的前因后果理论框架得以建立。

再次，本书检验了国别制度匹配与企业跨境并购的因果关系，建立了国别制度匹配的关联效度。作为新构念，国别制度匹配的合法性需要通过关联效度来建立。国别制度匹配与企业跨境并购的因果关系检验分为三个层次：一是总体比较，即国别正式制度匹配提升了企业跨境并购的效率与股权；国别非正式制度匹配降低了企业跨境并购的效率与股权。二是同质比较，即国别正式制度匹配均处于双低状态的时候，企业跨境并购的效率与股权越高；国别非正式制度匹配均处于双低状态的时候，企业跨境并购的效率与股权越低。三是异质比较，即国别正式制度匹配与国别非正式制度匹配都处于上行状态时，企业跨境并购的效率与股权越高。

最后，本书拓展了国际商务领域的连接视角相关研究。本书解决的根本问题是如何将国家层面的连接转化为企业层面的连接。世界的连接趋势正在发展，国家边界阻挡不了整个世界的连接。因此，顺应世界发展的连接趋势，跨越国别制度的无形障碍，发展中的企业终将推动整个世界的连接。长期以来，国别制度的连接鲜为人知。企业克服国别制度距离给跨国经营带来的障碍，成为主流视角。拘泥于国别制度距离的视角，限制了企业的国际化步伐；转换到国别制度相似的视角，促进了企业的国际化韧性。随着世界连接趋势的发展，企业逐渐具备将国别连接降维到企业连接的战略思想与战术能力。在过去，企业扮演了区域化的推动者角色；在未来，企业有望扮演推动真正全球化的角色。

8.4.2 实践贡献

从总体来看，本书有潜力丰富"一带一路"对外投资合作国别（地区）指南中国别比较的相关内容。现有对外投资合作国别（地区）指南每年更新，具有修改完善的可能性。对外投资合作国别（地区）指南反映了东道国的制度情况，本书可以从定量分析与定性描述相结合的角度，扩充母国制度与东道国制度的比较，帮助中国企业更好地走出去。从产学研角度来看，本书可以效仿 Berry 等（2010）的做法，使用回归模型测量全球国别制度匹配，将结果制作成表格，发布在学者主页上，供后续的研究者直接使用。

从企业角度来看，本书提升了管理者和经理人的决策质量。国别制度匹配的 2×2 分类法有助于企业跨境并购的前期预判工作。企业跨境并购是具有高度模糊性的战略决策，无论是短期的股价 CAR 测量，还是长期的整合绩效，都不能精准测算企业跨境并购的利弊。因此，国别制度匹配可以帮助企业识别面对的国别制度，通过关联效度，对企业跨境并购的效率与股权等关键问题形成较为清晰的预期；帮助企业内部的高管、员工和企业外部的股东、债权人统一共识，建立合理的合作计划与整合方案，张弛有度地完成相关工作。

从行业角度来看，以母国劳动管理水平为代表的长期政策，影响了行业的雇佣规范；以行业刺激政策为代表的短期政策，影响了行业的韧性构建。行业作为政策调节的载体，深刻影响了企业的战略制定与变革。行业政策对企业经营决策的影响具有差异性，更容易影响到国别正式制度匹配与企业跨境并购的关系。对于国别非正式制度匹配与企业跨境并购的关系来说，行业政策的影响力就相对有限了。掌握行业政策对企业战略影响的差异性，有助于行业的发展与政策的制定。

从国家角度来看，正式制度过于严格，对经济活动往往会起到反作用；对非正式制度的优势认识不足，往往无法激发经济活动的潜力。因此，国别制度建设采取多维平衡、较为中庸的思想，有利于发挥现阶段的最大优势。从"一带一路"倡议的管理实践出发，正式制度存在极大的改善空间，非正式制度则一直发挥着独特的相对竞争优势，而保持正式制度的提升与非正式制度的转化，未必不能打造新的国家竞争优势，而只专注防范正式制度不完善导致的制度风险，可能会错失发展的机会。

从战略选择理论来看，跨国企业跨境并购的实践，并不仅仅局限于国别制度距离的外在约束，更能受益于国别制度匹配带来的战略预判以及战略影响。跨国企业国际准则说明，跨国企业的本质并不是达到每个国家的最低标准，而是要发挥企业的主观能动性，依据国别最高标准在全球建立统一标准。因此，国别制度匹配为跨国企业践行国际标准，提供了潜在的实现路径。

8.5　研究局限与未来方向

下文将从研究局限与未来方向两个方面，讨论本书的不足之处和改进方案。

8.5.1　研究局限

国别制度匹配的三维构型尚未构建。依托制度经济学派，本书构建了国别正式制度匹配与国别非正式制度匹配两个代理变量，是国别制度匹配的二维构型。依托组织制度学派，法规匹配（Regulatory Congruence）、认知匹配（Cognitive Congruence）、规范匹配（Normative Congruence）尚未构建。考虑到组织制度学派是国别制度匹配的核心流派，法规匹配、认知匹配、规范匹配均具备成熟的数据基础，完善并比较国别制度匹配的二维构型与三维构型指日可待。

人工智能与机器学习具有巨大潜力。企业跨境并购是战略决策，少数企业跨境并购体现出艺术性，多数企业跨境并购体现出科学性。基于企业跨境并购的科学性前提，人工智能与机器学习在目标企业选择、双方契合评估、模拟资本市场反应、并购整合人才建库等方面具备潜在空间。随着人工智能和机器学习的迅猛发展，企业跨境并购的整合程度进一步提升，原先咨询公司从事的部分业务可能重新回归到企业内部处理。

最新情境尚未拓展，如区域全面经济伙伴协定（RCEP）、跨太平洋伙伴全面进步协定（CPTPP）。国别正式制度匹配、国别非正式制度匹配与企业跨境并购的因果关系已经在"一带一路"倡议的情境下得到验证。在以 RCEP 和 CPTPP 为代表的新型区域组织中，上述因果关系的可拓展性尚未得到验证。在传统国际商务研究中，发达国家的企业跨境并购发展中国家的企业（DMNEs' M&A）、发展中国家的企业逆向跨境并购发达国家的企业（EMNEs' M&A），这两种经典情境尚未用来检验国别正式制度匹配、国别非正式制度匹配与企业跨境并购的因果关系。后来的研究者可以此为切入点，通过跨情境复制来进一步验证国别正式制度匹配、国别非正式制度匹配与企业跨境并购的关系。

8.5.2　未来方向

通过案例研究与问卷调研方法，检验复合、结合、相合的理论机制。本书确认了国别制度匹配与企业跨境并购存在正向因果关系。由于定量研究方法的局限性，本书无法确认国别制度匹配如何通过复合、结合、相合来影响企业的跨境并购。复合、结合、相合的理论机制是单一的存在形式？还是混合的多维模式？需要研究方法的切换来进一步确认。复合、结合、相合的理论机制，在国别制度匹配与企业跨境并购的关系中，扮演着完全中介还是部分中介的角色？这同样需要进一步确认。

通过案例研究与问卷调研方法，检验最优区分的理论机制。国别制度匹配的本质在于相似性与差异性的共存，符合最优区分的理论范式。因此，国别制度匹配对企业跨境并购的影响是更多地依赖最优区分的西方管理学视角呢？还是更多地依赖复合、结合、相合的东方管理学视角呢？还是更多地依赖东方管理学视角与西方管理学视角的混合模式呢？解决上述问题，需要进一步转换研究方法，深入剖析国别制度匹配与企业跨境并购之间的理论机制。

参 考 文 献

[1] 蔡宁.（2019）.文化差异会影响并购绩效吗——基于方言视角的研究.会计研究, (07), 43-50.

[2] 蔡庆丰, 林少勤, 吴冠琛, 陈诣之, 林海涵.（2022）.反收购强度、企业研发决策与长期价值创造.南开管理评论, 25（03）, 15-24.

[3] 蔡庆丰, 田霖.（2019）.行业政策与企业跨行业并购：市场导向还是政策套利.中国工业经济,（01）, 81-99.

[4] 陈晨, 秦昕, 谭玲, 卢海陵, 周汉森, 宋博迪.（2020）.授权型领导——下属自我领导匹配对下属情绪衰竭和工作绩效的影响.管理世界, 36（12）, 145-162.

[5] 陈仕华, 王雅茹.（2022）.企业并购依赖的缘由和后果：基于知识基础理论和成长压力理论的研究.管理世界, 38（05）, 156-175.

[6] 陈仕华, 张瑞彬.（2020）.董事会非正式层级对董事异议的影响.管理世界, 36（10）, 95-111.

[7] 陈文婷, 师翌华, 余鹏翼.（2020）.基于 Meta 分析的信息披露影响并购重组的文献综述.外国经济与管理, 42（12）, 30-43.

[8] 陈小梅, 吴小节, 汪秀琼, 蓝海林.（2021）.中国企业逆向跨国并购整合过程的质性元分析研究.管理世界, 37（11）, 159-183.

[9] 陈晓萍, 沈伟.（2018）.组织与管理研究的实证方法（第三版）.北京大学出版社.

[10] 陈衍泰, 厉婧, 程聪, 戎珂.（2021）.海外创新生态系统的组织合法性动态获取研究——以"一带一路"海外园区领军企业为例.管理世界, 37（08）, 161-180.

[11] 陈志武.（2021）.从海上丝绸之路历史对比不同文明：对当代企业的启示.外国经济与管理, 43（06）, 3-26.

[12] 陈紫若, 盛伟, 张先锋.（2022）.全球贸易协定网络对国际创新活动的不对称影响——基于制度环境的视角.中国工业经济, 409（04）, 80-98.

[13] 程聪.（2020）.中国企业跨国并购后组织整合制度逻辑变革研究：混合逻辑的视角.管理世界, 36（12）, 127-145.

[14] 代江虹, 葛京.（2020）.制度领导力研究述评与展望.外国经济与管理, 42（07）, 108-120.

[15] 戴屹, 张昊民, 俞明传, 朱爱武, 徐书会.（2021）.企业政策——实践一致性与员工

工作绩效关系研究．管理学报，18（02），234-242.

[16] 邓少军，芮明杰，赵付春．(2018).组织响应制度复杂性：分析框架与研究模型．外国经济与管理，40（08），3-29.

[17] 邓新明，郭雅楠．(2020).竞争经验，多市场接触与企业绩效——基于红皇后竞争视角．管理世界，36（11），111-131.

[18] 翟玲玲，吴育辉．(2021).信用评级的融资与监督效应——来自企业并购的证据．南开管理评论，24（01），27-38.

[19] 丁元竹，沈艳，刘培林，李金华，贺雪峰，程虹，陈彦斌等．(2021).积极响应习近平总书记号召 把论文写在祖国大地上．管理世界，37（09），1-35.

[20] 董涛，郭强，仲为国，程升彦，邓晓．(2021).制度集成创新的原理与应用——来自海南自由贸易港的建设实践．管理世界，37（05），60-70.

[21] 杜健，郑秋霞，郭斌．(2020).坚持独立或寻求依赖？"蛇吞象"式跨国并购的整合策略研究．南开管理评论，23（06），16-26.

[22] 杜运周，刘秋辰，陈凯薇等．(2022).营商环境生态、全要素生产率与城市高质量发展的多元模式——基于复杂系统观的组态分析．管理世界，38（09），127-145.

[23] 杜运周，刘秋辰，程建青．(2020).什么样的营商环境生态产生城市高创业活跃度？——基于制度组态的分析．管理世界，36（09），141-155.

[24] 范合君，吴婷，何思锦．(2022)."互联网+政务服务"平台如何优化城市营商环境？——基于互动治理的视角．管理世界，38（10），126-153.

[25] 方慧，赵甜．(2017).中国企业对"一带一路"国家国际化经营方式研究——基于国家距离视角的考察．管理世界，286（07），17-23.

[26] 国务院发展研究中心课题组马建堂，袁东明等．(2022).持续推进"放管服"改革，不断优化营商环境．管理世界，38（12），1-9.

[27] 何金花，田志龙，赵辉．(2021).中国企业在海外并购中面临的非市场诉求及其响应研究．管理学报，18（02），192-202.

[28] 何宇，张建华，陈珍珍．(2020).贸易冲突与合作：基于全球价值链的解释．中国工业经济，384（03），24-43.

[29] 胡珺，宋献中，王红建．(2017).非正式制度、家乡认同与企业环境治理．管理世界，282（03），76-94.

[30] 黄嫚丽，张钺，李静．(2020).基于时间过程视角的连续并购研究综述．管理学报，17（09），1412-1422.

[31] 黄远浙，钟昌标，叶劲松，胡大猛．(2021).跨国投资与创新绩效——基于对外投资广度和深度视角的分析．经济研究，56（01），138-154.

[32] 贾镜渝，孟妍．(2022).经验学习、制度质量与国有企业海外并购．南开管理评论，25（03），49-63.

[33] 江诗松,游文利,杨帅,陈潇澜.(2021).中外合资经验对跨国并购绩效的非线性影响:跨组织过程的学习模式.南开管理评论,25(03),25-36.

[34] 蒋冠宏.(2017).我国企业跨国并购真的失败了吗?——基于企业效率的再讨论.金融研究,(04),46-60.

[35] 蒋冠宏.(2021).并购如何提升企业市场势力——来自中国企业的证据.中国工业经济,398(05),170-188.

[36] 金刚,沈坤荣.(2019).中国企业对"一带一路"沿线国家的交通投资效应:发展效应还是债务陷阱.中国工业经济,(09),79-97.

[37] 李广众,朱佳青,李杰.(2020).经理人相对绩效评价与企业并购行为:理论与实证.经济研究,55(03),65-82.

[38] 李加鹏,吴蕊,杨德林.(2020).制度与创业研究的融合:历史回顾及未来方向探讨.管理世界,36(05),204-219.

[39] 李健,崔雪,陈传明.(2022).家族企业并购商誉、风险承担水平与创新投入——基于信号传递理论的研究.南开管理评论,145(01),135-146.

[40] 李路,贺宇倩,汤晓燕.(2018).文化差异、方言特征与企业并购.财经研究,44(06),140-152.

[41] 李树文,罗瑾琏,梁阜.(2020).领导与下属性别匹配视角下权力距离一致与内部人身份认知对员工建言的影响.管理学报,17(03),365-373.

[42] 李晓溪,杨国超,饶品贵.(2019).交易所问询函有监管作用吗?——基于并购重组报告书的文本分析.经济研究,54(05),181-198.

[43] 李元旭,胡亚飞.(2021).新兴市场企业的跨界整合战略:研究述评与展望.外国经济与管理,43(10),85-102.

[44] 李增福,陈俊杰,连玉君,李铭杰.(2022).经济政策不确定性与企业短债长用.管理世界,38(01),77-89.

[45] 梁强,王博,宋丽红,徐二明.(2020).制度复杂性与家族企业成长——基于正大集团的案例研究.南开管理评论,23(03),51-62.

[46] 刘林青,陈紫若.(2020).共同依赖与中国企业并购的倒U形关系研究.管理学报,17(08),1139-1149.

[47] 刘飖,孟勇.(2019).制度距离与我国企业海外并购效率.经济管理,41(12),22-39.

[48] 刘志彪,孔令池.(2021).从分割走向整合:推进国内统一大市场建设的阻力与对策.中国工业经济,401(08),20-36.

[49] 卢盛峰,董如玉,叶初升.(2021)."一带一路"倡议促进了中国高质量出口吗——来自微观企业的证据.中国工业经济,396(03),80-98.

[50] 陆铭,李爽.(2008).社会资本、非正式制度与经济发展.管理世界,180(09),

161-165.

[51] 陆亚东, 孙金云. (2014). 复合基础观的动因及其对竞争优势的影响研究. 管理世界, 250 (07), 93-106.

[52] 陆亚东, 孙金云, 武亚军. (2015). "合"理论——基于东方文化背景的战略理论新范式. 外国经济与管理, 37 (06), 3-25.

[53] 逯东. (2019). 国有企业非实际控制人的董事会权力与并购效率. 管理世界, 35 (06), 119-141.

[54] 吕鹏, 黄送钦. (2021). 环境规制压力会促进企业转型升级吗. 南开管理评论, 24 (04), 116-129.

[55] 马述忠, 房超. (2021). 跨境电商与中国出口新增长——基于信息成本和规模经济的双重视角. 经济研究, 56 (06), 159-176.

[56] 牛志伟, 许晨曦, 武瑛. (2023). 营商环境优化、人力资本效应与企业劳动生产率. 管理世界, 39 (02), 83-100.

[57] 潘爱玲, 刘昕, 邱金龙, 申宇. (2019). 媒体压力下的绿色并购能否促使重污染企业实现实质性转型. 中国工业经济, (02), 174-192.

[58] 潘爱玲, 吴倩, 李京伟. (2021). 高管薪酬外部公平性、机构投资者与并购溢价. 南开管理评论, 24 (01), 39-49.

[59] 潘越, 谢玉湘, 宁博等. (2022). 数智赋能、法治化营商环境建设与商业信用融资——来自"智慧法院"视角的经验证据. 管理世界, 38 (09), 194-208.

[60] 彭聪, 申宇, 张宗益. (2020). 高管校友圈降低了市场分割程度吗？——基于异地并购的视角. 管理世界, 36 (05), 134-144.

[61] 綦好东, 郭骏超, 朱炜. (2017). 国有企业混合所有制改革：动力, 阻力与实现路径. 管理世界, 289 (10), 8-19.

[62] 乔璐, 赵广庆, 吴剑峰. (2020). 距离产生美感还是隔阂？国家间距离与跨国并购绩效的元分析. 外国经济与管理, 42 (12), 119-133.

[63] 任曙明, 陈强, 王倩, 韩月琪. (2019). 海外并购为何降低了中国企业投资效率？财经研究, 45 (06), 128-140.

[64] 任曙明, 许梦洁, 王倩, 董维刚. (2017). 并购与企业研发：对中国制造业上市公司的研究. 中国工业经济, (07), 137-155.

[65] 沈红波, 张金清, 张广婷. (2019). 国有企业混合所有制改革中的控制权安排——基于云南白药混改的案例研究. 管理世界, 35 (10), 206-217.

[66] 沈坤荣, 金刚. (2018). 制度差异、"一带一路"倡议与中国大型对外投资——基于投资边际、模式与成败的三重视角. 经济理论与经济管理, (08), 20-33.

[67] 史轩亚, 薛敏, 杜义飞, 万青松. (2021). 资源获取互动及其双缓冲机制——基于CMNEs应对国际化节奏不规律的事件路径分析. 南开管理评论, 24 (02), 59-73.

[68] 涂智苹, 宋铁波. (2016). 制度压力下企业战略反应研究述评与展望. 外国经济与管理, 38 (11), 101-114.

[69] 王博, 朱沆. (2020). 制度改善速度与机会型创业的关系研究. 管理世界, 36 (10), 111-126.

[70] 王弘书, 周绍杰, 施新伟, 胡鞍钢. (2021). 地方国有企业海外并购中战略资产寻求动机的实证研究. 管理学报, 18 (03), 343-352.

[71] 王灵桂, 杨美姣. (2022). 发展经济学视域下的"一带一路"与可持续发展. 中国工业经济, 401 (01), 5-18.

[72] 王艳, 李善民. (2017). 社会信任是否会提升企业并购绩效? 管理世界, (12), 125-140.

[73] 王雁飞, 郑立勋, 郭子生, 朱瑜. (2021). 领导—下属关系图式一致性、信任与行为绩效——基于中国情境的实证研究. 管理世界, 37 (07), 162-181.

[74] 王友春, 王益民. (2021). 最优区分和制度逻辑视角下母国社会责任与企业出口绩效. 管理学报, 18 (08), 1195-1203.

[75] 魏江, 王丁, 刘洋. (2020). 来源国劣势与合法化战略——新兴经济企业跨国并购的案例研究. 管理世界, 36 (03), 101-119.

[76] 魏江, 杨洋. (2018). 跨越身份的鸿沟: 组织身份不对称与整合战略选择. 管理世界, 34 (06), 140-156.

[77] 温日光. (2017). 谁要求更高的并购溢价? 基于国家集体主义的视角. 会计研究, (09), 55-61.

[78] 邬爱其, 刘一蕙, 宋迪. (2021). 跨境数字平台参与、国际化增值行为与企业国际竞争优势. 管理世界, 37 (09), 214-233.

[79] 吴波, 陈盈, 郭昊男, 李元祯. (2021). 制度压力的组织响应机制实证研究: 离散身份的调节效应. 南开管理评论, 24 (04), 96-102.

[80] 吴先明. (2017). 企业特定优势、国际化动因与海外并购的股权选择——国有股权的调节作用. 经济管理, 39 (12), 41-57.

[81] 吴先明, 张雨. (2019). 海外并购提升了行业技术创新绩效吗——制度距离的双重调节作用. 南开管理评论, 22 (01), 4-16.

[82] 吴小节, 陈小梅, 汪秀琼, 王雪丽. (2021). 绩效期望差距对中国企业跨国并购进入模式的影响研究. 管理学报, 18 (04), 502-511.

[83] 武恒光, 郑方松. (2017). 审计质量、社会信任和并购支付方式. 审计研究, (03), 82-89.

[84] 谢红军, 蒋殿春. (2017). 竞争优势、资产价格与中国海外并购. 金融研究, (01), 83-98.

[85] 谢洪明, 章俨, 刘洋, 程聪. (2019). 新兴经济体企业连续跨国并购中的价值创造:

均胜集团的案例．管理世界，35（05），161-178．

[86] 徐莉萍，关月琴，辛宇．（2021）．控股股东股权质押与并购业绩承诺——基于市值管理视角的经验证据．中国工业经济，394（01），136-154．

[87] 颜士梅，张钢．（2020）．并购整合中身份凸显性转化以及对离职意愿的影响：多案例研究．管理世界，36（08），110-127．

[88] 晏国菀，罗贝贝，陈帅弟，谢翊璇．（2022）．并购双方CEO的老乡关系与并购行为．外国经济与管理，44（03），69-87．

[89] 杨勃，许晖．（2020）．企业逆向跨国并购后的组织身份管理模式研究．中国工业经济，382（01），174-192．

[90] 杨娜，黄凌云，王珏．（2020）．混合所有制企业的跨国投资等待时间研究——基于资源依赖理论视角．外国经济与管理，42（03），92-103．

[91] 杨震宁，赵红．（2020）．中国企业的开放式创新：制度环境、"竞合"关系与创新绩效．管理世界，36（02），139-160．

[92] 姚颐，徐亚飞，凌玥．（2021）．技术并购、市场反应与创新产出．南开管理评论，25（03），4-16．

[93] 雍旻，刘伟，邓睿．（2021）．跨越非正式与正式市场间的制度鸿沟——创业支持系统对农民创业正规化的作用机制研究．管理世界，37（04），112-130．

[94] 余东华．（2012）．横向并购效率抗辩中的最低要求效率研究．中国工业经济，（09），64-76．

[95] 袁媛，王一晟，刘彬．（2022）．宗族文化是否影响企业并购决策？——来自上市家族企业的证据.外国经济与管理，44（05），136-152．

[96] 曾宪聚，陈霖，严江兵，杨海滨．（2020）．高管从军经历对并购溢价的影响：烙印——环境匹配的视角．外国经济与管理，42（09），94-106．

[97] 张峰，黄玖立，王睿．（2016）．政府管制、非正规部门与企业创新：来自制造业的实证依据．管理世界，269（02），95-111．

[98] 张树华，王阳亮．（2022）．制度、体制与机制：对国家治理体系的系统分析．管理世界，38（01），107-118．

[99] 张文歌，买忆媛，叶竹馨．（2020）．平台组织视角下的农民合作社与非正式创业农户正规化．管理学报，17（03），383-393．

[100] 赵书博．（2021）．改革开放以来我国税制改革的伟大成就，成功经验与未来展望．管理世界，37（10），26-40．

[101] 钟宁桦，温日光，刘学悦．（2019）．"五年规划"与中国企业跨境并购．经济研究，54（04），149-164．

[102] 钟宁桦，解咪，钱一蕾，邓雅琳．（2021）．全球经济危机后中国的信贷配置与稳就业成效．经济研究，56（09），21-38．

［103］ 周学仁, 张越. （2021）. 国际运输通道与中国进出口增长——来自中欧班列的证据. 管理世界, 37 （04）, 52-63.

［104］ 祝继高, 王谊, 汤谷良. （2021）. "一带一路" 倡议下的对外投资：研究述评与展望. 外国经济与管理, 43 （03）, 119-134.

［105］ 庄明明, 李善民, 梁权熙. （2021）. 连续并购对股价崩盘风险的影响研究. 管理学报, 18 （07）, 1086-1094.

［106］ 左志刚, 杨帆. （2021）. 东道国文化特质与跨国并购失败风险——基于中国企业海外并购样本的实证研究. 外国经济与管理, 43 （01）, 58-72.

［107］ Albert, S., & Whetten, D. A. （1985）. Organizational identity. *Research in Organizational Behavior*, 7, 263-295.

［108］ Alimov, A. （2015）. Labor market regulations and cross-border mergers and acquisitions. *Journal of International Business Studies*, 46 （8）, 984-1009.

［109］ Almeida, R., & Carneiro, P. （2009）. Enforcement of labor regulation and firm size. *Journal of Comparative Economics*, 37 （1）, 28-46.

［110］ Amin, M. （2010）. Computer usage and labour regulation in India's retail sector. *The Journal of Development Studies*, 46 （9）, 1572-1592.

［111］ Andrews, T. G., Nimanandh, K., Htun, K. T., & Santidhirakul, O. （2022）. MNC response to superstitious practice in Myanmar IJVs：Understanding contested legitimacy, formal-informal legitimacy thresholds, and institutional disguise. *Journal of International Business Studies*, 53, 1178-1201.

［112］ Asgari, N., Singh, K., & Mitchell, W. （2017）. Alliance portfolio reconfiguration following a technological discontinuity. *Strategic Management Journal*, 38 （5）, 1062-1081.

［113］ Astley, W. G., & Van de Ven, A. H. （1983）. Central perspectives and debates in organization theory. *Administrative Science Quarterly*, 28 （2）, 245-273.

［114］ Baer, M. D., Frank, E. L., Matta, F. K., Luciano, M. M., & Wellman, N. （2021）. Undertrusted, overtrusted, or just right? The fairness of （in） congruence between trust wanted and trust received. *Academy of Management Journal*, 64 （1）, 180-206.

［115］ Bashir, A. （2019）. Explaining ethnic minority immigrant women's motivation for informal entrepreneurship：An institutional incongruence perspective. In：Ramadani, V., Dana, LP., Ratten, V., Bexheti, A. （eds） Informal Ethnic Entrepreneurship. Springer, Cham.

［116］ Bennett, D. L., Boudreaux, C., & Nikolaev, B. （2022）. Populist discourse and entrepreneurship：The role of political ideology and institutions. *Journal of International*

Business Studies. DOI: 10. 1057/s41267-022-00515-9.

[117] Bermiss, Y. S. , & Mcdonald, R. (2018). Ideological misfit? Political affiliation and employee departure in the private-equity industry. *Academy of Management Journal*, 61 (6), 2182-2209.

[118] Berry, H. , Kaul, A. , & Lee, N. (2021). Follow the smoke: The pollution haven effect on global sourcing. *Strategic Management Journal*, 42 (13), 2420-2450.

[119] Beugelsdijk, S. , Ambos, B. , & Nell, P. C. (2018). Conceptualizing and measuring distance in international business research: Recurring questions and best practice guidelines. *Journal of International Business Studies*, 49 (9), 1113-1137.

[120] Birnbaum, P. H. (1984). The choice of strategic alternatives under increasing regulation in high technology companies. *Academy of Management Journal*, 27 (3), 489-510.

[121] Bollaert, H. , & Delanghe, M. (2015). Securities Data Company and Zephyr, data sources for M&A research. *Journal of Corporate Finance*, 33, 85-100.

[122] Börgers, T. , & Li, J. (2019). Strategically simple mechanisms. *Econometrica*, 87 (6), 2003-2035.

[123] Brandl, K. , Moore, E. , Meyer, C. , & Doh, J. (2022). The impact of multinational enterprises on community informal institutions and rural poverty. *Journal of International Business Studies*, 53 (6), 1133-1152.

[124] Brouthers, K. D. , & Dikova, D. (2010). Acquisitions and real options: The greenfield alternative. *Journal of Management Studies*, 47 (6), 1048-1071.

[125] Brouthers, L. E. , Marshall, V. B. , & Keig, D. L. (2016). Solving the single-country sample problem in cultural distance studies. *Journal of International Business Studies*, 47 (4), 471-479.

[126] Bu, J. , Luo, Y. , & Tang, Y. (2019). A longitudinal study of MNE innovation enhancement at home via cross-border acquisitions. *Academy of Management Proceedings*, 2019 (1), 18588.

[127] Bu, J. , Tang, Y. , Luo, Y. , & Li, C. (2023). Learning from inbound foreign acquisitions for outbound expansion by emerging market MNEs. *Journal of International Business Studies*, 1-35.

[128] Buchner, A. , Espenlaub, S. , Khurshed, A. , & Mohamed, A. (2018). Cross-border venture capital investments: The impact of foreignness on returns. *Journal of International Business Studies*, 49 (5), 575-604.

[129] Bundy, J. , Vogel, R. M. , & Zachary, M. A. (2018). Organization-stakeholder fit: A dynamic theory of cooperation, compromise, and conflict between an organization and its stakeholders. *Strategic Management Journal*, 39 (2), 476-501.

[130] Busenbark, J. R., Lange, D., & Certo, S. T. (2017). Foreshadowing as impression management: Illuminating the path for security analysts. *Strategic Management Journal*, 38 (12), 2486-2507.

[131] Campbell, R. J., Busenbark, J. R., Graffin, S. D., & Boivie, S. (2021). Retaining problems or solutions? The post-acquisition performance implications of director retention. *Strategic Management Journal*, 42 (9), 1716-1733.

[132] Cardinale, I. (2018). Beyond constraining and enabling: Toward new microfoundations for institutional theory. *Academy of Management Review*, 43 (1), 132-155.

[133] Cardinale, I. (2019). Microfoundations of Institutions and the theory of action. *Academy of Management Review*, 44 (2), 467-470.

[134] Carter, R., & Hodgson, G. M. (2006). The impact of empirical tests of transaction cost economics on the debate on the nature of the firm. *Strategic Management Journal*, 27 (5), 461-476.

[135] Cascio, W. F., Chatrath, A., & Christie-David, R. A. (2021). Antecedents and consequences of employee and asset restructuring. *Academy of Management Journal*, 64 (2), 587-613.

[136] Chakrabarti, A., & Mitchell, W. (2016). The role of geographic distance in completing related acquisitions: Evidence from U.S. chemical manufacturers. *Strategic Management Journal*, 37 (4), 673-694.

[137] Chan, C. M., Isobe, T., & Makino, S. (2008). Which country matters? Institutional development and foreign affiliate performance. *Strategic Management Journal*, 29 (11), 1179-1205.

[138] Chattopadhyay, P., George, E., Li, J., & Gupta, V. (2020). Geographical dissimilarity and team member influence: Do emotions experienced in the initial team meeting matter? *Academy of Management Journal*, 63 (6), 1807-1839.

[139] Chen, F., Zhu, J., & Wang, W. (2023). Overseas compliance risk prevention for multinational corporations in a law and economics perspective: Empirical evidence from Chinese MNCs. *Multinational Business Review*, (ahead-of-print).

[140] Chen, G., Huang, S., Meyer-Doyle, P., & Mindruta, D. (2021). Generalist versus specialist CEOs and acquisitions: Two-sided matching and the impact of CEO characteristics on firm outcomes. *Strategic Management Journal*, 42 (6), 1184-1214.

[141] Chen, L., Li, S., Wei, J., & Yang, Y. (2022). Externalization in the platform economy: Social platforms and institutions. *Journal of International Business Studies*, 53, 1805-1816.

[142] Chen, T., Chen, Y., & Hung, M. (2022). Uneven regulatory playing field and bank

transparency abroad. *Journal of International Business Studies*, 53 (3), 379-404.

[143] Chi, T. (1994). Trading in strategic resources: Necessary conditions, transaction cost problems, and choice of exchange structure. *Strategic Management Journal*, 15 (4), 271-290.

[144] Chi, T., & Mcguire, D. J. (1996). Collaborative ventures and value of learning: Integrating the transaction cost and strategic option perspectives on the choice of market entry modes. *Journal of International Business Studies*, 27 (2), 285-307.

[145] Child, J. (1972). Organizational structure, environment and performance: The role of strategic choice. *Sociology*, 6 (1), 1-22.

[146] Child, J. (1997). Strategic choice in the analysis of action, structure, organizations and environment: Retrospect and prospect. *Organization Studies*, 18 (1), 43-76.

[147] Chondrakis, G., Serrano, C. J., & Ziedonis, R. H. (2021). Information disclosure and the market for acquiring technology companies. *Strategic Management Journal*, 42 (5), 1024-1053.

[148] Christofi, M., Pereira, V., Vrontis, D., Tarba, S., & Thrassou, A. (2021). Agility and flexibility in international business research: A comprehensive review and future research directions. *Journal of World Business*, 56 (3), 101-194.

[149] Clark, D. H. (2000). Agreeing to disagree: Domestic institutional congruence and US dispute behavior. *Political Research Quarterly*, 53 (2), 375-400.

[150] Cole, M. S., Carter, M. Z., & Zhang, Z. (2013). Leader-team congruence in power distance values and team effectiveness: The mediating role of procedural justice climate. *Journal of Applied Psychology*, 98 (6), 962-973.

[151] Cornwell, T. B., Howard-Grenville, J., & Hampel, C. E. (2018). The company you keep: How an organization's horizontal partnerships affect employee organizational identification. *Academy of Management Review*, 43 (4), 772-791.

[152] Cuervo-Cazurra, A., & Genc, M. (2008). Transforming disadvantages into advantages: Developing-country MNEs in the least developed countries. *Journal of International Business Studies*, 39, 957-979.

[153] Cuypers, I. R., Ertug, G., & Hennart, J. (2015). The effects of linguistic distance and lingua franca proficiency on the stake taken by acquirers in cross-border acquisitions. *Journal of International Business Studies*, 46 (4), 429-442.

[154] Czetwertyński, S. (2022). Institutional incongruence and unauthorized copying in Poland. *The Journal of World Intellectual Property*, 25 (1), 3-30.

[155] Dattée, B., Arrègle, J., Barbieri, P., Lawton, T. C., & Angwin, D. N. (2022). The dynamics of organizational autonomy: Oscillations at automobili lamborghini. *Administrative*

Science Quarterly, 67 (3), 721-768.

[156] David, R. J., & Han, S. K. (2004). A systematic assessment of the empirical support for transaction cost economics. *Strategic Management Journal*, 25 (1), 39-58.

[157] Deephouse, D. L. (1999). To be different, or to be the same? It's a question (and theory) of strategic balance. *Strategic Management Journal*, 20 (2), 147-166.

[158] Deng, Z., Jean, R. B., & Sinkovics, R. R. (2018). Rapid expansion of international new ventures across institutional distance. *Journal of International Business Studies*, 49 (8), 1010-1032.

[159] Dikova, D., Sahib, P. R., & Van Witteloostuijn, A. (2010). Cross-border acquisition abandonment and completion: The effect of institutional differences and organizational learning in the international business service industry, 1981-2001. *Journal of International Business Studies*, 41 (2), 223-245.

[160] DiMaggio, P. J., & Powell, W. W. (1983). The iron cage revisited: Institutional isomorphism and collective rationality in organizational fields. *American Sociological Review*, 48, 147-160.

[161] Diniz-Maganini, N., Rasheed, A. A., Yaşar, M., & Hua Sheng, H. (2022). Cross-listing and price efficiency: An institutional explanation. *Journal of International Business Studies*, 1-25.

[162] Du, J., & Zhao, E. Y. (2023). International expansion and home-country resource acquisition: A signaling perspective of emerging-market firms' internationalization. *Journal of International Business Studies*, 1-19.

[163] Dunne, C., & Ustundag, B. G. (2020). Successfully managing the literature review and write-up process when using grounded theory methodology—A dialogue in exploration [42 paragraphs]. Forum Qualitative Sozialforschung / Forum: Qualitative Social Research, 21 (1), Art. 25, http://dx. doi. org/10. 17169/fqs-21. 1. 3338.

[164] Durand, R., Hawn, O., & Ioannou, I. (2019). Willing and able: A general model of organizational responses to normative pressures. *Academy of Management Review*, 44 (2), 299-320.

[165] Duysters, G., Lavie, D., Sabidussi, A., & Stettner, U. (2020). What drives exploration? Convergence and divergence of exploration tendencies among alliance partners and competitors. *Academy of Management Journal*, 63 (5), 1425-1454.

[166] Edwards, J. R. (2007). Latent variable modeling in congruence research. *Organizational Research Methods*, 12 (1), 34-62.

[167] Edwards, J. R., & Cable, D. M. (2009). The value of value congruence. *Journal of Applied Psychology*, 94 (3), 654-677.

［168］ Edwards, J. R. , & Parry, M. E. (2017). On the use of spline regression in the study of congruence in organizational research. *Organizational Research Methods*, 21 (1), 68-110.

［169］ Edwards, J. R. , & Van Harrison, R. (1993). Job demands and worker health: Three-Dimensional reexamination of the relationship between person-environment fit and strain. *Journal of Applied Psychology*, 78 (4), 628-648.

［170］ Ehmke, D. C. (2019). Institutional Congruence: The Riddle of Leviathan and Hydra. Nomos Verlag.

［171］ Eisenhardt, K. M. , & Martin, J. A. (2000). Dynamic capabilities: what are they? *Strategic Management Journal*, 21 (10-11), 1105-1121.

［172］ Ellsberg, D. (1961). The crude analysis of strategic choices. *American Economic Review*, 51 (2), 472-478.

［173］ Engert, O. , Kaetzler, B. , Kordestani, K. , & Maclean, A. (2019). Organizational culture in mergers: Addressing the unseen forces. *McKinsey Insights*.

［174］ Ertug, G. , Brennecke, J. , Kovács, B. , & Zou, T. (2022). What does homophily do? A review of the consequences of homophily. *Academy of Management Annals*, 16 (1), 38-69.

［175］ Falaster, C. , Ferreira, M. P. , & Li, D. (2021). The influence of generalized and arbitrary institutional inefficiencies on the ownership decision in cross-border acquisitions. *Journal of International Business Studies*, 52 (9), 1724-1749.

［176］ Falchetti, D. , Cattani, G. , & Ferriani, S. (2022). Start with "Why," but only if you have to: The strategic framing of novel ideas across different audiences. *Strategic Management Journal*, 43 (1), 130-159.

［177］ Farahmand, H. , Dong, S. , Mostafavi, A. , Berke, P. R. , Woodruff, S. C. , Hannibal, B. , … Vedlitz, A. (2020). Institutional congruence for resilience management in interdependent infrastructure systems. *International Journal of Disaster Risk Reduction*, 46, 101515.

［178］ Feldman, E. R. , & Hernandez, E. (2021). Synergy in mergers and acquisitions: Typology, lifecycles, and value. *Academy of Management Review*, 47 (4), 549-578.

［179］ Fernandez Giordano, M. , Gutierrez, L. , Llorens Montes, F. J. , & Choi, T. Y. (2022). Stratified View of Institutional Fit. *British Journal of Management*, 33 (3), 1499-1516.

［180］ Fieberg, C. , Lopatta, K. , Tammen, T. , & Tideman, S. A. (2021). Political affinity and investors' response to the acquisition premium in cross-border M&Atransactions — A moderation analysis. *Strategic Management Journal*, 42 (13), 2477-2492.

［181］ Foerster, S. R. , & Karolyi, G. A. (1993). International listings of stocks: The case of canada and the U. S. *Journal of International Business Studies*, 24 (4), 763-784.

[182] Foy, S. E., & Gruber, M. (2022). Identity-Society (mis) alignment and the instrumentalization of firm creation: Creative destruction and creative reconstruction. *Academy of Management Journal*, 65 (2), 479-515.

[183] Froot, K. A., & Scharfstein, D. S. (1994). A framework for risk management. *Harvard Business Review*, 72 (6), 91-101.

[184] Gabis, S. T. (1970). Local government and strategic choice. *Administrative Science Quarterly*, 15 (3), 386-387.

[185] Gamache, D. L., Mcnamara, G., Graffin, S. D., Kiley, J., Haleblian, J., & Devers, C. E. (2019). Impression offsetting as an early warning signal of low ceo confidence in acquisitions. *Academy of Management Journal*, 62 (5), 1307-1332.

[186] Gamache, D. L., Mcnamara, G., Mannor, M. J., & Johnson, R. E. (2015). Motivated to acquire? The impact of ceo regulatory focus on firm acquisitions. *Academy of Management Journal*, 58 (4), 1261-1282.

[187] Gamache, D. L., & Mcnamara, G. (2019). Responding to bad press: How CEO temporal focus influences the sensitivity to negative media coverage of acquisitions. *Academy of Management Journal*, 62 (3), 918-943.

[188] Gao, Z., Zhao, C., & Liu, Y. (2023). Fostering a salesperson's team identification: An investigation into the effects of leader-follower emotional intelligence congruence from a person-environment fit perspective. *Journal of Business Research*, 158, 113654.

[189] Gaur, A., Pattnaik, C., Singh, D., & Lee, J. Y. (2022). Societal trust, formal institutions, and foreign subsidiary staffing. *Journal of International Business Studies*, 53, 1045-1061.

[190] Gething, J., Hudson, R., Johnston, M., Neill, D. O., & Wlodarz, M. (2020). When do you need a chief restructuring officer? *McKinsey Insights*.

[191] Ghosh, S., & Guchhait, S. K. (2020). Literature review and research methodology. In: Laterites of the Bengal Basin. SpringerBriefs in Geography. Springer, Cham.

[192] Gibson, C. B., & Birkinshaw, J. (2004). The antecedents, consequences, and mediating role of organizational ambidexterity. *Academy of Management Journal*, 47 (2), 209-226.

[193] Gokkaya, S., Liu, X., & Stulz, R. M. (2023). Do firms with specialized M&A staff make better acquisitions?. *Journal of Financial Economics*, 147 (1), 75-105.

[194] Gomulya, D., Jin, K., Lee, P. M., & Pollock, T. G. (2019). Crossed wires: Endorsement signals and the effects of IPO firm delistings on venture capitalists' reputations. *Academy of Management Journal*, 62 (3), 641-666.

[195] Graebner, M. E. , Heimeriks, K. H. , Huy, Q. N. , & Vaara, E. (2017). The process of postmerger integration: A review and agenda for future research. *Academy of Management Annals*, 11 (1), 1-32.

[196] Greckhamer, T. (2016). CEO compensation in relation to worker compensation across countries: The configurational impact of country-level institutions. *Strategic Management Journal*, 37 (4), 793-815.

[197] Greenhouse, S. (2013). Global labor standards: Codes of conduct, regulation and worker voice. *Academy of Management Proceedings*, 2013 (1), 17733.

[198] Greg Bell, R. , Filatotchev, I. , & Rasheed, A. (2012). The liability of foreignness in capital markets: Sources and remedies. *Journal of International Business Studies*, 43 (2), 107-122.

[199] Greve, H. R. , & Man Zhang, C. (2017). Institutional logics and power sources: Merger and acquisition decisions. *Academy of Management Journal*, 60 (2), 671-694.

[200] Grøgaard, B. , Rygh, A. , & Benito, G. R. (2019). Bringing corporate governance into internalization theory: State ownership and foreign entry strategies. *Journal of International Business Studies*, 50 (8), 1310-1337.

[201] Gu, W. (2023). Impact of managers' overconfidence upon listed firms' entrepreneurial behavior in an emerging market. *Journal of Business Research*, 155, 113453.

[202] Gupta, K. , Crilly, D. , & Greckhamer, T. (2020). Stakeholder engagement strategies, national institutions, and firm performance: A configurational perspective. *Strategic Management Journal*, 41 (10), 1869-1900.

[203] Hasija, D. , Liou, R. S. , & Ellstrand, A. (2020). Navigating the new normal: Political affinity and multinationals'post—acquisition performance. *Journal of Management Studies*, 57 (3), 569-596.

[204] Hawn, O. (2021). How media coverage of corporate social responsibility and irresponsibility influences cross-border acquisitions. *Strategic Management Journal*, 42 (1), 58-83.

[205] Herrmann, D. , Kang, T. , & Yoo, Y. K. (2015). The impact of cross-listing in the United States on the precision of public and private information. *Journal of International Business Studies*, 46 (1), 87-103.

[206] Hill, A. D. , Recendes, T. , & Ridge, J. W. (2019). Second - order effects of CEO characteristics: How rivals' perceptions of CEOs as submissive and provocative precipitate competitive attacks. *Strategic Management Journal*, 40 (5), 809-835.

[207] Hoenen, A. K. , & Kostova, T. (2015). Utilizing the broader agency perspective for studying headquarters-subsidiary relations in multinational companies. *Journal of*

International Business Studies, 46（1）, 104-113.

[208] Hong, S., Lee, J., Oh, F. D., & Shin, D.（2023）. Religion and foreign direct investment. *International Business Review*, 32（1）, 102035.

[209] Hope, O., Thomas, W., & Vyas, D.（2011）. The cost of pride: Why do firms from developing countries bid higher? *Journal of International Business Studies*, 42（1）, 128-151.

[210] Hou, Y., & Yao, D.（2022）. Pushed into a crowd: Repositioning costs, resources, and competition in the RTE cereal industry. *Strategic Management Journal*, 43（1）, 3-29.

[211] Hubbard, T. D., Christensen, D. M., & Graffin, S. D.（2017）. Higher highs and lower lows: The role of corporate social responsibility in CEO dismissal. *Strategic Management Journal*, 38（11）, 2255-2265.

[212] Hutzschenreuter, T., Pedersen, T., & Volberda, H. W.（2007）. The role of path dependency and managerial intentionality: A perspective on international business research. *Journal of International Business Studies*, 38（7）, 1055-1068.

[213] Igudia, E., Ackrill, R., & Machokoto, M.（2022）. Institutional incongruence, the everyday, and the persistence of street vending in Lagos: a demand-side perspective. *Environment and Planning A: Economy and Space*, 54（6）, 1256-1276.

[214] Ilya, R. P. C., Ertug, G., & Hennart, J.（2015）. The effects of linguistic distance and lingua franca proficiency on the stake taken by acquirers in cross-borderacquisitions. *Journal of International Business Studies*, 46（4）, 429-442.

[215] Jackson, G., & Deeg, R.（2019）. Comparing capitalisms and taking institutional context seriously. *Journal of International Business Studies*, 50（1）, 4-19.

[216] Jasti, N. V. K., & Kodali, R.（2014）. A literature review of empirical research methodology in lean manufacturing. *International Journal of Operations & Production Management*, 34（8）, 1080-1122.

[217] Jepperson, R. L., Powell, W. W., & DiMaggio, P. J.（1991）. The new institutionalism in organizational analysis. University of Chicago Press.

[218] Jin, J., Li, H., & Hoskisson, R. E.（2021）. The use of strategic noise in reactive impression management: How do market reactions matter? *Academy of Management Journal*, 65（4）, 1303-1326.

[219] Joardar, A., Kostova, T., & Ravlin, E. C.（2007）. An experimental study of the acceptance of a foreign newcomer into a workgroup. *Journal of International Management*, 13（4）, 513-537.

[220] Johanson, J., & Vahlne, J.（1977）. The internationalization process of the firm—a model of knowledge development and increasing foreign market commitments. *Journal of*

International Business Studies, 8（1）, 23-32.

[221] Johnson, J., & Byrne, R.（2021）. How an acquisition invigorated an asset management leader. *McKinsey Insights*.

[222] Jurado, K., Ludvigson, S. C., & Ng, S.（2015）. Measuring uncertainty. *American Economic Review*, 105（3）, 1177-1216.

[223] Kanagaretnam, K., Kong, X., & Tsang, A.（2020）. Home and foreign host country IFRS adoption and cross-delisting. *Journal of International Business Studies*, 51（6）, 1008-1033.

[224] Kang, C., Germann, F., & Grewal, R.（2016）. Washing away your sins? Corporate social responsibility, corporate social irresponsibility, and firm performance. *Journal of Marketing*, 80（2）, 59-79.

[225] Kaufmann, W., Hooghiemstra, R., & Feeney, M. K.（2018）. Formal institutions, informal institutions, and red tape: A comparative study. *Public Administration*, 96（2）, 386-403.

[226] Kim, H., & Markus, H. R.（1999）. Deviance or uniqueness, harmony or conformity? A cultural analysis. *Journal of Personality and Social Psychology*, 77（4）, 785.

[227] Kim, H., & Song, J.（2017）. Filling institutional voids in emerging economies: The impact of capital market development and business groups on M&A deal abandonment. *Journal of International Business Studies*, 48（3）, 308-323.

[228] Kim, J. D.（2022）. Startup acquisitions, relocation and employee entrepreneurship. *Strategic Management Journal*, 43（11）, 2189- 2216.

[229] Kim, S., & Schifeling, T.（2022）. Good corp, bad corp, and the rise of B corps: How market incumbents'diverse responses reinvigorate challengers. *Administrative Science Quarterly*, 67（3）, 674-720.

[230] Kneeland, T.（2015）. Identifying higher-order rationality. *Econometrica*, 83（5）, 2065-2079.

[231] Kogut, B.（1991）. Country capabilities and the permeability of borders. *Strategic Management Journal*, 12（S1）, 33-47.

[232] Kogut, B.（1993）. Designing global strategies: Profiting from operational flexibility. Readings in International Business, The MIT Press.

[233] Kogut, B., & Kulatilaka, N.（1994）. Operating flexibility, global manufacturing, and the option value of a multinational network. *Management Science*, 40（1）, 123-139.

[234] Kogut, B., & Singh, H.（1988）. The effect of national culture on the choice of entry mode. *Journal of International Business Studies*, 19（3）, 411-432.

[235] Kostova, I., Petrov, O., & Kortenski, J.（1996）. Mineralogy, geochemistry and pyrite

content of Bulgarian subbituminous coals, Pernik Basin. *Geological Society, London, Special Publications*, 109（1）, 301-314.

［236］ Kostova, T.（1999）. Transnational transfer of strategic organizational practices: A contextual perspective. *Academy of Management Review*, 24（2）, 308-324.

［237］ Kostova, T., Beugelsdijk, S., Scott, W. R., Kunst, V. E., Chua, C. H., & van Essen, M.（2020）. The construct of institutional distance through the lens of different institutional perspectives: Review, analysis, and recommendations. *Journal of International Business Studies*, 51（4）, 467-497.

［238］ Kostova, T., Marano, V., & Tallman, S.（2016）. Headquarters-subsidiary relationships in MNCs: Fifty years of evolving research. *Journal of World Business*, 51（1）, 176-184.

［239］ Kostova, T., & Zaheer, S.（1999）. Organizational legitimacy under conditions of complexity: The case of the multinational enterprise. *Academy of Management Review*, 24（1）, 64-81.

［240］ Kotlar, J., Signori, A., De Massis, A., & Vismara, S.（2018）. Financial wealth, socioemotional wealth, and IPO underpricing in family firms: A two-stage gamble model. *Academy of Management Journal*, 61（3）, 1073-1099.

［241］ Krause, R., Filatotchev, I., & Bruton, G. D.（2016）. When in Rome, look like Caesar? Investigating the link between demand-side cultural power distance and CEO power. *Academy of Management Journal*, 59（4）, 1361-1384.

［242］ Kumar, P., & Zaheer, A.（2021）. Network stability: The role of geography and brokerage structure inequity. *Academy of Management Journal*, 65（4）, 1139-1168.

［243］ Kundro, T. G.（2022）. The benefits and burdens of work moralization on creativity. *Academy of Management Journal*,（ja）.

［244］ Lake, D. A., & Powell, R.（1999）. Strategic choice and international relations. Princeton University Press.

［245］ Lam, W., Lee, C., Taylor, M. S., & Zhao, H. H.（2018）. Does proactive personality matter in leadership transitions? Effects of proactive personality on new leader identification and responses to new leaders and their change agendas. *Academy of Management Journal*, 61（1）, 245-263.

［246］ Lavie, D., Lunnan, R., & Truong, B. M. T.（2022）. How does a partner's acquisition affect the value of the firm's alliance with that partner? *Strategic Management Journal*, 43（9）, 1897-1926.

［247］ Lawrence, B. S., & Shah, N. P.（2020）. Homophily: Measures and meaning. *Academy of Management Annals*, 14（2）, 513-597.

［248］ Lee, D.（2020）. Corporate social responsibility of US - listed firms headquartered in tax havens. *Strategic Management Journal*, 41 (9), 1547-1571.

[249] Lee, J., Lee, J. M., & Kim, J. (2021). The role of attribution in learning from performance feedback: Behavioral perspective on the choice between alliances and acquisitions. *Academy of Management Journal*, ja).

[250] Lee, S., & Puranam, P. (2017). Incentive redesign and collaboration in organizations: Evidence from a natural experiment. *Strategic Management Journal*, 38 (12), 2333-2352.

[251] Leftwich, A., & Sen, K. (2010). Beyond institutions. Institutions and organisations in the politics and economics of poverty reduction-a thematic synthesis of research evidence. IPPG Research Consortium on Improving Institutions for Pro-Poor Growth, University of Manchester.

[252] Levine, R., Lin, C., & Shen, B. (2020). Cross-border acquisitions: Do labor regulations affect acquirer returns? *Journal of International Business Studies*, 51 (2), 194-217.

[253] Li, A. N., & Tangirala, S. (2021). How voice emerges and develops in newly formed supervisor-employee dyads. *Academy of Management Journal*, 64 (2), 614-642.

[254] Li, C., Luo, Y., Bu, J., & Tang, Y. (2023). The role of networks in international acquisition premiums. *Journal of international business studies*, 54 (9), 1700-1711.

[255] Li, C., & Reuer, J. J. (2022). The impact of corruption on market reactions to international strategic alliances. *Journal of International Business Studies*, 53 (1), 187-202.

[256] Li, D., Tong, T. W., Xiao, Y., & Zhang, F. (2022). Terrorism-induced uncertainty and firm R&D investment: A real options view. *Journal of International Business Studies*, 53 (2), 255-267.

[257] Li, D., Wei, L., Cao, Q., & Chen, D. (2022). Informal institutions, entrepreneurs' political participation, and venture internationalization. *Journal of International Business Studies*, 53, 1062-1090.

[258] Li, J., Li, P., & Wang, B. (2019). The liability of opaqueness: State ownership and the likelihood of deal completion in international acquisitions by Chinese firms. *Strategic Management Journal*, 40 (2), 303-327.

[259] Li, J., Van Assche, A., Fu, X., Li, L., & Qian, G. (2022). The Belt and Road Initiative and international business policy: A kaleidoscopic perspective. *Journal of International Business Policy*, 5, 135-151.

[260] Li, J., Van Assche, A., Li, L., & Qian, G. (2022). Foreign direct investment along the Belt and Road: A political economy perspective. *Journal of International Business*

Studies, 53, 902-919.

[261] Li, J. , Xia, J. , & Lin, Z. (2017). Cross-border acquisitions by state-owned firms: How do legitimacy concerns affect the completion and duration of their acquisitions? *Strategic Management Journal*, 38 (9), 1915-1934.

[262] Li, S. , & Lu, J. W. (2020). A dual-agency model of firm CSR in response to institutional pressure: Evidence from Chinese publicly listed firms. *Academy of Management Journal*, 63 (6), 2004-2032.

[263] Li, T. , Magnan, M. , & Shi, Y. (2022). Governance tensions in MNCs'accounting quality. *Journal of International Business Studies*, 53, 1641-1669.

[264] Li, X. , & Vermeulen, F. (2021). High risk, low return (and vice versa): the effect of product innovation on firm performance in a transition economy. *Academy of Management Journal*, 64 (5), 1383-1418.

[265] Li, Y. , Hernandez, E. , & Gwon, S. (2019). When do ethnic communities affect foreign location choice? Dual entry strategies of korean banks in China. *Academy of Management Journal*, 62 (1), 172-195.

[266] Li, Y. , Zhang, Y. A. , & Shi, W. (2020). Navigating geographic and cultural distances in international expansion: The paradoxical roles of firm size, age, and ownership. *Strategic Management Journal*, 41 (5), 921-949.

[267] Lim, D. (2017). The institutional elements and institutional congruence of national and local accounting system. *The Journal of the Korea Contents Association*, 17 (10), 343-359.

[268] Lin-Hi, N. , & Müller, K. (2013). The CSR bottom line: Preventing corporate social irresponsibility. *Journal of Business Research*, 66 (10), 1928-1936.

[269] Littlewood, D. , Rogers, P. , & Williams, C. (2020). Experiences, causes and measures to tackle institutional incongruence and informal economic activity in South-East Europe. *Current Sociology*, 68 (7), 950-971.

[270] Liu, B. , & Wang, Q. (2022). Speed of China's OFDIs to the Belt and Road Initiative destinations: State equity, industry competition, and the moderating effects of the policy. *Journal of International Business Policy*, 5, 218-235.

[271] Liu, C. , Li, D. , Eden, L. , & Lyles, M. A. (2022). Danger from a distance: Executives' social distance and multinationals' responses to host-country terrorist attacks. *Strategic Management Journal*, 43 (11), 2414-2443.

[272] Liu, N. (2021). Institutional intermediaries and firm choices in response to regulations. *Academy of Management Journal*, 64 (3), 981-1007.

[273] Lu, J. W. , Ma, H. , & Xie, X. (2022). Foreignness research in international business:

Major streams and future directions. *Journal of International Business Studies*, 53 (3), 449-480.

[274] Luise, C., Buckley, P. J., Voss, H., Plakoyiannaki, E., & Barbieri, E. (2021). A bargaining and property rights perspective on the Belt and Road Initiative: Cases from the Italian port system. *Journal of International Business Policy*, 5, 172-193.

[275] Luo, J., Chen, J., & Chen, D. (2021). Coming back and giving back: Transposition, institutional actors, and the paradox of peripheral influence. *Administrative Science Quarterly*, 66 (1), 133-176.

[276] Luo, Y. (2020). Adaptive learning in international business. *Journal of International Business Studies*, 51 (9), 1547-1567.

[277] Luo, Y. (2021). The cultural relevance of the composition-based view. *Asia Pacific Journal of Management*, 38 (3), 815-824.

[278] Luo, Y. (2022a). Illusions of techno-nationalism. *Journal of International Business Studies*, 53 (3), 550-567.

[279] Luo, Y. (2022b). A general framework of digitization risks in international business. *Journal of International Business Studies*, 53 (2), 344-361.

[280] Luo, Y. (2022c). New connectivity in the fragmented world. *Journal of International Business Studies*, 53, 962-980.

[281] Luo, Y., Zhang, H., & Bu, J. (2019). Developed country MNEs investing in developing economies: Progress and prospect. *Journal of International Business Studies*, 50 (4), 633-667.

[282] Luo, Y., & Witt, M. A. (2021). Springboard MNEs under de-globalization. *Journal of International Business Studies*, 53, 767-780.

[283] Madan, S., Savani, K., & Katsikeas, C. S. (2023). Privacy please: Power distance and people's responses to data breaches across countries. *Journal of International Business Studies*, 54 (4), 731-754.

[284] Maggioni, D., Santangelo, G. D., & Koymen-Ozer, S. (2019). MNEs' location strategies and labor standards: The role of operating and reputational considerations across industries. *Journal of International Business Studies*, 50 (6), 948-972.

[285] Maire, S., & Collerette, P. (2011). International post-merger integration: Lessons from an integration project in the private banking sector. *International Journal of Project Management*, 29 (3), 279-294.

[286] Man Zhang, C., & Greve, H. R. (2019). Dominant coalitions directing acquisitions: Different decision makers, different decisions. *Academy of Management Journal*, 62 (1), 44-65.

[287] Marano, V. , Sauerwald, S. , & Van Essen, M. (2022). The influence of culture on the relationship between women directors and corporate social performance. *Journal of International Business Studies*, 53, 1315-1342.

[288] Marano, V. , Tashman, P. , & Kostova, T. (2017). Escaping the iron cage: Liabilities of origin and CSR reporting of emerging market multinational enterprises. *Journal of International Business Studies*, 48 (3), 386-408.

[289] Martin, S. R. , & Côté, S. (2019). Social class transitioners: Their Cultural abilities and organizational importance. *Academy of Management Review*, 44 (3), 618-642.

[290] Maseland, R. , Dow, D. , & Steel, P. (2018). The Kogut and Singh national cultural distance index: Time to start using it as a springboard rather than a crutch. *Journal of International Business Studies*, 49 (9), 1154-1166.

[291] Mata, J. , & Alves, C. (2018). The survival of firms founded by immigrants: Institutional distance between home and host country, and experience in the host country. *Strategic Management Journal*, 39 (11), 2965-2991.

[292] Mcpherson, M. , Smith-Lovin, L. , & Cook, J. M. (2001). Birds of a feather: Homophily in social networks. *Annual Review of Sociology*, 27, 415-444.

[293] Meek, G. K. , Roberts, C. B. , & Gray, S. J. (1995). Factors influencing voluntary annual report disclosures by U. S. , U. K. and continental European multinational corporations. *Journal of International Business Studies*, 26 (3), 555-572.

[294] Meek, G. K. , & Gray, S. J. (1989). Globalization of stock markets and foreign listing requirements: Voluntary disclosures by continental european companies listed on the london stock exchange. *Journal of International Business Studies*, 20 (2), 315-336.

[295] Meyer Doyle, P. , Lee, S. , & Helfat, C. E. (2019). Disentangling the microfoundations of acquisition behavior and performance. *Strategic Management Journal*, 40 (11), 1733-1756.

[296] Minbaeva, D. B. , Ledeneva, A. , Muratbekova-Touron, M. , & Horak, S. (2022). Explaining the persistence of informal institutions: the role of informal networks. *Academy of Management Review*, ja).

[297] Mingo, S. , Morales, F. , & Dau, L. A. (2018). The interplay of national distances and regional networks: Private equity investments in emerging markets. *Journal of International Business Studies*, 49 (3), 371-386.

[298] Moore, C. B. , Bell, R. G. , Filatotchev, I. , & Rasheed, A. A. (2012). Foreign IPO capital market choice: Understanding the institutional fit of corporate governance. *Strategic Management Journal*, 33 (8), 914-937.

[299] Morris, S. , Aguilera, R. V. , Fisher, G. , & Thatcher, S. M. (2023). Theorizing from

emerging markets: Challenges, opportunities, and publishing advice. *Academy of Management Review*, 48 (1), 1-10.

[300] Muehlfeld, K. , Rao Sahib, P. , & Van Witteloostuijn, A. (2012). A contextual theory of organizational learning from failures and successes: A study of acquisition completion in the global newspaper industry, 1981-2008. *Strategic Management Journal*, 33 (8), 938-964.

[301] Müllner, J. , & Dorobantu, S. (2022). Overcoming political risk in developing economies through non-local debt. *Journal of International Business Policy*. DOI: 10. 1057/s42214-022-00137-w.

[302] Murphy, P. E. , & Schlegelmilch, B. B. (2013). Corporate social responsibility and corporate social irresponsibility: Introduction to a special topic section. *Journal of Business Research*, 66 (10), 1807-1813.

[303] Nadolska, A. , & Barkema, H. G. (2014). Good learners: How top management teams affect the success and frequency of acquisitions. *Strategic Management Journal*, 35 (10), 1483-1507.

[304] Nambisan, S. , & Luo, Y. (2021). Toward a loose coupling view of digital globalization. *Journal of International Business Studies*, 52 (8), 1646-1663.

[305] Narula, R. (2019). Enforcing higher labor standards within developing country value chains: Consequences for MNEs and informal actors in a dual economy. *Journal of International Business Studies*, 50 (9), 1622-1635.

[306] Nason, R. S. , & Bothello, J. (2022). Far from void: How institutions shape growth in the informal economy. *Academy of Management Review*, ja).

[307] Neeley, T. , & Reiche, B. S. (2022). How global leaders gain power through downward deference and reduction of social distance. *Academy of Management Journal*, 65 (1), 11-34.

[308] Ng, W. , & Stuart, T. E. (2022). Acquired employees versus hired employees: Retained or turned over? *Strategic Management Journal*, 43 (5), 1025-1045.

[309] North, D. C. (1990). Institutions, institutional change, and economic performance. Cambridge. Harvard University Press.

[310] North, D. C. (1991). Institutions, ideology, and economic performance. Cato J. , 11, 477.

[311] Oldroyd, J. B. , Morris, S. S. , & Dotson, J. P. (2019). Principles or templates? The antecedents and performance effects of cross-border knowledge transfer. *Strategic Management Journal*, 40 (13), 2191-2213.

[312] Oliver, A. G. , Krause, R. , Busenbark, J. R. , & Kalm, M. (2018). BS in the

boardroom: Benevolent sexism and board chair orientations. *Strategic Management Journal*, 39 (1), 113-130.

[313] Oliver, C. (1991). Strategic responses to institutional processes. *Academy of Management Review*, 16 (1), 145-179.

[314] Oliver, C. (1997). Sustainable competitive advantage: Combining institutional and resource-based views. *Strategic Management Journal*, 18 (9), 697-713.

[315] Opper, S., Nee, V., & Holm, H. J. (2017). Risk aversion and guanxi activities: A behavioral analysis of CEOs in China. *Academy of Management Journal*, 60 (4), 1504-1530.

[316] O'Reilly Iii, C. A., & Tushman, M. L. (2013). Organizational ambidexterity: Past, present, and future. *Academy of Management Perspectives*, 27 (4), 324-338.

[317] Oswick, C., Fleming, P., & Hanlon, G. (2011). From borrowing to blending: Rethinking the processes of organizational theory building. *Academy of Management Review*, 36 (2), 318-337.

[318] Oxelheim, L., & Randøy, T. (2005). The Anglo-American financial influence on CEO compensation in non-Anglo-American firms. *Journal of International Business Studies*, 36 (4), 470-483.

[319] Pache, A., & Santos, F. M. (2021). When worlds keep on colliding: Exploring the consequences of organizational responses to conflicting institutional demands. *Academy of Management Review*, 46 (4), 640-659.

[320] Paruchuri, S., Han, J., & Prakash, P. (2021). Salient expectations? Incongruence across capability and integrity signals and investor reactions to organizational misconduct. *Academy of Management Journal*, 64 (2), 562-586.

[321] Pavićević, S., & Keil, T. (2021). The role of procedural rationality in debiasing acquisition decisions of overconfident CEOs. *Strategic Management Journal*, 42 (9), 1696-1715.

[322] Peng, M. W. (2003). Institutional transitions and strategic choices. *Academy of Management Review*, 28 (2), 275-296.

[323] Peng, M. W., Sun, S. L., Pinkham, B., & Chen, H. (2009). The institution-based view as a third leg for a strategy tripod. *Academy of Management Perspectives*, 23 (3), 63-81.

[324] Podsakoff, P. M., Mackenzie, S. B., Lee, J., & Podsakoff, N. P. (2003). Common method biases in behavioral research: A critical review of the literature and recommended remedies. *Journal of Applied Psychology*, 88 (5), 879-903.

[325] Raffiee, J., & Byun, H. (2020). Revisiting the portability of performance paradox:

Employee mobility and the utilization of human and social capital resources. *Academy of Management Journal*, 63 (1), 34-63.

[326] Raisch, S., & Birkinshaw, J. (2008). Organizational ambidexterity: Antecedents, outcomes, and moderators. *Journal of Management*, 34 (3), 375-409.

[327] Raj, M. (2021). A house divided: Legislative competition and young firm survival in the United States. *Strategic Management Journal*, 42 (13), 2389-2419.

[328] Ramalho, R., Adams, P., Huggard, P., & Hoare, K. (2015). Literature review and constructivist grounded theory methodology. *Qualitative Social Research*, 16 (3), 1-13.

[329] Ramarajan, L., & Reid, E. (2020). Relational reconciliation: Socializing others across demographic differences. *Academy of Management Journal*, 63 (2), 356-385.

[330] Randolph, W. A., & Dess, G. G. (1984). The congruence perspective of organization design: A conceptual model and multivariate research approach. *Academy of Management Review*, 9 (1), 114-127.

[331] Reinwald, M., & Kunze, F. (2020). Being different, being absent? A dynamic perspective on demographic dissimilarity and absenteeism in blue-collar teams. *Academy of Management Journal*, 63 (3), 660-684.

[332] Richard, O. C., Triana, M. D. C., & Mingxiang, L. I. (2021). The effects of racial diversity congruence between upper management and lower management on firm productivity. *Academy of Management Journal*, 64 (5), 1355-1382.

[333] Rickley, M. (2019). Cultural generalists and cultural specialists: Examining international experience portfolios of subsidiary executives in multinational firms. *Journal of Management*, 45 (2), 384-416.

[334] Rios, L. A. (2021). On the origin of technological acquisition strategy: The interaction between organizational plasticity and environmental munificence. *Strategic Management Journal*, 42 (7), 1299-1325.

[335] Rosenzweig, P. M., & Singh, J. V. (1991). Organizational environments and the multinational enterprise. *Academy of Management Review*, 16 (2), 340-361.

[336] Roth, K., Kostova, T., & Dakhli, M. (2011). Exploring cultural misfit: Causes and consequences. *International Business Review*, 20 (1), 15-26.

[337] Runge, S., Schwens, C., & Schulz, M. (2022). The invention performance implications of coopetition: How technological, geographical, and product market overlaps shape learning and competitive tension in R&D alliances. *Strategic Management Journal*, 43 (2), 266-294.

[338] Sartor, M. A., & Beamish, P. W. (2014). Offshoring innovation to emerging markets: Organizational control and informal institutional distance. *Journal of International Business*

Studies, 45 (9), 1072-1095.

[339] Saudagaran, S. M. (1988). An empirical study of selected factors influencing the decision to list on foreign stock exchanges. *Journal of International Business Studies*, 19 (1), 101-127.

[340] Saudagaran, S. M., & Biddle, G. C. (1995). Foreign listing location: A study of mncs and stock exchanges in eight countries. *Journal of International Business Studies*, 26 (2), 319-341.

[341] Schwens, C., Eiche, J., & Kabst, R. (2011). The moderating impact of informal institutional distance and formal institutional risk on sme entry mode choice. *Journal of Management Studies*, 48 (2), 330-351.

[342] Scott, B. A., Awasty, N., Johnson, R. E., Matta, F. K., & Hollenbeck, J. R. (2020). Origins and destinations, distances and directions: Accounting for the journey in the emotion regulation process. *Academy of Management Review*, 45 (2), 423-446.

[343] Scott, S. G., & Lane, V. R. (2000). A stakeholder approach to organizational identity. *Academy of Management Review*, 25 (1), 43-62.

[344] Scott, S. M. (1995). Institutions and organizations. Thousand Oaks: Sage.

[345] Scott, W. R. (2013). Institutions and organizations: Ideas, interests, and identities. Sage publications.

[346] Seong, S., & Godart, F. C. (2018). Influencing the influencers: Diversification, semantic strategies, and creativity evaluations. *Academy of Management Journal*, 61 (3), 966-993.

[347] Sharma, A., Kumar, V., Borah, S. B., & Adhikary, A. (2022). Complexity in a multinational enterprise's global supply chain and its international business performance: A bane or a boon? *Journal of International Business Studies*, 53, 850-878.

[348] Shenkar, O., Tallman, S. B., Wang, H., & Wu, J. (2022). National culture and international business: A path forward. *Journal of International Business Studies*, 53 (3), 516-533.

[349] Shi, W., Zhang, Y., & Hoskisson, R. E. (2019). Examination of CEO-CFO social interaction through language style matching: Outcomes for the CFO and the organization. *Academy of Management Journal*, 62 (2), 383-414.

[350] Shi, Y., Magnan, M., & Kim, J. (2012). Do countries matter for voluntary disclosure? Evidence from cross-listed firms in the US. *Journal of International Business Studies*, 43 (2), 143-165.

[351] Shrivastava, P. (1986). Postmerger integration. *Journal of Business Strategy*, 7 (1), 65-76.

［352］ Siegel, J. (2009). Is there a better commitment mechanism than cross-listings for emerging-economy firms? Evidence from Mexico. *Journal of International Business Studies*, 40 (7), 1171-1191.

［353］ Siganos, A., & Tabner, I. T. (2020). Capturing the role of societal affinity in cross-border mergers with the Eurovision Song Contest. *Journal of International Business Studies*, 51 (2), 263-273.

［354］ Simsek, Z. (2009). Organizational ambidexterity: Towards a multilevel understanding. *Journal of Management Studies*, 46 (4), 597-624.

［355］ Slade Shantz, A. F., Kistruck, G. M., Pacheco, D. F., & Webb, J. W. (2020). How formal and informal hierarchies shape conflict within cooperatives: A field experiment in Ghana. *Academy of Management Journal*, 63 (2), 503-529.

［356］ Soenen, G., Melkonian, T., & Ambrose, M. L. (2017). To Shift or not to shift? Determinants and consequences of phase shifting on justice judgments. *Academy of Management Journal*, 60 (2), 798-817.

［357］ Song, S., Zeng, Y., & Zhou, B. (2021). Information asymmetry, cross-listing, and post-M&A performance. *Journal of Business Research*, 122, 447-457.

［358］ Southam, C., & Sapp, S. (2010). Compensation across executive labor markets: What can we learn from cross-listed firms? *Journal of International Business Studies*, 41 (1), 70-87.

［359］ Stahl, G. K., & Voigt, A. (2008). Do cultural differences matter in mergers and acquisitions? A tentative model and examination. *Organization Science*, 19 (1), 160-176.

［360］ Steinbach, A. L., Gamache, D. L., & Johnson, R. E. (2019). Don't get it misconstrued: Executive construal-level shifts and flexibility in the upper echelons. *Academy of Management Review*, 44 (4), 871-895.

［361］ Su, J., Gao, X., & Tan, J. (2024). Positioning for optimal distinctiveness: How firms manage competitive and institutional pressures under dynamic and complex environment. *Strategic Management Journal*, 45 (2), 333-361.

［362］ Sun, J., Maksimov, V., Wang, S. L., & Luo, Y. (2021). Developing compositional capability in emerging-market SMEs. *Journal of World Business*, 56 (3), 101148.

［363］ Sun, P., Doh, J. P., Rajwani, T., & Siegel, D. (2021). Navigating cross-border institutional complexity: A review and assessment of multinational nonmarket strategy research. *Journal of International Business Studies*, 52 (9), 1818-1853.

［364］ Sundaram, A., & Logue, D. (1996). Valuation effects of foreign company listings on U. S. Exchanges. *Journal of International Business Studies*, 27 (1), 67-88.

［365］ Teece, D. J., Pisano, G., & Shuen, A. (1997). Dynamic capabilities and strategic management. *Strategic Management Journal*, 18 (7), 509-533.

[366] Tepper, B. J., Dimotakis, N., Lambert, L. S., Koopman, J., Matta, F. K., Man Park, H., ... Goo, W. (2018). Examining follower responses to transformational leadership from a dynamic, person-environment fit perspective. *Academy of Management Journal*, 61 (4), 1343-1368.

[367] Testoni, M. (2022). The market value spillovers of technological acquisitions: Evidence from patent-text analysis. *Strategic Management Journal*, 43 (5), 964-985.

[368] Tian, L., Tse, C. H., Xiang, X., Li, Y., & Pan, Y. (2021). Social movements and international business activities of firms. *Journal of International Business Studies*, 52 (6), 1200-1214.

[369] Tittle, C. R. (2018). Control balance: Toward a general theory of deviance. Routledge.

[370] Tong, L., Wang, H., & Xia, J. (2020). Stakeholder preservation or appropriation? The influence of target CSR on market reactions to acquisition announcements. *Academy of Management Journal*, 63 (5), 1535-1560.

[371] Um, C. T., Guo, S. L., Lumineau, F., Shi, W., & Song, R. (2022). The downside of CFO function-based language incongruity. Academy of Management Journal, 65 (6), 1984-2013.

[372] Van Dyne, L., Vandewalle, D., Kostova, T., Latham, M. E., & Cummings, L. L. (2000). Collectivism, propensity to trust and self - esteem as predictors of organizational citizenship in a non - work setting. *Journal of Organizational Behavior*, 21 (1), 3-23.

[373] van Geet, M. T., Lenferink, S., Arts, J., & Leendertse, W. (2019). Understanding the ongoing struggle for land use and transport integration: Institutional incongruence in the Dutch national planning process. *Transport Policy*, 73, 84-100.

[374] van Hoorn, A., & Maseland, R. (2016). How institutions matter for international business: Institutional distance effects vs institutional profile effects. *Journal of International Business Studies*, 47 (3), 374-381.

[375] Vasudeva, G., Nachum, L., & Say, G. (2018). A signaling theory of institutional activism: How Norway's sovereign wealth fund investments affect firms'foreign acquisitions. *Academy of Management Journal*, 61 (4), 1583-1611.

[376] Vendrell-Herrero, F., Darko, C. K., Gomes, E., & Lehman, D. W. (2022). Home-market economic development as a moderator of the self-selection and learning-by-exporting effects. *Journal of International Business Studies*, 53, 1519-1535.

[377] Vestal, A., & Danneels, E. (2022). Technological distance and breakthrough inventions in multi-cluster teams: How intra-and inter-location ties bridge the gap. *Administrative Science Quarterly*, 67 (1), 167-206.

[378] Volberda, H. W. , Van Der Weerdt, N. , Verwaal, E. , Stienstra, M. , & Verdu, A. J. (2012). Contingency fit, institutional fit, and firm performance: A metafit approach to organization-environment relationships. *Organization Science*, 23 (4), 1040-1054.

[379] Wang, D. , Weiner, R. J. , Li, Q. , & Jandhyala, S. (2021). Leviathan as foreign investor: Geopolitics and sovereign wealth funds. *Journal of International Business Studies*, 52 (7), 1238-1255.

[380] Wang, S. , Wei, J. , & Zhao, M. (2022). Shopping as locals: A study of conduit acquisition by multinational enterprises. *Journal of International Business Studies*. 53, 1670-1694.

[381] Washburn, N. T. , Waldman, D. A. , Sully De Luque, M. F. , & Carter, M. Z. (2018). Executives' stakeholder values in the prediction of work process change. *Journal of Management Studies*, 55 (8), 1423-1451.

[382] Weik, E. (2019). Understanding institutional endurance: The role of dynamic form, harmony, and rhythm in institutions. *Academy of Management Review*, 44 (2), 321-335.

[383] Westphal, J. D. , & Zhu, D. H. (2018). Under the radar: How firms manage competitive uncertainty by appointing friends of other chief executive officers to their boards. *Strategic Management Journal*, 40 (1), 79-107.

[384] Wilfahrt, M. (2018). Precolonial legacies and institutional congruence in public goods delivery: Evidence from decentralized West Africa. *World Politics*, 70 (2), 239-274.

[385] Williams, C. C. , Horodnic, I. A. , & Windebank, J. (2015). Explaining participation in the informal economy: An institutional incongruence perspective. *International Sociology*, 30 (3), 294-313.

[386] Williamson, O. E. (1975). Markets and hierarchies: analysis and antitrust implications: A study in the economics of internal organization. University of Illinois at Urbana-Champaign's Academy for Entrepreneurial Leadership Historical Research Reference in Entrepreneurship.

[387] Williamson, O. E. (1987). Transaction cost economics: The comparative contracting perspective. *Journal of Economic Behavior & Organization*, 8 (4), 617-625.

[388] Williamson, O. E. (2007). The economic institutions of capitalism. *Firms, Markets, Relational Contracting*. 61-75.

[389] Williamson, O. E. (2008). Transaction cost economics. *Handbook of new institutional economics*, 41-65.

[390] Wilson, K. S. , Baumann, H. M. , Matta, F. K. , Ilies, R. , & Kossek, E. E. (2018). Misery Loves Company: An Investigation of Couples' Interrole Conflict Congruence. *Academy of Management Journal*, 61 (2), 715-737.

[391] Witt, M. A., Fainshmidt, S., & Aguilera, R. V. (2022). Our board, our rules: Nonconformity to global corporate governance norms. *Administrative Science Quarterly*, 67 (1), 131-166.

[392] Xia, W., Steensma, H. K., & Bai, X. (2023). When do collaborative first moves diminish nationality-based homophilic preferences? An examination of Chinese venture capital investment syndicates. *Administrative Science Quarterly*, 00018392221145965.

[393] Xu, D., & Shenkar, O. (2002). Institutional distance and the multinational enterprise. *Academy of Management Review*, 27 (4), 608-618.

[394] Yan, S., Almandoz, J., & Ferraro, F. (2021). The impact of logic (in) compatibility: Green investing, state policy, and corporate environmental performance. *Administrative Science Quarterly*, 66 (4), 903-944.

[395] Yang, H., Lin, Z. J., & Peng, M. W. (2011). Behind acquisitions of alliance partners: Exploratory learning and network embeddedness. *Academy of Management Journal*, 54 (5), 1069-1080.

[396] Yang, K. (2009). Institutional congruence, ideas, and anticorruption policy: The case of china and the United States. *Public Administration Review*, 69, S142-S150.

[397] Yao, F. K., Jiang, K., Combs, D. R., & Chang, S. (2020). Informal institutions and absorptive capacity: A cross-country meta-analytic study. *Journal of International Business Studies*, 53, 1091-1109.

[398] Yiu, D. W., Wan, W. P., Chen, K. X., & Tian, X. (2021). Public sentiment is everything: Host-country public sentiment toward home country and acquisition ownership during institutional transition. *Journal of International Business Studies*, 53 (6), 1202-1227.

[399] Yiu, D. W., Wan, W. P., & Xu, Y. (2019). Alternative governance and corporate financial fraud in transition economies: Evidence from China. *Journal of Management*, 45 (7), 2685-2720.

[400] Zaheer, S., Schomaker, M. S., & Nachum, L. (2012). Distance without direction: Restoring credibility to a much-loved construct. *Journal of International Business Studies*, 43 (1), 18-27.

[401] Zanakis, S. H., Newburry, W., & Taras, V. (2016). Global social tolerance index and multi-method country rankings sensitivity. *Journal of International Business Studies*, 47 (4), 480-497.

[402] Zhang, C. (2020). Formal and informal institutional legacies and inward foreign direct investment into firms: Evidence from China. *Journal of International Business Studies*. 53, 1228-1256.

［403］ Zhang, L. L. , George, E. , & Chattopadhyay, P. （2020）. Not in my pay grade: The relational benefit of pay grade dissimilarity. *Academy of Management Journal*, 63 （3）, 779-801.

［404］ Zhang, Y. , Wang, H. , & Zhou, X. （2020）. Dare to be different? Conformity versus differentiation in corporate social activities of Chinese firms and market responses. *Academy of Management Journal*, 63 （3）, 717-742.

［405］ Zhang, Z. , Wang, M. O. , & Shi, J. （2012）. Leader-follower congruence in proactive personality and work outcomes: The mediating role of leader-member exchange. *Academy of management journal*, 55 （1）, 111-130.

［406］ Zhao, E. Y. （2022）. Optimal Distinctiveness: A New Agenda for the Study of Competitive Positioning of Organizations and Markets. Cambridge University Press.

［407］ Zhao, E. Y. , Fisher, G. , Lounsbury, M. , & Miller, D. （2017）. Optimal distinctiveness: Broadening the interface between institutional theory and strategic management. *Strategic Management Journal*, 38 （1）, 93-113.

［408］ Zhenzhen, X. , & Jiatao, L. （2018）. Exporting and innovating among emerging market firms: The moderating role of institutional development. *Journal of International Business Studies*, 49 （2）, 222-245.

［409］ Zhou, N. , & Park, S. H. （2020）. Growth or profit? Strategic orientations and long - term performance in China. *Strategic Management Journal*, 41 （11）, 2050-2071.

［410］ Zhu, D. H. , & Westphal, J. D. （2021）. Structural power, corporate strategy, and performance. *Strategic Management Journal*, 42 （3）, 624-651.

［411］ Zur Politischen ökonomie, N. S. （2009）. Institutional Congruence.

［412］ Zyphur, M. J. , Zammuto, R. F. , & Zhang, Z. （2016）. Multilevel latent polynomial regression for modeling （in） congruence across organizational groups: The case of organizational culture research. *Organizational Research Methods*, 19 （1）, 53-79.

后　记

　　本书献给致力于从事国际商务领域研究、教学、实践的广大读者。广大读者在阅读过程中如有疑问、意见和建议，欢迎联系作者，以便作者进行下一步的修改工作。感谢国际商务之父斯蒂芬·海默（Stephen Hymer），他惊才绝艳的博士论文使作者萌发了攻读博士学位的想法。时光流转，此书以作者的博士论文为基础，涵盖了国际商务领域最新的研究成果，响应了"一带一路"倡议的发展需求与实践要求。国际商务研究兼收并蓄，本书谋求跨界整合国际商务领域的重大问题和其他领域的重大进展。具体而言，国别制度匹配研究融合了国际商务领域的国别制度距离相关研究和组织行为与人力资源管理领域的主动型性格匹配相关研究。在国际商务领域现有的核心研究前提中，东道国制度环境与母国制度环境同样重要，这与组织行为与人力资源研究认为领导和下属的人格特质同样重要不谋而合。尊重东道国和母国的制度环境，促进了国际商务的研究发展和实践进步。当然，跨界整合相关研究不仅融合了核心范式，而且得到了两个领域的共同认可。

　　当前，全球化与逆全球化的双重趋势显现，国别制度匹配与企业跨境并购的故事未完待续。从全球化的角度出发，国别正式制度匹配、国别非正式制度匹配涵盖了官方渠道、非官方渠道的合力，促成了企业跨境并购的生生不息。从逆全球化的角度出发，国别正式制度不匹配、国别非正式制度不匹配涵盖了官方渠道、非官方渠道的斥力，影响了企业跨境并购的发展趋势。综上所述，正式制度与非正式制度是制度经济学领域永恒的主题，众多学者和实践家前仆后继地进行探索和实践。本书植根于制度经济学领域的沃土，主要思想萌芽于 2019 年 10 月，初稿形成于 2021 年 6 月。其中，依据李元旭教授（复旦大学）、郑琴琴教授（复旦大学）、姚凯教授（复旦大学）、卫田教授（复旦大学）、马胜辉副教授（复旦大学）、吴哲颖副教授（复旦大学）、范龙振教授（复旦大学）、李旭教授（复旦大学）、雷星晖教授（同济大学）、阎海峰教授（华东理工大学）、李颖琦教授（上海国家会计学院）等专家学者的意见和建议，本书大修两百多版，充分反映了国别制度匹配与企业跨境并购的理论模型与实证结果。

　　理论与实践的关系总是被反复拷问。《中国社会科学》指出，理论是问题之树盛开的花朵。国际商务领域的研究最近有体现脱钩断链趋势的相关观点，但区分"大潮流"与"回头浪"，区分必然性和偶然性，区分顺势而为和逆势而动更为重要。在厚重的时间维度上，理论的解释力总能得到不断验证，那些谦逊到不自称为"理论"，但得到大家共识的理论比比皆是。理论闪耀的光华，在于凝结其中无差别的人类劳动，实践是理论花朵结出的果实。紧贴当下实践，只是新现象与新思考，并不是衡量创新与贡献的唯一标准。实践的历史与未来，同样具有检测理论的能力。过去的实践、当下的实践、未来的实践，总会诞生、筛选、淘汰、保留很多理论。单一依赖实践经验的指导带来问题，完全脱离实践经验同样带来问题。因此，解决理论与实践的脱钩，扩大理论与实践的融合，在每个问题与选择里都有意义。文章华国，论文不仅要写在祖国大地上，而且要写在世界历史上。

感谢出版社的全体同仁。他们知周道济，力行为公，为本书的顺利出版做出了不可磨灭的贡献。

谨以此文纪念这些年的热爱与思索。